Kinder turnen

Widmungen

Meiner Hochschullehrerin Frau Irma Nikolai, geb. Lenzing, zum diesjährigen 80. Geburtstag gewidmet.

Frau Irma Nikolai gehörte ab dem 7. Lebensjahr dem Mettmanner Turnverein an. Sie war Deutsche Meisterin im turnerischen Mehrkampf und gehörte der Auswahlmannschaft für die Olympischen Spiele 1936 an. Ab 1938 wurde sie an der Reichsakademie für Leibesübung in Berlin von Hermann Ohnesorge, der als Vater des Kinderturnens gilt, geprägt. Mit Gründung der Deutschen Sporthochschule 1947 wurde sie von Carl Diem als eine der ersten Dozentinnen nach Köln gerufen. Bis 1978, dem Jahr ihrer Pensionierung, bildete sie Tausende von Sportstudierenden aus. Natürliches Turnen, Spielplatzturnen, Kinder turnen an Geräten und helfen sich dabei untereinander, Miteinander und Menschlichkeit – ihre Grundgedanken und Lehrinhalte finden sich im vorliegenden Buch wieder.

Den Kindern Kea, Jasper und Steffen stellvertretend für alle Kinder der Welt gewidmet.

Allen voran meinen Eltern Emmi und Werner Busse gewidmet, die selbstlos für uns Kindern alles taten, um uns die besten Grundlagen und Voraussetzungen für unser Leben zu geben. Sie helfen uns, wo sie nur können. Sie begleiten uns anteilsvoll in unserem Leben und haben uns stets die Sicherheit eines Elternhauses gegeben, die wir allen Kindern wünschen.

Danksagungen

Ich bedanke mich bei meinem Kollegen Jürgen Engler ganz herzlich für seine unermüdliche Unterstützung in der Entstehungsphase dieses Buches und bei Mariette Mahkorn, die mir bei der Fertigstellung eine große Hilfe war.

Köln, im Juli 1996

Ilona E. Gerling

Ilona E. Gerling

Kinder turnen
Helfen und Sichern

Schritt für Schritt mit tausend Ideen –
vom Miteinander zum Helfenkönnen

Meyer & Meyer Verlag

Die Deutsche Bibliothek – CIP-Einheitsaufnahme

Kinder turnen :
helfen & sichern / Ilona Gerling.
– Aachen : Meyer & Meyer, 1997
(Wo Sport Spass macht)
ISBN 3-89124-385-5
NE: Gerling, Ilona

© 1997 by Meyer & Meyer Verlag, Aachen
Fotos: Jörg Jacobs, Köln; Ilona E. Gerling, Köln; Mariette Mahkorn, Köln
Titelfoto: Jörg Jacobs, Köln; Ilona E. Gerling, Köln
Umschlaggestaltung: Walter Neumann N&N Design-Studio, Aachen
Umschlagbelichtung: Qualitho Lithographie GmbH; Essen
Satz und Satzbelichtung: Typeline, Dagmar Schmitz, Aachen
Satz: Stone
Lektorat: Dr. Irmgard Jaeger, Aachen
Druck: Druckerei Queck, Jüchen
ISBN 3-89124-385-5

Inhalt

Zum Gebrauch des Buches

Dieses Buch beinhaltet nicht nur die Beschreibungen und Abbildungen von Helfer/innengriffen, sondern versucht allen, die sich vertieft mit der Hilfegebung im Gerätturnen auseinandersetzen wollen, dieses große, wichtige Gebiet transparenter zu machen. Mein Wunsch ist, mit diesem Buch sowohl denjenigen, die sich im Gerätturnen aus-, weiter- und fortbilden wollen, als auch denjenigen, die diese Ausbildungen durchführen, eine Hilfe zum besseren Verstehen und Umsetzen an die Hand gegeben zu haben.

Ich hoffe, Sie lassen sich von soviel Theorie nicht abschrecken, „Helfen der Kinder untereinander" umzusetzen. Wenn der Anfang für die Kinder auch ungewohnt ist, die Hilfegebung selbst durchzuführen, so lohnt sich die Mühe der Umstellung für die Kinder und die Unterrichtenden! Wenn einmal ein Einstieg in dieses Arbeiten gefunden ist, werden alle Beteiligten merken, daß es kinderleicht ist und Spaß macht!

Die fachlichen Aspekte zu Beginn des Buches sollen den/die Unterrichtende/n informieren, WAS Hilfegebung ist, und WIE es gut gemacht wird. Die pädagogischen, psychologischen und soziologischen Aspekte versuchen zu erklären, WARUM die Hilfegebung der Kinder untereinander so wertvoll ist. In der Theorie zur Methodik finden sich Hunderte von Anregungen für die Übungsstunden, die das Miteinander der Gruppe verbessern sowie praktische Beispiele, die den Kindern die Hilfegebung untereinander Schritt für Schritt zeigen, alles gut und ausführlich erklärt und bebildert.

Der letzte Teil des Buches ist die reine Darstellung und Abbildung von Helfer/innengriffen, als unmittelbare Unterrichtsvorbereitung zum Nachschlagen.
Für die Übungsleiter/innen der DTB-Übungen (A-Pflichtübungen und B-Kürübungen mit Pflichtelementen) als auch für die Lehrerinnen und Lehrer der Schulen ist dieses Buch ebenso wertvoll wie für die Leiter/innen von Abenteuerstunden oder Zirkusprojekten, gibt es doch zu all diesen Bereichen mit Beispielen – einschließlich Kunststücken aus der Akrobatik, des Bodenturnens, des Balancierens oder Trapezturnens – ebenso Auskunft.

Es liegt an Ihnen, wo Sie und wie Sie in dieses Buch einsteigen, es ist auf jeden Fall ein wertvoller Begleiter für Ihre Turnstunden.

Viel Spaß beim Turnen!
Ihre

Vorwort

Helfen und Sichern ist mehr!

„Helfen und Sichern" – das ist zweifellos eine entscheidende Voraussetzung für ein gefahrenfreies und erfolgreiches Turnen an und mit Geräten. Damit hat es den Charakter eines Mittels für den Zweck, das Bewegungslernen zu erleichtern und mögliche Ängste zu verringern.

Aber könnte „Helfen und Sichern" nicht m e h r sein?! – Ich meine: ja! – Schauen wir uns doch einmal an, was da geschieht. Jemand gibt beim Erproben eines neuen Bewegungskunststückes seinen Leib und sein Leben vertrauensvoll in die Hand einer anderen Person. Und diese Person beantwortet das gegebene Vertrauen mit der uneingeschränkten Verantwortung, zunächst grundsätzlich Schaden abzuwenden, aber darüber hinaus auch noch Erfolgserlebnisse zu vermitteln.

Was sich da psycho-sozial ereignet, das ist m e h r als ein technischer Vorgang. Das setzt eine Einstellung von gegenseitigem Geben und Nehmen voraus, das fordert zu verantwortlichem Handeln heraus, das fördert das Miteinander von Menschen, das stärkt die Erkenntnis von Gemeinsamkeit und die Erfahrung von Gemeinschaft.

Dies alles gehört zu den sozialen Tugenden, die in unserer materialistischen Welt, in der die Menschen auf dem Ego-Trip sind und unersättlich ihren Erlebnishunger unter der Devise „Genuß sofort" befriedigen wollen, wiederbelebt werden müssen. Die sozialen Impulse beim „Helfen und Sichern" können dazu beitragen.

Daher begrüße ich als Sportpädagoge und als DTB-Präsident die Herausgabe dieses Buches. Es gliedert sich gut ein in die Bemühungen des Deutschen Turner-Bundes, einerseits die Bedeutung und die Möglichkeiten des Sozialen verstärkt sichtbar zu machen, andererseits aber auch Praxishilfe zu sozialem Handeln zu geben.

Die Autorin Ilona E. Gerling, die im DTB Bundesfachwartin für Gerätturnen und beruflich Lehrkraft an der Deutschen Sporthochschule Köln ist, hat auf der

Grundlage ihres breiten Fachwissens und ihrer reichen Erfahrung dieses umfassende Buch geschrieben, welches deutlich macht, daß „Helfen und Sichern" mehr ist. Ich wünsche diesem Buch eine große Verbreitung, zumal es sich an Kinder wendet. Denn auch unsere Welt von morgen benötigt mehr soziale Verantwortung.

Prof. Dr. Jürgen Dieckert
Präsident des Deutschen Turner-Bundes

Einleitung: Von der Jahn'schen „Hilfe" zur Kinderhilfegebung

**Durch Helfen
gewinnt man Freunde.
Sich helfen lassen
ist ein Freundschaftsbeweis.**

Helfen und Sichern – wer kennt sie nicht, diese beiden Begriffe, die in einem Atemzug genannt werden und einfach zum Gerätturnen dazugehören. Die meisten verbinden es jedoch immer noch ausschließlich als Notwendigkeit mit dem Erlernen und Gelingen einer Fertigkeit wie Aufschwung, Überschlag oder Flick-Flack.

Wenn man in die Geschichte zurückblickt, so wurde Helfen und Sichern vor allem zum Zwecke der Bewegungsunterstützung und der Bewegungssicherung gesehen. Nachdem 1816 die 'DEUTSCHE TURNKUNST' von Friedrich Ludwig JAHN und Ernst EISELEN herausgegeben worden war, wurde „die Nützlichkeit guter Abbildungen nicht verkannt" und „Es wurde daher gegenseitig verabredet, diese Reihe von Abbildungen, gehörig ergänzt und geordnet, in bestimmteren Einklang und Bezug zu der neuen Auflage der „Deutschen Turnkunst" zu setzen." (EISELEN 1889)

Die Idee der 1848 erstmals veröffentlichten „Abbildungen von Turnübungen", herausgegeben von E. EISELEN, war damit geboren. Es entstanden nicht nur über 400 Abbildungen zu turnerischen Posen und Übungen, sondern es beeindrucken auch viele Abbildungen von „Hilfen", die Helfer/innengriffe sowie Sicherheitsstellungen darstellen. Viele der heutigen Helfer/innengriffe gleichen denen von damals. Wir finden die Handgelenksicherung bei Umschwüngen, das Fixieren der Kniebeuge und Heben des Körperschwerpunktes beim Schwingen im Kniehang, den Stützgriff, Drehgriffe, Schub-Drehhilfen und sogar Abbildungen zur Sicherheitsstellung (vgl. Abb. I.-IX, S. 219). Das Buch ist heute noch eine Fundgrube für jede/n Übungsleiter/in. Durch das Kunstturnen verdrängte Fertigkeiten wie Nackenüberschlag, Sitzumschwung, Kniehangabschwung gehören damals wie heute zu den Turnkunststücken der Kinder und damit in die Turnstunden.

Aus dem freien Bewegungsleben der Kinder entwickeln sich diese vorzeigbaren Kunststücke ganz natürlich. Dabei geben sich die Kinder in der Spielgemeinschaft nicht nur Tips und Ideen, sondern auch *gegenseitig* Hilfe. Wenn Kinder soweit sind, aus sich heraus zum Beispiel einen Handstand zu erlernen, sind sie auch soweit, sich dabei zu helfen. Wenn EISELEN auch ältere Helfer abbildete, so ist die gegenseitige Hilfegebung im natürlichen Turnen der Kinder schon immer angewandt worden. Zugehörig zum Fertigkeitsrepertoire der Kinder, abgestimmt auf deren Lernerfahrung im Bewegungsbereich, gehört somit auch die Kinderhilfegebung ganz natürlich zur Kinderwelt.

Wie zu Jahn'schen Zeiten kompensiert heute eine gute Hilfegebung konditionelle Mängel, ermöglicht sie doch das Üben einer noch nicht gekonnten Fertigkeit mit unzähligen Übungswiederholungen. Helfende können die Bewegung so gut verlangsamen, unterstützen und lenken, daß das turnende Kind eine Vorstellung vom Bewegungsablauf bekommt.

Gegenseitige Hilfegebung beinhaltet jedoch zudem vielfältige Anforderungen, die auf vielen Gebieten Entwicklungsreize setzen. Angefangen von der koordinativen Schulung des Bewegungssehens und der Bewegungsbeurteilung fördern sie die kognitive Auseinandersetzung mit Bewegungsabläufen, die überdauernde Aufmerksamkeit, die Konzentrationsfähigkeit und Reaktionsfähigkeit und nicht zuletzt die Kräfte des ganzen Körpers.

Auch der organisatorische Aspekt in Schule und Verein ist für eine gelungene Turnstunde von der Einbeziehung des gegenseitigen Helfens und Sicherns abhängig. Können Kinder Kindern helfen, kann in Kleingruppen gearbeitet werden. Viele – auch unterschiedliche – Stationen können aufgebaut werden, wo die Kinder ohne Wartezeiten üben können. Jedes Kind kann individuell mit mehr oder weniger Hilfe, mit Korrektur und Lob, sofort durch die anderen Kinder versorgt werden. Auch die neuen turnpädagogischen Ansätze, die den prozeßorientierten, offenen Unterricht propagieren, sind auf solche Konzepte angewiesen. Freies Turnen, Gruppen- und Synchronturnen, Erleben von Bewegungsmöglichkeiten im Abenteuerturnen, Zirkusnummern am Trapez, auf dem Seil, auf der Balancierkugel einstudieren oder in der Akrobatikgruppe Pyramiden bauen, mit der Fähigkeit der Kinder, sich selbst zu helfen, können solche Ansätze erfolgreich durchgeführt werden. Dabei wird deutlich, – wie in der Spielgemeinschaft auf dem Spielplatz, wo jedes Kind auf die Hilfe eines anderen angewiesen ist – daß in der gegenseitigen Hilfegebung der Kinder untereinander mehr an Werten steckt, als jemanden „eben-mal-hochzuhelfen".

Auch im modernen Kinderturnen und Gerätturnen in Schule und Verein werden Prozesse über das Einbeziehen von gegenseitigem Hilfegeben unterstützt, die für die persönliche Entwicklung wie auch für das „Miteinander" von unschätzbarem Wert sind. Was sich bei diesem gegenseitigen Hilfegeben der Kinder entwickelt, ist mehr als nur eine technische Hilfe zur Realisierung eines Bewegungsablaufes.

Sich helfen bedeutet nicht nur für andere, sondern füreinander etwas tun. Gegenseitige Hilfegebung in Kleingruppen ist miteinander statt gegeneinander arbeiten. In solch einer Arbeitsgruppe werden die Kinder zu einem „Team", wo sie zusammen etwas erreichen können. Dies erfordert und fördert umgekehrt durch das Tun Kommunikation, Kooperation, Probleme lösen, Konflikte regeln, Zuhören und Zusehen können und auch unterschiedliche Meinungen akzeptieren lernen. Kinder und Jugendliche wollen mitbestimmen und gestalten, sie wollen naturgemäß auch lernen, Verantwortung zu übernehmen. Die Selbständigkeit und Selbsttätigkeit der Kinder wächst bei solchen Erfahrungen. Wir müssen ihnen dazu angemessene Gelegenheiten geben, sich dabei zu erproben.

Jemanden helfen, ist Verantwortung für denjenigen übernehmen, Hilfe annehmen ist Vertrauenssache. „Sich trauen" hängt dann von „jemandem trauen" ab. In solchem gemeinsamen Tun werden Hemmungen abgebaut. Gegenseitige Hilfegebung setzt ein Anfassen-mögen und Anfassen-lassen voraus, es kommt zu konstantem Körperkontakt. Es wird zudem ständig gelobt und ermuntert, gelacht, Ängste werden überwunden. Zunehmend entwickelt sich daraus ein „Wir-Gefühl".

Unter solchen Bedingungen kommen viele zu Erfolgserlebnissen, und Erfolge motivieren, stärken das Selbstbewußtsein und helfen, eine starke Persönlichkeit zu entwickeln. Die Heranwachsenden benötigen hierzu Gelegenheiten. Computerspiele statt Fangspiele, Walkman statt Toben, Fernsehräume statt Bewegungsräume prägen die heutige Kinderwelt. Es erwartet sie die „Handy- und Internet-Welt" statt eine eigene Erlebniswelt. Cyber space und Techno-Musik irritieren und verändern die Wahrnehmungsfähigkeit, ohne daß es ihnen bewußt ist und zerstören die Beziehungsfähigkeit zu anderen. Das Überangebot schenkt keine Wertgefühle mehr, das „Singledasein" der Kinder in einer Welt alles Machbaren läßt viele vereinsamen. Menschliche Wärme und Nähe und gemeinsam Spaß haben werden gesucht und sind unschätzbar wertvoll. Die Eltern durch ihr Vorleben, die Erzieher/innen in den Vorschulinstitutionen, Übungsleiter/innen in den Vereinen und die Lehrenden in den Schulen, sie alle können ihren Beitrag für die Heranwachsenden in dieser Hinsicht leisten.

Wenn für die Turner von JAHN und EISELEN vor fast 200 Jahren noch die „Hilfe" in erster Linie zum Gelingen oder Absichern einer Fertigkeit diente, so haben sich heute neue Wertzuschreibung entwickelt. Das Miteinander wieder zu erfahren und zu erleben, ist in der heutigen Welt der Kinder so dringlich wie nie zuvor. Gegenseitiges Hilfe geben und Hilfe annehmen im Turnen über die gegenseitige Hilfegebung der Kinder ist ein Beitrag dazu.

Abb. I

Abb. II

Abb. III

Abb. IV

Abb. V

Abb. VI

Abb. VII

Abb. VIII

Abb. IX

Aus:
Eiselen, E.W.B. (Hrsg.): Abbildungen von Turn-Übungen, 5. Auflage von Wassmanns-dorff, K., Verlag Georg Reimer, Berlin 1889, Abb.-Nr. 70, 101, 142, 203, 231, 232, 236, 248, 258. (Bezeichnung der Übungen siehe im Anhang S. 219)

Foto: J. Jacobs/M. Mahkorn (Köln)

A THEORIE: Helfen heißt ...

Helfen heißt: „Alles fest im Griff haben
und immer ran an den Jungen (oder das Mädchen)!"
Bewegungsbegleitung bedeutet: „Dabeisein ist alles!"
Sichern ist: „ ...ein Schutzengel sein!"

I Fachliche Aspekte

Das Helfen und Sichern begleitet die Kinder im Turnen auf allen Stufen des Lernprozesses, vom Neulernen einer Fertigkeit über das weitere Üben bis hin zu An-
wendungsformen (vgl. auch Abb. B, S. 22). Geben sich *die Kinder* dabei *untereinander Hilfe,* wird das Kinderturnen für die Heranwachsenden zusätzlich
durch unendlich viele und neue Erfahrungen bereichert. Deshalb *ist das Geben
von partnerschaftlicher Hilfe als gleichwertiger Erfahrungs- und Lernbereich
neben dem turnerischen Bewegen anzusehen und sollte ständiger Bestandteil
des Kinderturnens sein.*
   Die Kenntnisse über die Hilfegebung sind oft bei den Lehrenden und folglich auch bei den Kindern mehr als unzureichend. Weder gibt es Theorien, die
das Einbeziehen der Hilfegebung in die Übungsstunden beschreiben (außer
dem Wissen vielleicht, daß ein Kind sonst nicht beim Aufschwung o.ä. hoch-
kommt und Hilfegebung deshalb notwendig ist, noch ein Buch, das rund um
das Helfen Erklärungen und Erläuterungen gibt, die diesen großen Handlungs-
komplex transparent machen. Wieso, weshalb, warum und wie soll nachfolgend aufgezeigt werden.

1. BEGRIFFSDEFINITIONEN:
HELFEN – BEWEGUNGSBEGLEITUNG – SICHERN

Im allgemeinen fachsprachlichen Gebrauch wird Helfen und Sichern in einem
Atemzug genannt. In der Praxis stellt der/die Lehrende z.B. verbal eine „Sicher-
heitsstellung" hinter den Kasten, erwartet von den Kindern aber eine „aktive
Hilfegebung". Helfer/innen sollen beim Turnen einer Reckübung „helfen", beim
Turnen ist jedoch nur ein „Stupsen" hier, ein „Stupsen" dort mit „Fingerspitzen-
gefühl" notwendig. Es muß also nicht mehr tatkräftig unterstützt werden, noch

abwartend gestanden werden. Kompetent den Komplex der mehr oder weniger oder nicht mehr gebenden Hilfe zu lehren und zu lernen, erfordert zunächst, sich diese unterschiedlichen Tätigkeiten über Begriffsdefinitionen zu verdeutlichen.

Die Hilfegebung kann in drei Erscheinungsformen unterschieden werden und wird, wie folgt, definiert:

Unter **HELFEN**
wird im allgemeinen ein **aktives Unterstützen** des Bewegungsablaufes
verstanden. **Bewegungsunterstützung** ist damit
ein zielgerichtetes, aktives, **eingreifendes Verhalten**.

Von **BEWEGUNGSBEGLEITUNG**
wird gesprochen, wenn die Hände den Bewegungsablauf am Körper
begleiten, ohne die Zielsetzung einer ständigen, aktiven Unterstützung.
Ein **begleitendes Verhalten** orientiert sich am Prinzip:
SO VIEL WIE NÖTIG – SO WENIG WIE MÖGLICH!

Das **Sichern**
wird dagegen als ein lediglich **abwartendes Verhalten** beschrieben,
als Bereitschaft zum wirksamen Eingreifen, wenn es zu Problemen
bei der Bewegungsrealisierung kommt.
Es dient im Ernstfall zum Verhüten von Unfällen.

Abb. A: Helfen – Bewegungsbegleitung – Sichern

Die Anwendung des Helfens als Bewegungsunterstützung und -lenkung, der Bewegungsbegleitung und der Bewegungsabsicherung ist abhängig von der Übungssituation und vom Grad der Beherrschung von Fertigkeiten bei den turnenden Kindern, wie auch aus der nachfolgenden Übersicht (Abb. B, S. 22) zu ersehen ist.

2. ERLÄUTERUNGEN UND ANWENDUNGSBEISPIELE

Aus den Definitionen wird deutlich, daß das Helfen Voraussetzungscharakter für die Bewegungsbegleitung, diese wiederum für das Sichernkönnen besitzt, d.h., daß nur ein(e) erfahrene(r) Helfer/in gut sichern kann. Damit ist zudem ausgedrückt, daß ein qualifiziertes, zuverlässiges Sichern die höchste Könnensstufe ist. Dieses Sichern wird wiederum über die nächstniedrigere Könnensstufe der Bewegungsbegleitung erlernt. Damit ergeben sich sowohl Niveaustufen als auch Lernstufen der Hilfegebung. Helfen im eigentlichen Sinne, Begleiten oder Sichern sind hinsichtlich ihrer praktischen Anwendung abhängig vom Grad der Beherrschung der zu turnenden Fertigkeiten. Auch das Erlernen des Helfens und Sicherns (vgl. Kap. III.2) erfolgt somit nicht zum Selbstzweck, sondern immer in Verbindung mit und parallel zum Erlernen turnspezifischer Grundlagen und Fertigkeiten. Dieser Zusammenhang wird in der nebenstehenden Übersicht (Abb. B, S. 22) verdeutlicht.

● **Helfen:** Bei neu zu erlernenden Fertigkeiten ist das Helfen eine Form der Bewegungs*unterstützung* zur Kompensation konditioneller und koordinativer Schwächen sowie der Bewegungs*lenkung* zur Korrektur des Bewegungsablaufes und Verbesserung der Bewegungsvorstellung. Über diese partnerschaftliche Bewegungsführung lernt das turnende Kind – und das helfende Kind – den neu zu erlernenden Bewegungsablauf kennen.

Beispiele:
– Aufschwung am Reck: Mit beiden Händen fassen die Helfer/innen schon, wenn der/die Turner/nde noch steht, an das Gesäß und *lenken* den Körperschwerpunkt auf dem kürzesten Weg zur Reckstange (zum Barrenholm). Als Unterstützung wird mit dem *Tragen* des Körpergewichtes der/die Übende entlastet und kann trotz mangelhafter Haltekraft der Hände, Zugkraft der Arme oder Bauchmuskelkraft den Aufschwung mehrfach üben **(Abb.1)**.

Abb. 1

— Aufschwung in den Handstand: Die Helfer/innen lenken an den Oberschenkeln den/die Turnende(n) in die Senkrechte und heben ihn/sie bei nicht ausreichender Stützkraft mit Stützgriff am Oberschenkel. Damit wird die von dem/der Übenden aufzubringende Stützkraft reduziert, d.h., das Kind muß nicht mehr sein ganzes Körpergewicht tragen, sondern je nach Hub der Helfenden ein Vielfaches weniger.

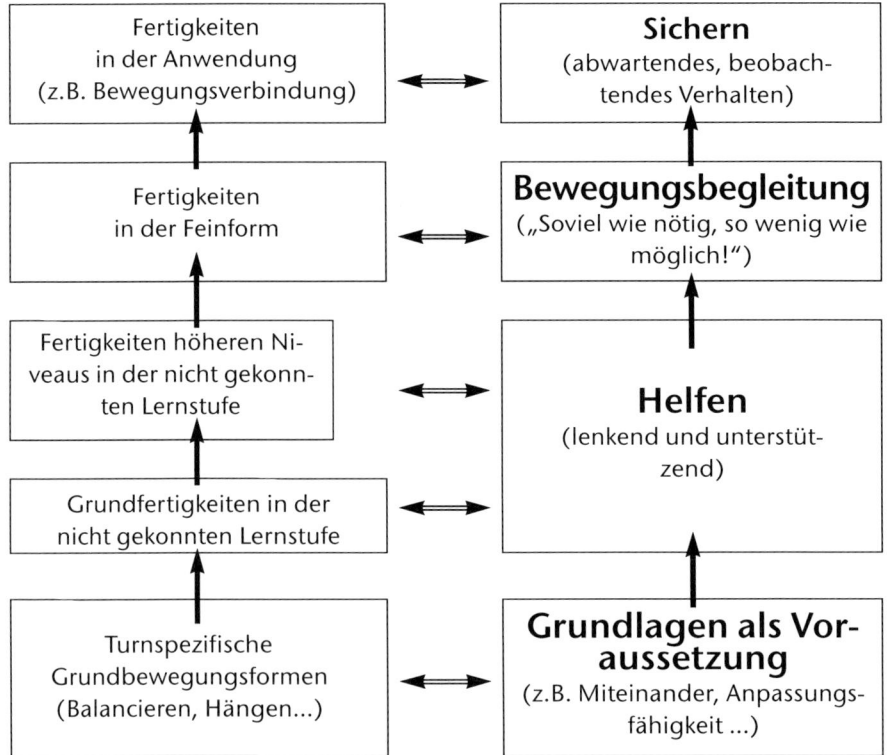

Abb. B:
Vereinfachte Darstellung der Niveau- und Lernstufen im Fertigkeitsbereich
unter Einbeziehung von Helfen, Bewegungsbegleitung und Sichern

- **Begleiten:** Der Übergang vom Helfen zum Begleiten einer Bewegung ist fließend. Die Bewegungslenkung läßt zunehmend nach, die Bewegung wird *nur in Teilphasen leicht unterstützt nach dem Prinzip „soviel wie nötig, so wenig wie möglich".* Dieses Handeln verlangt bei den Helfenden eine Einschätzung der Gesamtsituation aller Beteiligten und alles am Geschehen Beteiligte (vgl. auch Kapitel Fähigkeiten und Kenntnisse). Wie weit wird was schon gekonnt, wie konstant sind die Leistungen des/der Turnenden, wo sind Problemmomente im Übungsablauf, wie muß ich bei unverhofften Situationen handeln ... auf solche Fragen muß Erfahrung Antwort geben.

  Bewegungsabläufe und vor allem Übungen zuverlässig zu begleiten, ist das Resultat längerer Helfer/innentätigkeiten. Bewegungen helfend begleiten können bedeutet, Erfahrungen im Helfen zu besitzen. Die Kinder müssen demnach langfristig auf das Ziel der Fähigkeit zur Bewegungsbegleitung vorbereitet werden.

Beispiele:
- Aufschwung am Reck: Die Helfer/innen fassen nicht mehr, wenn der/die Turner/in noch steht, an das Gesäß, sondern erst, wenn er/sie sich schon über Kopf in der Senkrechten befindet. Statt mit beiden Hände geben sie im Übungsverlauf mit zunehmendem Können des/der Turnenden nur noch mit einer Hand etwas nachschiebend Hilfe, indem sie die Hüfte an die Stange drücken.
- Aufschwingen in den Handstand: Die Helfer/innen fassen nicht schon an die Oberschenkel, wenn der/die Turnende noch steht, sondern erst, wenn er/sie die Senkrechte fast erreicht hat. In der Senkrechten wird versucht, den Helfer/innengriff von den Oberschenkeln immer wieder zu lösen, um festzustellen, inwieweit der/die Turnende schon alleine das Gleichgewicht halten kann. Mit zunehmender Bewegungssicherheit begleiten die Helfer/innen nur noch mit den „Fingerspitzen" helfend das Aufschwingen und Stehen im Handstand **(Abb. 2)**.

Letztlich führt das Begleiten der Bewegungen zum Turnen ohne eine Hilfeleistung während des Übungsablaufes, und damit ist es zum Sichern geworden.

- **Sichern:** Bei dem/der Turnenden wird für ein Sichern das Können einer Fertigkeit ohne Bewegungsbegleitung vorausgesetzt. Die Helfer/innenhände gehen nicht mehr am Körper des/der Übenden begleitend mit. Der Bewegungsablauf wird aufmerksam von dem/der Sichernden beobachtend begleitet.

Nehmen die Sichernden an, daß an einem Punkt des Ablaufes bzw. in einer Teilphase der Bewegung die Fertigkeit mißlingt, greifen sie „rettend" ein. Die Sichernden müssen demzufolge sowohl die Merkmale der Bewegung, die problematischen Phasen der Fertigkeiten kennen, als auch die helfende Unterstützung wie beispielsweise den erforderlichen Helfer/innengriff, beherrschen!

Abb. 2

Beispiele:
– Für die *Abgänge* von den Geräten und für die *Stützsprünge* wird *Landungssicherung* gegeben, indem zunächst der/die Turnende an Bauch und Rücken abgefangen und „eingegabelt" wird **(Abb.3)**. Zunehmend wird diese Landungssicherung nur angedeutet und schließlich steht ein(e) Helfer/in nur noch bereit, um bei einem Sturz den/die Turnende(n) abzufangen.
  Zudem kommt grundsätzlich das Sichern
  – beim *Üben der Feinform* einer Fertigkeit,
  – beim *Anwenden* der Fertigkeiten in *Übungsverbindungen*,
  – bei *Bewegungsgestaltungen* und
  – beim Einbinden der erlernten Fertigkeit in
    Spiel- und Wettbewerbsformen zur Anwendung.

Mit obenstehenden Erläuterungen wurde der Anwendungsbereich in drei Niveaustufen dargestellt. Helfen, Bewegungsbegleitung und Sichern läßt sich schrittweise, eben in diesen Niveaustufen, erlernen. In Kapitel II.2 wird dies ausführlich beschrieben.

Abb. 3

3. VORAUSSETZUNGEN

3.1 KONDITIONELLE UND KOORDINATIVE FÄHIGKEITEN

Ein ausreichend gutes Helfen und Sichern erfordert von den Kinder verschiedene Voraussetzungen. Über vorbereitende Übungen (vgl. Kap. B.I.2) werden einerseits Grundlagen für Helfer/innenhandlungen geschaffen, andererseits werden durch das Helfen und Sichern auch verschiedene Fähigkeiten geschult und Kenntnisse erworben.

Konditionelle und koordinative Fähigkeiten bestimmen den Qualitätsgrad der Hilfegebung mit. Nachfolgend sollen Beispiele für exemplarisch ausgewählte konditionelle und koordinative Fähigkeiten und ihre Erscheinungsformen beim Helfen gegeben werden.

Kondition: Kraft und Schnelligkeit

● *Kraft*

Das Körpergewicht eines/r Turnenden gegen die Schwerkraft zu bewegen, um den Körper auf den Holm zu tragen, über die Hände beim Handstand zu heben oder den Körper umzulenken oder aufzurichten, wie bei der Hocke, Grätsche und Bücke kurz vor Landung, erfordert einen hohen Krafteinsatz von den Helfer/innen. Ein kleines, schmächtiges Kind sollte nicht gerade das größte, kräftigste Kind der Gruppe heben oder tragen müssen.

Bei der Gruppenbildung zum gegenseitigen Helfen muß aus diesem Grund die konstitionelle Zusammensetzung der Kinder bezüglich Körpergröße und -gewicht überprüft und gegebenenfalls vom Lehrenden korrigiert werden.

Das Stützen, Heben, Halten, Tragen und manchmal sogar das Auffangen des Körpergewichtes eines anderen Körpers (oft sogar durch Beschleunigungen erschwert) verlangt eine nicht unerhebliche *Maximalkraft*. Da Bewegungen im schwunghaften Turnen dynamische Unterstützungen erfahren müssen, ist für eine optimale Unterstützung zudem die *Schnellkraft* gefragt. Für die Krafteinsätze sind nicht nur die Arm-, sondern auch die Schultergürtel-, Rumpf- und Beinmuskulatur von Bedeutung. Um eine/n Partner/in beim Aufschwung an einer über Kopf hohen Reckstange hochzuhelfen, ist das Anheben der Arme notwendig. Die Rumpfmuskulatur stabilisiert dabei, daß der/die Helfende beim Hochheben oder

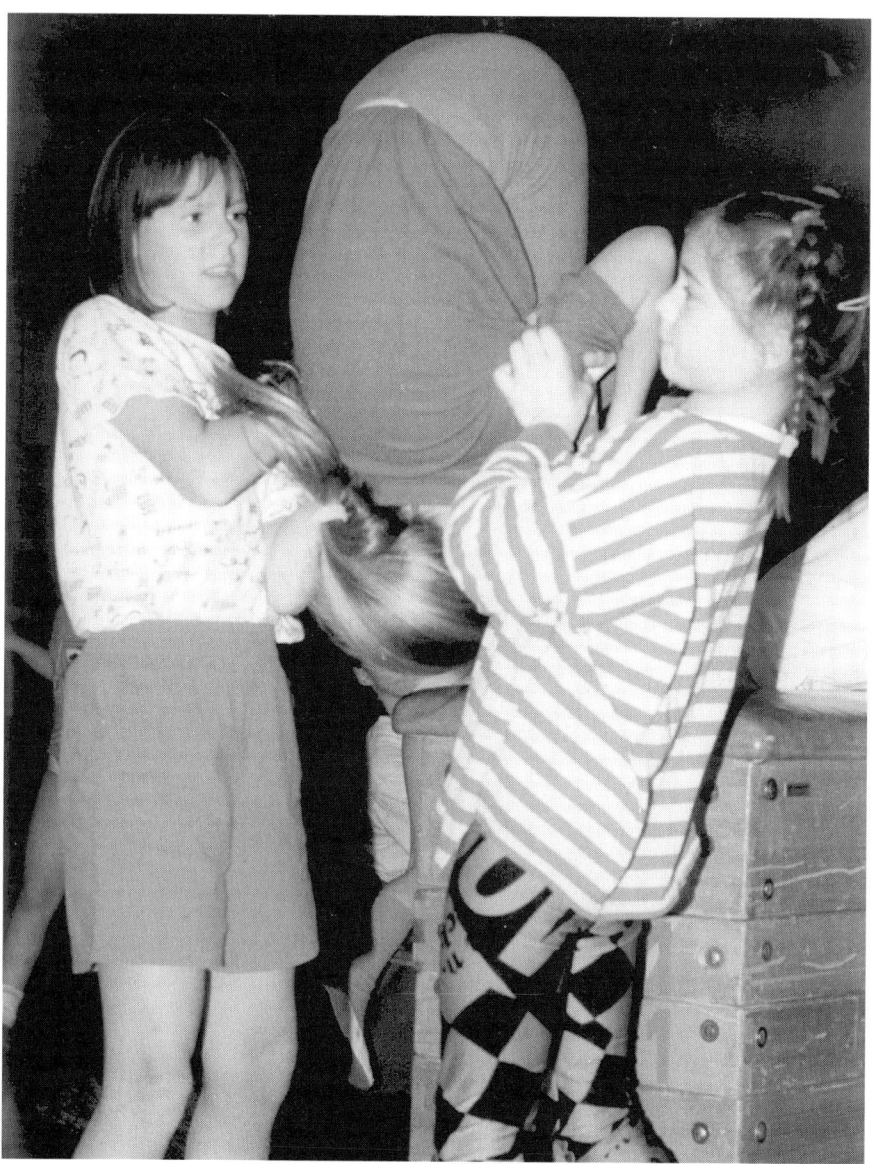

Foto: I. Gerling

Tragen nicht nach vorne kippt. Durch Bein- und Hüftstreckung wird das Hochheben vollendet. Mit der helfenden Tätigkeit wird somit die Ganzkörpermuskulatur trainiert. Es wird dabei sowohl isometrische und nachgebende *Haltearbeit (konzentrische)* als auch *überwindende (exzentrische) Muskelarbeit* geleistet.

Nicht zuletzt ist bei den helfenden Krafteinsätzen eine, die Wirbelsäule stabilisierende Haltekraft des Rumpfes gefordert. Kraftvolle Hilfegebung führt damit andererseits als Reizsetzung durch die vielseitige Beanspruchung der gesamten Rumpfmuskulatur zur Ausbildung dieser wirbelsäulenstabilisierenden *Rumpfkraft*. Somit kann helfende Tätigkeit bei Kindern mit als *Haltungsschulung* gesehen werden. Es kann davon ausgegangen werden, daß zudem dadurch Reizsetzungen an den Knochen erfolgen, die z.B. die Knochendichte und Knochenstatik positiv in den kindlichen Entwicklungsphasen beeinflussen.

● *Schnelligkeit*
Vor allem in Bewegungsverbindungen müssen sehr schnell Helfer/innengriffe hintereinander angesetzt oder gewechselt werden, oft, wie beim Unterschwung am Reck, wechselt der Helfer/innengriff sogar innerhalb einer Bewegung: Der/die Turnende wird an der Schulter und unter dem Gesäß in die Weite getragen, die Gesäßhand geht kurz vor der Landung von vorne an die Schulter und verhindert ein Nachvornefallen **(Abb. 4)**.

Auch das Mitgehen beim Helfen, wie es bei den Stützsprüngen erforderlich ist, verlangt eine ausreichende Bewegungsschnelligkeit von den Helfern/innen.
Ein Beispiel: In Bruchteilen von Sekunden muß oft bei der Hocke über den Kasten —

Abb. 4

bleibt ein Kind beim Sprung mit den Füßen am Kastendeckel hängen — zugepackt und der/die Turnende aufgefangen werden. Damit muß vor allem bei der begleitenden Hilfe und auch beim Sichern eine *Reaktionsschnelligkeit* gegeben sein. Mit Stundenbeginn können die Kinder aus diesem Grund auch mit Reaktionsspielen auf die nachfolgenden Hilfegebungen vorbereitet werden.

Aktionsschnelligkeit (Bewegungsschnelligkeit) ist vor allem bei der lenkenden Bewegungsunterstützung verlangt. Bei einem Sitzumschwung muß zum Beispiel sehr schnell von vorne mit der entfernten Helfer/innenhand unter dem Schultergürtel zugepackt werden, um den/die Turnende/n in den Sitz aufzurichten. Werden mehrere Sitzumschwünge hintereinander geturnt, muß „blitzschnell" mit jedem neuem Umschwung die Griffsicherung mit der nahen Helfer/innenhand gelöst werden, um unter der Stange wieder unten durch zu fassen und wieder den Helfer/innengriff am Handgelenk anzusetzen. Jedesmal muß zudem (schnell) kräftig das Handgelenk des/der Turnenden umfaßt werden (vgl. Abb. 128).

Koordination: dosierter Krafteinsatz, Geschicklichkeit, Anpassungsfähigkeit, Kopplungs-, Kombinations- und Rhythmusfähigkeit

Bewegungskoordination, aus physiologischer Perspetive betrachtet, wird definiert als das Zusammenwirken von Zentralnervensystem und Skelettmuskulatur innerhalb eines gezielten Bewegungsablaufes. Dabei wird, ausgerichtet auf einen Zweck oder ein angenommenes Ziel, über die *zeitlich, räumlich und kraftmäßig optimal ausgerichtete eigene Körpersteuerung* eine Bewegungspräzision und -ökonomie angestrebt. Gerade bei der Hilfegebung werden hohe *koordinative Leistungen unter Zeit- und Präzisionsdruck* erwartet.

Neben der *Gleichgewichts-,* der *Orientierungs-,* der *Reaktionsfähigkeit* und übergreifend der *motorischen Lernfähigkeit* sind auch nachfolgende Begriffe für zu steuernde Handlungen beim Helfen erklärend. Bedeutende koordinative Fähigkeiten, wie die der *Differenzierungsfähigkeit,* wurden zugeordnet. Nahezu alle koordinativen Fähigkeiten sind jedoch anteilig in nicht unerheblichem Maß in allen nachfolgenden Erscheinungsformen enthalten.

● *Dosierter Krafteinsatz*
Die Kinder müssen den helfenden Krafteinsatz, je nach Bedarf, unterschiedlich stark handhaben können. So darf zum Beispiel ein Aufschwung nicht zu kraftvoll unterstützt werden, der/die Übende würde in diesem Fall mit der Hüfte auf die Stange „geworfen" werden **(Abb. 5)**. Beim Kniehangabschwung wird durch Herunterdrücken der Unterschenkel die Kniebeuge im Kniehang gewährleistet. Geschieht dies jedoch zu kraftvoll, kann es bei dem/der Turnenden schmerzvoll in der Kniebeuge werden **(Abb. 6)**.

Abb. 5   Abb. 6

● **Geschicklichkeit**

Mit der Geschicklichkeit werden hier die koordinativen Fähigkeiten der *zeitlich-räumlichen und dynamischen Differenzierungsfähigkeiten* beschrieben.

Beispiele:

- Das Greifen der Oberarme, die dem/der Helfer/in bei der Hocke oder Grätsche über ein Gerät entgegenkommen, verlangt eine Geschicklichkeit in Form von zeitgerechtem, zielgenauem Zugreifen und wirkungsvollem, kraftmäßig angemessenem Agieren mit diesem – in diesem Fall – Stützgriff (vgl. Abb. 94, 95, 97).

- Gleiches gilt für den Kniehangabschwung, wo in der Endphase der Griff, der die Beibehaltung der Kniebeuge gewährleistet, vom Unterschenkel zu lösen ist, um danach schnell und flink die Hand an den Rücken zu drehen, um ein Zurückfallen zu verhindern (vgl. Abb. 131a-c).

- Oder: nach dem Handstand abrollen die Hände vom Oberschenkel zu lösen und unter die Achsel und die Hand greifend, dem/der Turnenden beim Aufstehen zu helfen **(Abb. 7)**.

  Als Grundlage guten Helfens wird somit eine grobmotorische Geschicklichkeit verlangt, die jedoch feinster neuromuskulärer Abstimmung bedarf. Die Güte der Differenzierungsfähigkeit hängt u.a. davon ab, wieweit das kinästhetische Empfinden ausgeprägt ist. Die Fähigkeit zur *kinästhetischen Wahrnehmung,* d.h. zu „fühlen", wie weit ein Gelenk gebeugt/ gestreckt ist und wie stark Muskeln angespannt sind, kann durch häufige Rückmeldung („zuviel/zuwenig"), durch das Handlungsresultat oder von außen durch verbale Rückmeldungen durch andere Kinder oder den/die Übungsleiter/in geschult werden. Diese Übungssituationen sind wiederum durch die Hilfegebungen gegeben.

Abb. 7

● *Anpassung*

Mit der Anpassungsfähigkeit ist eine *Antizipationsfähigkeit* und im „Überraschungsfall" eine *Umstellungsfähigkeit* gemeint. Dies bedeutet, daß die Helfenden *handlungsvorwegnehmend* allgemein in einer komplexen Turnsituation Entfernungen, Bewegungstempi, die Dynamik von Bewegungsabläufen, den Umfang von Bewegungsausführungen, die dabei auftretenden Bewegungsfehler und emotionalen Fehlreaktionen als auch das Einschätzen und Reagieren auf Gerätreaktionen (Minitrampolin) antizipieren können sollten. Gute, umfassende Kenntnisse, wie sie in diesem Kapitel beschrieben werden, bilden die Voraussetzung für eine gute Anpassungsfähigkeit im Turnen. Zusätzlich sollten die Helfenden dafür sensibilisiert werden, was bei der Bewegungsausführung passieren könnte. Für die notwendige Anpassungsfähigkeit beim Helfen sollte durch *Beobachtungsschwerpunkte,* die der/die Übungsleiter/in oder Lehrende gibt, das *Bewegungssehen* geschult werden. Die Anpassungsfähigkeit im helfenden Prozeß kann aufgrund unterschiedlicher Anforderungsschwerpunkte in drei Bereiche unterschieden werden:

– *Anpassung an den/die Turnende/n:* Jedes Kind ist anders, so auch in seinem Bewegungsverhalten beim Turnen. Darauf müssen die Helfenden sich einstellen. Ein ruhiges Kind wird eine Übung anders turnen als ein temperamentvolles Kind. Jeder Mensch hat seinen individuellen Bewegungsrhythmus. Hinzu kommen emotionale Zustände, die eine Bewegungsausführung beeinflussen können. Beim Aufschwingen in den Handstand muß dem/der Turnenden entgegengegangen werden, wobei den langsam oder hektisch aufschwingenden Armen zunächst ausgewichen werden muß, bevor die Helfer/innen dicht an den/die Turner/in zum Unterstützen herangehen können. An den Ringen müssen die Helfer/innen beim Überdrehen („Salto") rückwärts aus dem Vorlaufen abwarten, wo der/die Übende abspringt, dann erst können sie helfend die Bewegung lenken. Das ängstliche Kind springt frühzeitig und nur zögernd, ohne Selbstvertrauen, ab, das mutige Kind dagegen sehr spät und z. T. unkontrolliert schnell. Verbale Äußerungen geben oft schon Hinweise, was zu erwarten ist. Der Zuruf: „Haltet mich!" drückt einen emotionalen Zustand aus, das Kind hat etwas Angst vor dem zu turnenden Teil. Auch die Körpersprache spiegelt die Gefühlswelt des/der Turnenden wider. Wer seine feuchten Hände vor Übungsbeginn an den Hüften reibt, bringt seine Aufgeregtheit zum Ausdruck. Damit sollte ein spezielles Bewegungssehen geschult werden, um Dispositionen des/der Turnenden zu erkennen. *Gerade für die Bewegungsbegleitung und das Sichern sind Helfer/innenfähigkeiten der Anpassung an Turnende notwendig.*

– Anpassung an den Bewegungsablauf: Jeder Bewegungsablauf ist von seinen Bewegungsqualitäten bezüglich Bewegungsweite und -höhe, -rhythmus und-fluß unterschiedlich. Die Helfer/innen agieren oftmals in ihrer Bewegungssteuerung fehlerhaft. Sie heben zu hoch oder lassen ein turnendes Kind sich nicht ausreichend absenken, weil sie zu sehr gegenhalten oder sie drücken zu schnell die Beine oder den Körperschwerpunkt in die falsche Richtung. Nicht immer liegt es an den mangelhaften Kenntnissen hinsichtlich der angestrebten Idealausführung, sondern ebenso an einer mangelhaften Aufmerksamkeit, eine Übung präzise steuern und lenken zu wollen.

Ein Beispiel: Die Unterschwungbewegung sollte vorwiegend in die Weite geturnt werden. Die Helfer/innen dürfen damit den/die Turnende(n) nicht zu kraftvoll nur in die Höhe heben. Da der/die Übende seine Bewegungshandlung nach der vorgegebenen Norm bzw. seiner Bewegungsvorstellung vom Ablauf der Fertigkeit ausrichtet, würde er/sie in diesem Fall von der (für ihn/sie angstauslösenden) Höhe überrascht sein, die Beine schnellkräftig zur Landung Richtung Boden und damit – bedingt durch die Höhe – unter den Körper ziehen und sich nach vorne überschlagen. *Die Anpassungsfähigkeit an einen angestrebten optimalen Bewegungsablauf ist vor allem bei den unterstützenden und lenkenden Hilfeleistungen von Bedeutung. Die Helfenden müssen gute Kenntnisse über den Bewegungsablauf besitzen.*

– *Anpassung an den/die Mithelfer/in:* Nicht zuletzt sollten sich die Helfer/innen untereinander angleichen können. Unterschiedliche Körpergrößen und Krafteinsätze der helfenden Kinder oder unterschiedliche Zeitpunkte der jeweiligen helfenden Einsätze können den Bewegungsablauf des/der Übenden eher stören als hilfreich sein. Hebt ein/e Helfer/in ein turnendes Kind beim Unterschwung stärker als der/die andere, zieht eine(r) bei der Hocke über den Kasten am Oberarm mehr und zeitlich länger als der/die andere, hebt ein Kind aufgrund seiner/ihrer Körpergröße z.B. beim Kniehangabschwung den/die Turnende(n) höher als der/die Mithelfende, so verdreht sich der/die Übende in der Luft um seine/ihre Längsachse und landet schief. *In der Phase des Erlernens von Fertigkeiten wird oft mit zwei und mehr Helfer/innen geübt, wobei die Anpassungsfähigkeit an den/die Mithelfende/n für die Ausprägung der Bewegungsvorstellung und das harmonische Gelingen des Bewegungsablaufes beim unterstützenden, lenkenden Helfen ausschlaggebend ist.*

● *Kopplungsfähigkeit*
Bei dieser Fähigkeit müssen Teilkörperbewegungen unterschiedlichster Art zueinander kombiniert und koordiniert werden. Beim Helfen müssen die Gelenke des Körpers, zum Beispiel das Knie-, Hüft- und Schultergelenk, „gegengleich" arbeiten. So wird bei Helfer/innenaktionen zum Beispiel ein Arm gestreckt, während der andere Arm gleichzeitig gebeugt wird, und die Hüfte und die Kniegelenke zeitgleich gestreckt werden. *Kleinere Kinder und Anfänger im Helfen sind zunächst nicht in der Lage, komplexe Helfer/innenhandlungen auszuführen. Sie sollten mit beiden Händen an einer gleichen Stelle zupacken und ohne Griffveränderung gegebenenfalls bis zum Bewegungsende dort festhalten.*
    Beispiel: Kleinere helfende Kinder und Anfänger/innen können durch Umfassen der Oberarme im Drehgiff oft besser und zuverlässiger helfen, als wenn sie mit einer Hand etwas anderes als mit der zweiten tun müssen. Wenn für die Bewegungsunterstützung und -lenkung bei Überschlägen der Dreh-Tragegriff im Schulter- (zwischen Hals und Oberarm) und Körperschwerpunktbereich (Gesäß) angesetzt auch optimaler wäre, so wird mit der anderen Hilfegebung bei niedrigerem Könnensniveau zumindest zuverlässig der Oberkörper und damit der Kopf bis zum Bewegungsende hochgehalten.
    Ein weiteres Beispiel soll die Kopplungsfähigkeit in ihrer Komplexität bei der Hilfeleistung verdeutlichen. Schwierig ist es für Anfänger/innen, im Helfen bewegungslenkend den Helfer/innengriff bei Überschlagbewegungen (Nacken- oder Handstütz-Überschlag) auszuführen. Der nahe Helfer/innenarm muß dabei zunächst gebeugt werden und faßt an den Oberarm/die Schulter. Der ferne

Arm ist gestreckt und trägt am Gesäß den Körperschwerpunkt. Das nahe Helfer/innenbein ist gebeugt, das andere ist gestreckt **(Abb. 8)**. Anfänger/innen strecken in dieser Phase sehr oft beide Arme und beide Beine oder beugen beide Arme und Beine. Mit der Überschlagbewegung werden beide Beine gestreckt, der ferne gestreckte Arm wird gebeugt, um den Körperschwerpunkt abzusenken, der andere hingegen muß gestreckt werden, um den Oberkörper des/der Turnenden in die Senkrechte zu drücken. Anfänger/innen im Helfen vergessen in dieser Bewegungsphase, den nahen Arm zu strecken, um den Oberkörper aufzurichten. Oder sie lassen den fernen Arm gestreckt und senken den Körperschwerpunkt nicht ab; ein Aufrichten des Oberkörpers wird erschwert. Waren beide Beine gebeugt, bleiben sie unbewußt auch während des Tragens des/der Turnenden gebeugt, und so sacken sie unter der Last des Körpergewichtes des/der Übenden ein. Mit der Landung beugt sich wieder das zweite Bein, um den Überschlagenden auf die Füße zu stellen **(Abb. 8)**. Bleiben die Helfer/innenbeine „steif", fällte der/die Überschlagende auf die Füße. *Die Kopplungsfähigkeit besitzt vor allem für die unterstützende, lenkende Helfer/innentätigkeit leistungsbestimmenden Charakter.*

Abb. 8

● *Kombinationsfähigkeit*
Werden einzelne Bewegungshandlungen zu einem größeren Ganzen verbunden, ist eine motorische Kombinationsfähigkeit verlangt. Bei der Hilfegebung ist mit dem Ausführen von Helfer/innenhandlungen in höheren Stufen der Hilfegebung die Kombinationsfähigkeit verlangt. Deutlich wird dies zum einen, wenn eine Hand etwas später als die andere zum Einsatz kommt, noch deutlicher, wenn in einer Übungsverbindung ein Helfer/innengriff mehrmals angewendet und neu angesetzt werden muß (z.B. bei mehreren Umschwüngen hintereinander). Gute Helfer/innenqualitäten zeigen diejenigen, die in einer Übung ver-

schiedene Helfer/innengriffe bei den unterschiedlichen Fertigkeiten einer Übung einsetzen können (vgl. Abb. 62 und 69). *Die Kombinationsfähigkeit besitzt vor allem für die Bewegungsbegleitung Voraussetzungscharakter, über das Tun wird sie wiederum aber auch verbessert.*

● *Rhythmusfähigkeit*
Ein(e) Helfer/in muß den Rhythmus und die Dynamik einer Fertigkeit, die er/sie lenken will, kennen und angemessen bei der Bewegungsunterstützung umsetzen. Dies wird vor allem beim Helfen an den Sprunggeräten deutlich. Bei der Grätsche über den Bock muß zunächst fast statisch an den Oberarmen mit Stützgriff der Körper abbremsend gehalten werden, um ihn kurz vor der Landung wieder energisch aufzurichten. Deutlich wird die Fähigkeit, Bewegungsrhythmen zu erfassen, auch in Bewegungsverbindungen. Die Helfer/innen müssen sich den unterschiedlichen Rhythmen der Fertigkeiten, der Zwischenschwünge (Reck und Barren) und der Zwischenschritte (Boden und Balken) anpassen, um nicht den Bewegungsfluß zu stören.

Die bisherigen Ausführungen machen deutlich, daß Helfer/innentätigkeiten oft Voraussetzungen erforderlich machen, die selbst Übungsleiter/innen, Erzieher/-innen und Lehrende vor Probleme stellen können. Wichtig ist deshalb eine fundierte Kenntnisvermittlung und das häufige Üben.

3.2 KENNTNISSE: ZUR TECHNIK DES HELFENS

Ein gewisses „Know-how" ist unverzichtbar für wirkungsvolles, unterstützendes, lenkendes und begleitendes Helfen und für das Sichern von Bewegungsabläufen. Die Übungsleiter/innen und die Lehrkräfte sollten sich diese Kenntnisse aneignen, um die Kinder zu guten Helfer/innen qualifizieren zu können.

Helfen und Bewegungsmerkmale einer Fertigkeit

Bewegungsmerkmale sind die *„Knotenpunkte" eines Bewegungsablaufes.* Sie gelten als „Schlüssel" zum erfolgreichen Gelingen eines Kunststückes. Innerhalb der Bewegungsmerkmale gibt es eine Rangfolge, wie bedeutend sie für ein Gelingen sind. Eine „Kernbewegung" bildet den Ausgangspunkt für alles weitere Vorgehen.

Beispiel: Beim Hüftumschwung muß der Körperschwerpunkt, hier die Hüfte, an der Drehachse, also an der Reckstange, gehalten werden. Für die Hilfegebung leitet sich hieraus ab, mit beiden Händen den Körperschwerpunkt an der Stange zu halten.

Beim Aufschwung sieht es ähnlich aus. Der Körperschwerpunkt muß auf dem kürzesten Weg an und dann auf die Reckstange gebracht werden. Wieder unterstützen und lenken die Helfer/innen unter dem Körperschwerpunkt, hier am Gesäß, die Hüfte an und auf die Stange. Gehen die Beine bei den Bewegungen nicht über die Stange, sondern bleiben senkrecht in der Luft, drücken die Helfenden am Oberschenkel etwas nach. Der/die Turnende weiß mit der taktilen Korrektur der Helfenden, was er/sie tun soll.

Das Gelingen einer Fertigkeit hängt in der Regel von einem guten Bewegungsansatz ab. *Wenn möglich, sollte die Unterstützung schon im Bewegungsansatz, und damit frühzeitig einsetzen.*

Beispiel: Beim Aufschwingen in den Handstand gehen die helfenden Hände schon mit Beginn des Aufschwingens an die Oberschenkel und unterstützen das Hochkommen des Körperschwerpunktes über die Hände durch Schwungbeinunterstützung.

Beim Aufrollen auf einen Kasten umfassen die helfenden Hände mit Aufsprung auf das Sprungbrett die Oberschenkel und tragen beim Aufrollen den Körperschwerpunkt über den Kopf. Auch die *Fehlerkorrektur* richtet sich somit danach, ob die vorgegebenen typischen Bewegungsmerkmale umgesetzt wurden oder nicht.

Foto: I. Gerling

Daraus läßt sich folgern, daß Helfende, die zum Gelingen beitragen wollen, ebenso Kenntnisse über die entscheidenden Bewegungsmerkmale haben müssen, wie die Ausführenden selbst, um erfolgreich unterstützen, lenken und korrigieren zu können.

Das ist in einem Übungsprozeß durch den ständigen Wechsel von Helfer/innen- und Turner/innenrolle normalerweise auch gegeben. Es ist daher nicht sinnvoll, eine Person „von außen", die nicht informiert ist, zum Helfen oder sogar sichern „abzustellen", was in den Vereinen immer wieder zu beobachten ist. Ohne Kenntnisse können sie nicht helfen, sondern sind eher eine Behinderung und können sogar zur Gefährdung werden. Nicht gut informierte „Helfer/innen" können zur Unfallursache werden, was schon vorgekommen ist.

Kenntnisse über die Bewegungsmerkmale der zu unterstützenden Fertigkeiten sind notwendig, da sie Basisinformationen
– für den Ansatz des helfenden Griffes,
– die zu tätigenden Aktionen beim Geben der Hilfe,
– für die Standortwahl und letztlich
– auch Hinweise zu möglichen Problemsituationen
geben können.

Helfen und Problemmomente eines Bewegungsablaufes

Mit dem Wissen um die „Problemmomente" von Fertigkeiten kann umgekehrt *noch* zielgerichteter und intensiver Unterstützung beim Helfen gegeben werden. *Beim Sichern konzentriert sich die Aufmerksamkeit vor allem auf diese problematischen Teilphase(n) eines Bewegungsablaufes, um nötigenfalls helfend eingreifen zu können.*

Beispiel:
Beim Aufschwung, Umschwung, Sitz- und Mühlumschwung, beim Aufschwingen in den Handstand, beim Aufhocken in den Hockstütz auf den Kasten oder Balken liegen diese „Problemmomente" unmittelbar vor Erreichen der Senkrechten, bzw. am energetischen Ende der Rotation um die Stützstelle (Stange oder Hände/Boden). Der/die Turnende fällt bei nicht ausreichendem Schwung oder ungenügender Technik im Bewegungsansatz wieder zurück, ohne die gewünschte Endposition erreicht zu haben.

Nicht immer ist es möglich oder sinnvoll, die schwungauslösende Phase von Beginn an zu unterstützen. Dann muß vor allem unmittelbar vor dem Erreichen der Endposition energisch Hilfe gegeben werden oder bei der Bewegungsbegleitung oder beim Sichern helfend an dieser Stelle eingesprungen werden, wenn ein Mißlingen erwartet wird.

Für die Helfenden gelten hinsichtlich ihres Handelns nachfolgende Grundregeln, die unbedingt bei der Entscheidung eines Griffansatzes, des Helfer/innenverhaltens und der Standortwahl berücksichtigt werden sollten.

Ansatz der Helfer/innengriffe

1. Helfer/innengriffe müssen *rumpfnah* angesetzt werden, damit sich möglichst wenig Gelenke zwischen Griffansatz und Körpermasse befinden, so daß der/die Turnende nicht ausweichen kann *(Beispiele:* Umfassen der Oberschenkel beim Handstand, Umfassen der Oberarme bei Stützsprüngen). Der Körper ist in seiner Bewegung daraufhin besser durch die Helfer/-innen zu lenken. Zudem sollte der Helfer/innengriff *nicht auf einem Gelenk angesetzt* werden, *noch sollten die Helfer/innenhände ein Gelenk zwischen sich haben.* Beispiel: Der Arm kann bei Stützsprüngen durch Umfassen des Oberarmes und des Handgelenkes derart „versteift" werden, daß es zu einer Verletzung mit Abfangen des beschleunigten Körpers kommen kann (Ausnahme: Abhocken am Reck, wo aus einer Ruheposition der Arm als Hebel eingesetzt wird).

2. Wird bei *Rotationen um eine feste Drehachse* (z.B. Reckstange) das Körpergewicht vorwiegend von den Händen gehalten, muß die *Griffestigkeit* durch die *Handgelenksicherung* gewährleistet werden. Zusätzlich wird hiermit eine Drehhilfe gegeben. Damit weicht dieser Aspekt von der o.g. Grundregel des rumpfnahen Griffansatzes ab, da hier eine andere Funktion der Helfer/innentätigkeit im Vordergrund steht. Die gerätnahe Hand geht unter der Stange durch und umfaßt das Handgelenk von vorne (der Daumen umklammert das Handgelenk), die gerätferne Hand hilft beim Aufrichten des Rumpfes von vorne an der Schulter oder am Oberarm (z.B. Sitzumschwung, vgl. Abb. 128) bzw. von hinten in Höhe der Schulterblätter (z.B. Mühl- bzw. Spreizumschwung, vgl. Abb. 129). *Ausnahmen:* Beim Hüftauf- und -umschwung erfolgt keine Griffsicherung, da durch das Tragen des Körperschwer-

punktes nur noch eine erheblich verminderte Haltekraft für den/die Turnende/n aufzubringen ist (s.o.).

3. Ist der **Körperschwerpunkt** an die Stange/den Holm zu bringen oder zu halten, muß mit **beiden Händen am Gesäß** unterstützt werden. *Beispiel:* Aufschwung und Hüftumschwung (vgl. Abb. 61). Gleiches gilt, wenn der/die Turnende von der Drehachse (Reck/Holm) verlangsamt hinuntergetragen werden soll. *Beispiel:* Abzug vom Reck/Stufenbarren in den Hang. Der „Lastarm" sollte über das Anbeugen der Arme an den Körper verkürzt werden. Deutlich wird dies, wenn beim Tragen, Heben und Halten unter die Last bzw. den Körperschwerpunkt gegangen werden muß **(Abb. 9,** vgl. auch die Ausführungen unter „Standortwahl", S. 43).

Abb. 9

4. Muß in der Endphase (meist Aufwärtsphase) einer rotatorischen Bewegung um die Breitenachse **zum Aufrichten** geholfen werden, sollte **dies, soweit wie möglich, von der Drehachse mit dem Griffansatz** erfolgen, um die Hebelkräfte hierbei auszunutzen. Bis auf den Hüftumschwung, bei dem das Halten des Körperschwerpunktes (hier Hüfte) an der Drehachse (hier Reckstange oder Holm) Priorität hat, werden Umschwünge und Überschläge am Schultergürtel bzw. von vorne an der Schulter mit Unterstützung der zweiten Hand unter dem Körperschwerpunkt (als Widerlager) aufgerichtet **(Abb. 10).**

Abb. 10

Körperhaltung beim Heben und Tragen

Helfer/innentätigkeiten beinhalten *Ganzkörperbeanspruchungen*. Das Körpergewicht anderer ist gegen die Schwerkraft zu heben, zu tragen und zu drehen. Neben guten Techniken der Hilfegebung ist die eigene Körperhaltung nicht nur für die Gesunderhaltung, sondern sogar für die Verbesserung dieser zu kontrollieren.

Normales kindliches Bewegungsverhalten kräftigt die gesamte wirbelsäulenstabilisierende Muskulatur.

Das Anheben des turnenden Körpers sollte *aus der leichten Kniebeuge* erfolgen, da mit Beinstreckung die großen Oberschenkelmuskeln (Kniestrecker = m. quadriceps femoris) das Heben erleichtern.

Entgegen der Lehrmeinung der derzeitigen „Rückenschule" sollte bei den Kindern *nicht* das Anheben und Tragen mit geradem Rücken propagiert werden. Gerade Kinder vor der Pubertät neigen zu einem kindlich vorgewölbten Bauch und damit zu einer Hohlkreuzhaltung. Mit der Anweisung aus der „Rückenschule", beim Anheben und Tragen einen geraden Rücken zu machen, wird in der Regel sogar noch genau diese Hohlkreuzhaltung (Hyperlordosierung) verstärkt **(Abb. 11)**. Zudem ist dem Menschen eine physiologische Wirbelsäulenkrümmung mitgegeben, um dynamische Belastungen des Körpers schonend abfangen zu können. Dies spielt auch bei der Hilfegebung eine Rolle.

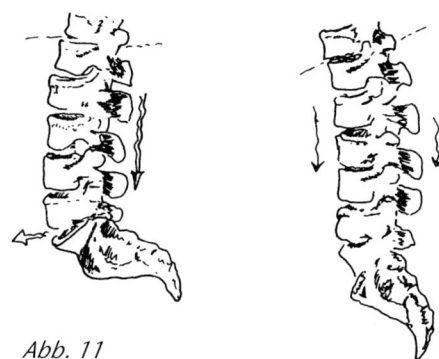

Abb. 11

Sehr viel bedeutender ist der Hinweis, beim Heben und Tragen den gesamten Rumpf leicht vorzubeugen, und gleichzeitig die Bauchmuskulatur (m. rectus und m. transversus abdominis) *anzuspannen**.

Beim Helfen muß der Körper sich zudem oft verdrehen, was ebenso eine kraftmäßige Einbeziehung der schrägen Bauchmuskeln (m. rectus obliquus ex- und internus) beinhaltet. Dies entspricht auch der natürlichen, kindlichen Bewegung. Kein Kind hat seit jeher im freien Bewegungsleben etwas gehoben und getragen (z.B. auch Geschwister) und den Rücken *vorher* so gerade gemacht, als ob es einen Stock verschluckt hätte.

Anmerkung: Es kann davon ausgegangen werden, daß der **Innendruck im Bauchraum (interner Bauchdruck), der durch die gut ausgebildete gerade, quere und schräge „Rundum-Bauchmuskulatur" in einer „Rundum-Fascienhülle" gegen die Wirbelsäule erzeugt wird, als auch die gut trainierten, die Wirbelsäule umschließenden Muskelgruppen (z.B. die Rückenstrecker, m. erector spinae) in ihren Bindegewebshüllen (Fascien) die Wirbelsäule nicht nur gut stabilisieren (interner muskulärer Druck), sondern zudem einen solchen „Außendruck" auf die Wirbelsäule erzeugen, daß die Druckbelastungen, die annähernd senkrecht auf die Wirbelkörperflächen beim Tragen aufzunehmen sind, erheblich vermindert werden. Helfen trainiert in diesem Sinne die die Wirbelsäule in ihrer Funktion unterstützende Muskulatur.*

„Baucheinziehen" (ohne Luft anzuhalten) bzw. sich leicht nach vorne zu beugen, ist beim unterstützenden Helfen demnach mehr zu empfehlen, als „stockgerade" zu heben und zu tragen.

Funktion der Helfer/innengriffe

Die Kinder müssen die Helfer/innengriffe nicht nur kennen und richtig am Körper des/der Übenden ansetzen können, sondern auch wissen, *wie* sie damit funktional sinnvoll die Bewegung unterstützen und lenken sollen. Helfer/innengriffe können stützen und tragen, heben und drücken, drehen und fixieren. Das „bloße" Anlegen der Hände an ein turnendes Kind ist kein Helfer/innengriff.

Den Kindern muß verdeutlicht werden, was sie mit den Helfer/innengriffen bewirken können, und wie sie etwas steuern und unterstützen können.

Beispiele:
— Für den Umschwung fassen beide Hände an das Gesäß. Dieses „bloße Anlegen" der Hände reicht als Information für eine erfolgreiche Bewegungsunterstützung nicht aus. Mit „vereinten Kräften beider Hände" wird das Körpergewicht auf die Stange getragen. Die nahe Hand „holt" vorher unter der Stange, dem Gesäß entgegengehend, den Körperschwerpunkt (Hüfte) an die Stange, die ferne Hand kommt leicht verspätet dazu und unterstützt etwas unterhalb des Gesäßes die Rotation um die Stange (vgl. Abb. 61).
— Beim Aufschwingen zum Handstand wird mit beiden Händen der jeweilige Oberschenkel umfaßt. Es muß deutlich gemacht werden, daß die nahen Hände dabei zunächst das schwungvolle Aufschwingen der Beine unterstützen, die fernen Händen das Überfallen aus der Senkrechten verhindern (vgl. Abb. 77).

Helfer/innenverhalten

Grundsätzlich gilt für das Helfen folgender Ablauf:

1. Helfer/innengriffe müssen *zum frühestmöglichen Zeitpunkt* angesetzt werden. Dazu müssen die *helfenden Hände dem turnenden Kind entgegengehen. Der Blick muß sich mit Bewegungsbeginn* (d.h. bei Sprüngen schon mit dem Anlauf zum Sprung) *auf die zu umfassende bzw. unterstützende Stelle richten!* (vgl. Abb.66)

2. Helfen, Bewegungsbegleitung und Sichern bedeuten ein *ständiges Mitgehen* mit der Bewegung des turnenden Kindes. Während des Bewegungsablaufes müssen die Helfenden dabei den genauen Ablauf der Bewegung mitvollziehen. Genaue Kenntnisse der Bewegungsausführung sind wichtig. Geht eine Bewegung in die (translatorische) Fortbewegung oder haben verschiedene Fertigkeiten einer Übung verschiedene Problemmomente, die vor oder hinter der Stange oder des Holmes liegen, darf die Hilfegebung nicht am Ausgangsstandort fixiert sein, sondern muß situativ den Helfer/innenstandort wechseln (vgl. Abb. 62.5/62.6).

3. Ein Helfen muß *bis zum sicheren Bewegungsende beibehalten* werden. Gerade bei Abgängen und Sprüngen über Geräte (z.B. Sprungbücke) ist das aufmerksame Festhalten bis in den Ruhezustand des turnenden Kindes, wo es seine Orientierung wiedergefunden hat, wichtig. Bei Unterschwüngen oder Überschlägen von oder über Erhöhungen ist das Fixieren des Schultergürtels günstig, weil mit einem langen Hebelarm (Entfernung Griffansatz zum Schwerpunkt bzw. Drehpunkt) mit günstigem Krafteinsatz ein Nachvornefallen des/der Landenden verhindert werden kann (vgl. Abb. 8). Ungünstig ist es, dabei die landenden Kinder in der Hüfte abzufangen, da durch den Widerstand der sichernden Hände oder Arme die Kinder in der Körpermitte zusammenklappen. Besser ist ein Umfassen der Oberarme oder ein Nachgreifen mit den Schulterhänden („Anker auswerfen"). Vergleiche hierzu die letzten beiden Bilder der Abbildung 8.

Standortwahl der Helfenden

Kenntnisse zum Standort tragen wesentlich zum Gelingen des Helfens bei.

1. *Die Standortwahl zum Gerät oder Turnenden richtet sich nach den, aus den Bewegungsmerkmalen abgeleiteten, Problemmomenten* (s.o.). Beim Turnen befindet sich der/die Übende in einer ständigen Auseinandersetzung mit der Schwerkraft. Dies zeigt sich am Reck und Stufenbarren deutlich in den Aufwärtsphasen einer Bewegung. Dort ist dann, um mit ganzer Körperkraft beim Aufrichten zu helfen, der Standort am Gerät.
   Beispiele:
   – Bei den *Rückwärtsbewegungen* Aufschwung, Sitz- und Hüftumschwung steht der/ die Helfende *vor* der Stange (dort, wo die Front des/der Übenden hinweist) – auch bei einem Hüftumschwung am breitensportlichen Stufenbarren, der aus dem Streckhang mit Griffwechsel zum unteren Holm geturnt wird! Nur aus diesem Standort heraus können die Helfer/innen sich dem fallenden Körper entgegenstemmen und ihn an den Holm umlenken **(Abb. 12)**.

Abb. 12

   – Beim Mühl- bzw. Spreizumschwung dagegen, den *Vorwärtsbewegungen,* stehen die Helfenden *hinter* der Reckstange bzw. den Barrenholmen.
   Bei Fortbewegungen oder Bewegungsverbindungen müssen die Helfenden stets bemüht sein, einen optimalen, in der Regel oft wechselnden Standort einzunehmen. Hierzu gehört häufiges Üben und schließlich Erfahrung. Der/die Übungsleiter/in und Lehrenden müssen mit ihrem Erfahrungsvorsprung die Helfenden dazu anleiten.

2. Die Helfer/innen müssen lernen, *so nah wie möglich am Gerät* und *bei der Hilfegebung am turnenden Kind zu stehen,* ohne jedoch den/die Übende/n bei der Bewegungsausführung zu behindern. Nur so kann ein Kind dicht am eigenen Körper die Last des turnenden Körpers heben, halten und tragen.

Der „Lastarm" sollte über das Anbeugen der Arme an den Körper verkürzt werden. Deutlich wird dies, wenn beim Tragen, Heben und Halten unter die Last bzw. den Körperschwerpunkt (vgl. Abb.9) gegangen werden muß (s.o.). Alle Anfänger haben mit diesem Grundsatz in der Umsetzung Probleme. Aus Angst, sich selbst durch den/die Turnende/n zu verletzen, stehen sie – unbewußt – oft über eine Armlänge entfernt von dem/der Hilfeempfänger/in. Der scherzhafte Zuruf: „Ran an das Mädchen/den Jungen!" kann ständig dazu auffordern, dicht am turnenden Kind zu helfen.

Beispiele:

– Beim Überdrehen vorwärts vom Kasten müssen die Helfer/innen im Drehgriff vorwärts das turnende Kind in Kopfhöhe halten und drehen und dabei die Arme eng am eigenen Körper gebeugt halten, bis es zum Stand gekommen ist **(Abb. 13)**.

– In der Unterrichtspraxis ist das richtige Stehen am Kasten immer ein Problem, um bei Sprüngen ausreichend gut zu helfen. In unseren Kinderturnstunden ist immer wieder zu beobachten, wie die Kinder – statt direkt hinter – seitlich am Kasten stehen. Sie können gerade noch den Oberarm mit dem Stützgriff erreichen, ein Hinübertragen des/der Übenden in die Bewegungsrichtung oder ein Verhindern eines eventuellen Sturzes kann jedoch unmöglich bei solch einem seitlichen Standort ausgeführt werden. Auch wenn man es ihnen sagt, sie in die richtige Position führt, sind sie nach einigen Sprüngen wieder an die Kastenseite gewandert. Ein wiederholtes Korrigieren ist notwendig.

Abb. 13

3. Die Helfenden müssen bei **Bewegungen, die in die Fortbewegung** *gehen,* *den Helferstandort wählen,* **wo sie vermuten, daß der Körperschwerpunkt** **am besten zu tragen** (Überschläge), **abzustoppen** (dynamische Radwende-Strecksprung) *oder* **auszubalancieren** ist (Handstand). Nah am turnenden Kind stehen, bezieht sich damit oft auf die Haupt- oder Endphase eines Bewegungsablaufes frei im Raum.

Beispiel: Beim Aufschwingen in den Handstand müssen die Helfer/innen genau in Höhe des vermuteten Platzes der aufgesetzten Hände stehen, um das Gleichgewicht des/der Turnenden auszubalancieren. Sie dürfen also nicht mit Beginn der Bewegung zum Aufschwingen in den Handstand auf gleicher Höhe des turnenden Kindes stehen, weil der/die Turnende dann von ihnen wegturnt, und sie ein eventuelles Überfallen bei zuviel Schwung kaum verhindern könnten.

4. Für unterstützende, tragende, schiebende oder drückende Hilfegebung ist
es oft sogar besser, wenn die helfenden Kinder fast **unter dem Körperschwerpunkt,** d.h. unter dem turnenden Kind stehen. Aus diesem Grund ist das Turnen von einer Erhöhung oder eine kniende Hilfestellung sinnvoll.
Beispiele:
– Nackenüberschlag vom Kastendeckel.
– Bei Auf- und Umschwüngen am Reck und am Barren kann nur auf der
Reck- oder Holmseite, an der die Bewegung sich in der Aufwärtsphase befindet, die Fertigkeit mit voller Kraft beider jeweiligen Helfer/innenhände
zum Gelingen gebracht werden. Zum einen befindet sich dort der „Pro-
blempunkt" für ein Mißlingen der Bewegung, und zum anderen kann sich
der/die Helfer/in (aus diesem Grund) *dort direkt unter den Körperschwerpunkt* des/der Übenden stellen, um ihn/sie hochzudrücken.

Zeitliche Aspekte der Helfer/innentätigkeiten

Es ist beim Helfen nicht sinnvoll, bei jedem Bewegungsablauf in jeder Teilphase
mit den Händen schon am turnenden Kind zu sein.

– *Anfangsintervention:* Helfer/innengriffe werden von Beginn an bewegungsunterstützend am turnenden Kind angesetzt, wenn beispielsweise eine Aufschwungbewegung *mit* beschleunigt werden soll. Oft wird das, was zum
Beispiel ein Absprunggerät bewirken soll, mit unterstützt.
Beispiele:
– Bei einem Aufschwingen in den Handstand geht die dem turnenden Kind
nahe Helfer/innenhand von Bewegungsbeginn an unter den Oberschenkel
des Schwungbeines, um das Aufschwingen in die Senkrechte zu unterstützen (vgl. Abb. 60, 77).
– Beim Aufrollen auf einen Kasten umfassen die helfenden Hände mit Aufsprung die Oberschenkel, um mit Absprung unterhalb des Körperschwerpunktes das Gesäß über den Kopf zu tragen und zu schieben.

– *Hauptteilintervention:* Die Bewegung wird im Bewegungsansatz ohne Hilfestellung ausgeführt und der helfende Griff wird im Kernteil der Bewegung
eingesetzt, um zum Gelingen beizutragen. Ein abwartendes Verhalten wird
dem/der Helfenden angeraten. Dies ist auch oft nötig, um den Bewegungsansatz durch aktives Eingreifen nicht zu stören.

Beispiele:
- Nach Absenken durch den flüchtigen Hockstand oder Langsitz rollt das turnende Kind zurück, dann erst greifen die Helfer/innen an die jeweiligen Oberschenkel und tragen den/die Turnende/n in den Handstand **(Abb. 14)**.

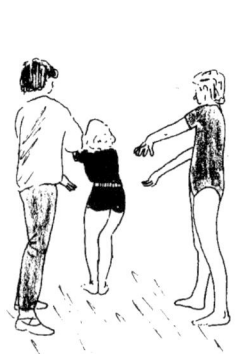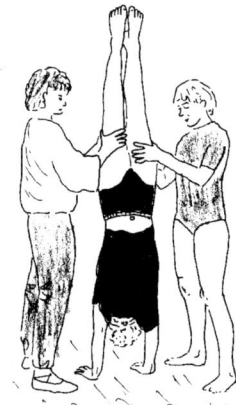

Abb. 14

- Sitzumschwung: Das turnende Kind hängt sich, nach hinten oben bewegend, in die Knie ein und senkt sich ab. Unter dem Aufhängepunkt wird mit der gerätfernen Hand jeweils an die Oberarme/Schulter gegriffen, um die Aufschwungphase mit einem Kraftimpuls zu unterstützen.

- *Abschlußintervention:* Um das Bewegungsende in eine Ruheposition zu zwingen, greifen die Helfer/innen abstoppend, haltend ein. Dies ist vor allem bei Abgängen und Sprüngen der Fall.

- *Totalintervention:* Bei geringen Voraussetzungen oder komplexen Handlungen innerhalb eines Bewegungsablaufes wird beim unterstützenden, lenkenden Helfen quasi das Kind „geturnt".
Beispiel:
Aufschwingen in den Handstand, abrollen und Strecksprung (vgl. Abb. 77 und 78).

Übertragbarkeit von Helfer/innengriffen und -verhalten

Viele, grundsätzlich erlernte Helfer/innengriffe und -verhalten sind vor allem bei gleichen oder ähnlichen Fertigkeiten auf andere Geräte übertragbar.
Beispiele für die Übertragbarkeit von Helfer/innengriffen:

Abb. 15a

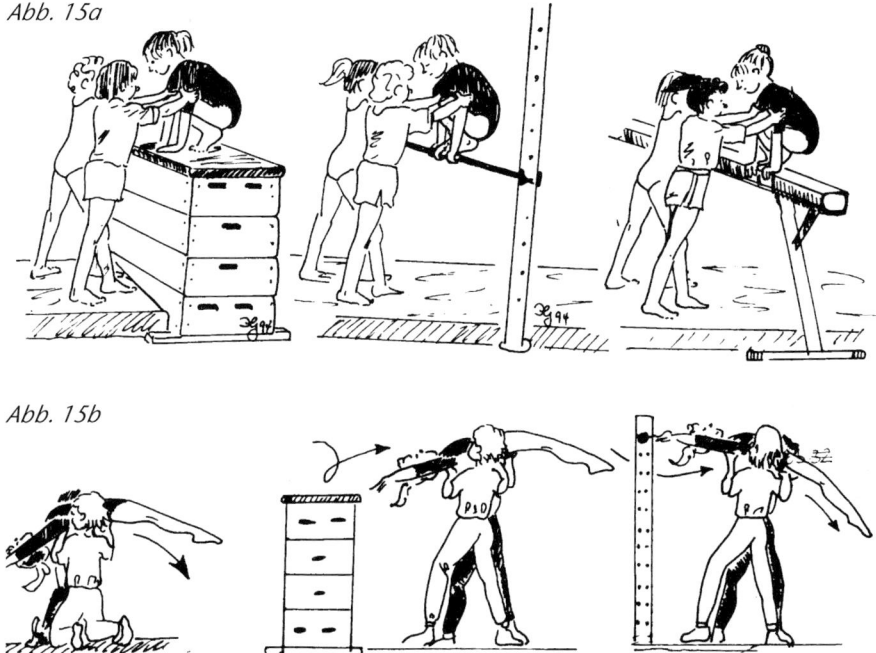

Abb. 15b

- Stützgriff am Oberarm mit Schultersperre beim Aufhocken auf den Kasten, den Barrenholm, den Schwebebalken ... **(Abb. 15a)**.
- Schrittüberschlag am Boden, Nackenüberschlag vom Kasten, Handstütz-überschlag gewinkelt über den Kasten ... **(Abb. 15b)**.

Bestimmte Abläufe bei helfenden Handlungen sind in der Reihenfolge, einmal erlernt, übertragbar auf andere Bewegungsabläufe. Diesen Bezug sollte der/die Übungsleiter/in bzw. Lehrende auch den Kindern bei der Wissensvermittlung klarmachen. Helfende Handlungskomplexe gewinnen damit an Überschaubarkeit, werden transparenter.
Wie bereits im (Kapitel A.I.3.2) unter dem Abschnitt Helfer/innenverhalten (S. 42) erläutert, müssen die helfenden Kinder ein bestimmtes Helfer/innenverhalten bei der Hilfegebung zeigen.
- Mit Einnehmen des Standortes zum Helfen wird Blickkontakt zum turnenden Kind hergestellt und gegebenenfalls eine Absprache getroffen. Die Helfer/innengriffhaltung wird („in der Luft") eingenommen und die Arme strecken sich dem turnenden Kind entgegen.

- Im Bewegungsansatz muß der Bewegung entgegengegangen werden.
- Danach erfolgt zum bestmöglichsten (oft frühestmöglichen Zeitpunkt) der Griffansatz und die Bewegung wird von Beginn der Notwendigkeit an unterstützt und gelenkt.
- Der Griffansatz wird solange beibehalten, bis das turnende Kind den Ruhezustand wieder erreicht hat. Bei Landungen wird die Bewegung in der Regel abgebremst.

Die nachfolgende Übersicht (Abb. C) macht an drei Fertigkeiten, die vom Ablauf her als typisch für Bewegungen im Gerätturnen der Kinder gelten können, die Übertragbarkeit von Helfer/innenverhalten für wesentliche Teilbereiche deutlich.

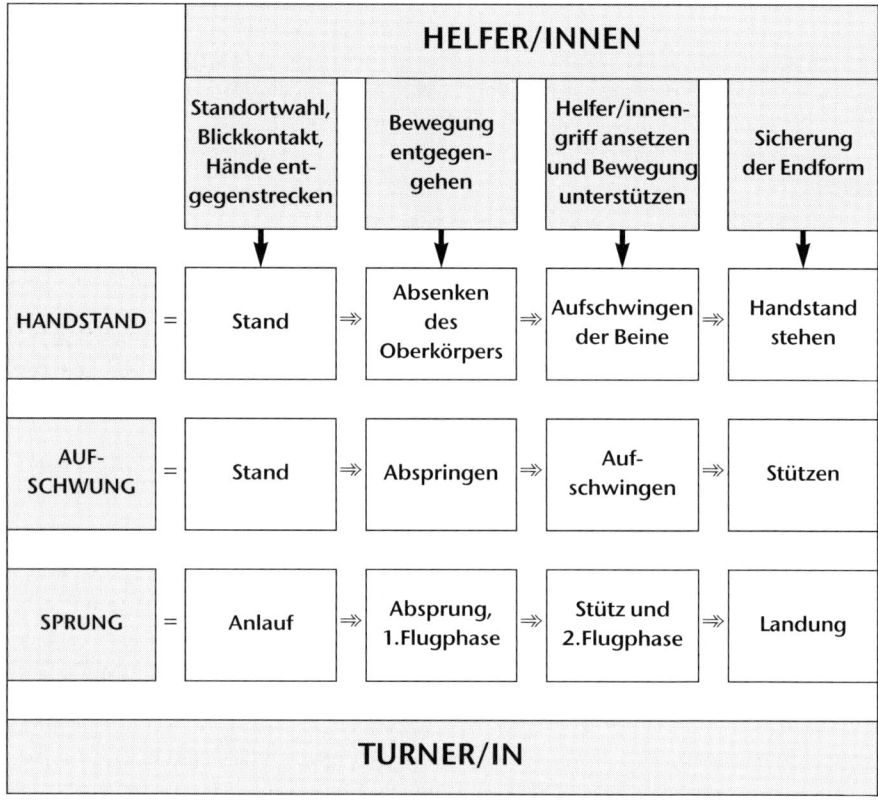

Abb.C: Ablauf von Helfer/innentätigkeiten während turnerischer Bewegungsabläufe

„Spielregeln" zwischen helfenden und turnenden Kinder

Gerade für das Turnen mit Hilfegebung gelten Spielregeln des Miteinanders.

Der erste Komplex, der allen Turnern und Turnerinnen bekannt sein sollte, bezieht sich auf die **Kleidung** im weitesten Sinne. Die turnenden und helfenden Kinder müssen:

— *... die Uhren, Ringe, Armbänder und Ketten ablegen.* Damit können sie sich gegenseitig verletzen. So können die Helfer/innenhände in der schwingenden Kette hängen bleiben und den Hals des turnenden Kindes strangulieren.

— *... eine zweckmäßige Turnkleidung* tragen. Weite und glatte Trainingsanzüge aus „Ballonseide" sowie übergroße T-Shirts machen nicht nur ein kontrolliertes Turnen, sondern oft auch den Griffansatz unmöglich. Auch das Tragen von schweren Turnschuhen, wie sie im Alltag und bei Sportspielen getragen werden, gehören nicht zum Turnen. Nicht nur, daß damit die gewünschte Fußkräftigung im Turnen beim Springen, Landen und Balancieren entfällt, so können die Helfer/innen beim Aufschwingen zum Handstand, beim Hüftaufschwung oder bei den Stützsprüngen mit solchen Schuhen erheblich verletzt werden. Barfuß, Socken mit Gumminoppen oder am besten Turnschläppchen sind beim Turnen zweckmäßig.

— *... lange Haare sollten beim Turnen zusammengebunden getragen werden.* Es ist nicht nur für die turnenden Kinder beim Überkopfturnen sehr störend, sondern für die Helfer/innen sehr ärgerlich, sich beim Helfen in den Haaren zu verfangen.

— Selbstverständlich sollten nicht nur Turner/innen, sondern auch Helfer/innen *kein Kaugummi kauen*.

Für die Zusammenarbeit gelten weitere Spielregeln, damit turnende und helfende Kinder ein *erfolgreiches Team* bilden:

— *Bevor geturnt wird,* muß beiden Seiten *durch Absprache klar sein, was* überhaupt für ein Turnelement oder welche Übungsfolge *geturnt werden soll.* Nachfragen wäre besser, als mit negativen Folgen überrascht werden.

— Vor Bewegungsbeginn muß *Blickkontakt* hergestellt werden, d.h., auch der/die Turnende muß den Blick der Helfer/innen suchen, bevor er/sie sich helfen läßt.

— Ein harmonisches Miteinander von Helfenden und Turnenden von Beginn an wird erreicht, wenn der *Einsatz gemeinsam* gesucht wird. Es kann *zu Beginn angezählt,* oder *verbal begleitet* („... und ... hoch...") werden. Das Anzählen z.B. von Auftaktschwüngen sollte mit der Zahl *immer dorthin gezählt werden,* wo die Fertigkeit realisiert werden soll.

Beispiel: Beim Hüftaufschwung vom unteren zum oberen Holm schwingen die Kinder vorbereitend mit dem Schwungbein auf und ab: „1", „2"... sollte beim Aufwärtsschwingen erfolgen, bei „3" erfolgt schließlich das Aufschwingen in den Stütz am oberen Holm.

– Helfende und Turnende bilden ein Team, um Bewegungsprobleme zu lösen. Dafür müssen Helfende bereit sein, über den Zeitraum des gesamten Bewegungsablaufes und z.T. darüber hinaus ihre volle Aufmerksamkeit, Zuwendung, Wohlwollen und ihr Einfühlungsvermögen den turnenden Kindern zu schenken. Umgekehrt müssen sich Turnende „turnen-lassen" wollen und sich voll mit ihren Problemen und Ängsten und ihrem Körper den Helfenden anvertrauen. Sich aufeinander gegenseitig verlassen können, kann ein schönes Erlebnis sein.

Ein/e Übungsleiter/in, Erzieher/in oder Lehrer/in muß nicht nur ein/e gute Techniker/in sein, Bewegungsabläufe und Helfer/innengriffe genauestens kennen, sondern auch besondere pädagogische und damit psychologische Fähigkeiten mitbringen. Die leitende Person schafft in den Turnstunden durch ihr Verhalten eine angenehme, freudvolle und vertrauensvolle Atmosphäre. Bei Unsicherheiten sollte sie immer in der Nähe stehen, um Sicherheit auszustrahlen.

Vertrauen

„Kinder, denen es an Zuversicht und Selbstvertrauen fehlt, suchen oft Zuflucht in Alkohol, Tabletten oder Drogen. Wer seine Stärken kennt, weiß, daß auch schwierige Situationen überwunden werden können.

Kinder müssen Erfahrungen sammeln. Dazu brauchen sie das Vertrauen ihrer Freunde, Eltern und Erzieher. Das Gefühl, daß jemand zu ihnen steht, hilft ihnen, auch schwierige Situationen durchzustehen.

Die Angst um das Wohl der Kinder macht es manchmal schwer, dieses Vertrauen zu schenken.

Gegenseitige Ehrlichkeit und Offenheit, besonders dann, wenn einmal etwas schiefgegangen ist, ist eine Voraussetzung dafür. Verständnis, auch bei gegensätzlichen Ansichten, gehört dazu.

Miteinander reden kann Schwierigkeiten beseitigen, bevor ein Problem daraus wird.

Wir können viel dagegen tun, daß Kinder süchtig werden.
Kindern Vertrauen zu schenken, ist ein Teil davon."
**Bundeszentrale für gesundheitliche Aufklärung
im Auftrage des Bundesministeriums für Gesundheit**

II Pädagogische, psychologische und soziologische Aspekte

1. KINDER HELFEN UND SICHERN KINDER

1.1 MOTIVIERT UND ANGSTFREI TURNEN

Im Kinderturnen können verschiedene Angstmomente entstehen:
- Angst vor dem noch *Unbekannten, Neuen.* Dies kann sich auf neue Bewegungen beziehen, aber auch auf neue Geräte, auf ungewohnte Turnhöhen (Schwebebalken, oberer Stufenbarrenholm), auf unüberschaubare Situationen und in einigen Fällen auch auf die Hilfegebung.
- Angst vor *Mißerfolgen* und *Versagen,* vor der *Blamage* in der Gruppe.
- Angst vor dem *Wehtun* und vor *Verletzungen.*

Erste Bezugs- und Vertrauensperson zur Überwindung solcher Ängste ist der/die Lehrende. Hilfreich ist das Ausrichten seines/ihres Handelns nach folgenden Grundsätzen:
Die Kinder sollten
- ... behutsam an neue Geräte herangeführt werden, indem der/die Lehrende eine kleine Gerätekunde in den Unterricht miteinbezieht und über Spielformen mit den Geräten vertraut macht.
- ... neue Fertigkeiten über ausgewählte Vorformen kennenlernen, dabei sollte der/die Übungsleiter/in, falls notwendig, zunächst selbst helfen und danach das Helfen ganz allmählich auf die Kinder übertragen.
- ... durch individuell passende Aufgaben eigene Erfolgserlebnisse – auch beim Helfen – erfahren. Diese werden vor allem auch durch gegenseitige Unterstützung erlebt.
- ... auf Risikosituationen hingewiesen werden. Der/die Übungsleiter/in sollte Gründe aufzeigen, durch Gespräche die Kinder einsichtig machen und, gegebenenfalls gemeinsam mit dem/der Unterrichtenden, entsprechende Verhaltensregeln aufstellen, die auch die Hilfegebung mit einbeziehen.

Weitere Bezugs- und Vertrauenspersonen für die Kinder sind die Kinder in der Lerngruppe selbst, z.B. der/die Partner/in und die Kleingruppe am Gerät (**Abb. 16**).
Gerade das gekonnte Helfen und Sichern untereinander schafft Vertrauen und reduziert vorhandene Ängste weitgehend.

Foto: I. Gerling

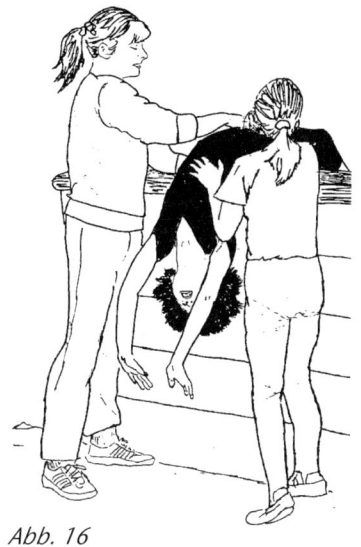

Abb. 16

In einem Klima des Sich-Vertrauen-Könnens, des Sich-Helfen-Wollens und des Sich-Mut-Machens wagen sich auch sportschwächere Schüler/innen an vermeintlich schwierigere Aufgaben heran, ohne gleich die Angst vor einer Blamage haben zu müssen. Das subjektive Sich-Wohl-Fühlen in der Lerngruppe ist eine wichtige Grundlage für ein angstfreies Kinderturnen. Darum leistet das Helfen und Sichern durch die Kinder selbst einen wesentlichen Beitrag: Kinder bauen ihre Angstbarrieren schrittweise ab.

Ein Beispiel:

Viele Kinder haben beim Aufschwingen in den Handstand Angst. Wenn sie auf dem Kopf stehen, wissen sie nicht, wo sie sind und was sie tun müssen. Sie glauben, mit dem Aufschwingen in die Senkrechte keine Kontrolle mehr über ihren Körper zu haben, überschlagend umzufallen und sich zu verletzen. Damit verbunden wird die Erwartung des Auslachens beim Mißlingen. Einige Kinder verweigern aus diesen Gründen sogar ganz das Üben. Wenn diese Kinder jedoch beim Wandhandstand erfahren, daß Mitschüler/innen in der Lage sind, ihn/sie zu tragen und im Gleichgewicht zu halten, diese mit gelerntem Helfer/innengriff und verbaler Ermunterung das Aufschwingen in den Handstand von vornherein zum Erfolg führen, wächst das Selbstvertrauen und das Könnensbewußtsein zunehmend. Andere Übungen werden dann auch „mutiger" angegangen.

1.2 SOZIALES HANDLUNGSFELD

Obwohl das Gerätturnen als Individualsportart eingestuft wird, bietet es – und dies ist besonders im Kinderturnen der Fall – ein auf Kontakt- und Kooperationsfähigkeit aufgebautes Handlungsfeld. Hilfegebung der Kinder untereinander beginnt mit der scheinbar banalen Grundbedingung, andere anfassen zu mögen und sich selbst anfassen zu lassen. In Schule und Verein, auf den Spielplätzen und im sonstigen freien Bewegungsleben der Kinder ist häufig dieses „ungezwungene Miteinander" nicht mehr vorhanden.

Zunächst werden Kinder an den/die Partner/in und dann an die Kleingruppe über kleine Aufgaben herangeführt (vgl. Kap. Praxisbeispiele-Grundlagen, S. 71 ff.), die (noch ohne Helfen und Sichern) als Beispiel an einer Gerätestation selbständig agiert. Erst wenn Grundlagen des Miteinanders geschaffen worden sind, kann über das Helfen und Sichern aus dem Riegenturnen zusätzlich eine Kleingruppenarbeit gemacht werden, wo jede/r jede/n angemessen im Lernprozeß unterstützt.

2. EINSTELLUNG

Der Einsatz von Helfer/innen setzt eine positive Einstellung zum Hilfegeben, eine grundsätzliche Bereitschaft zum Helfen, voraus. Die Bereitschaft zu dieser „dienenden" Tätigkeit für andere drückt sich in einer spezifischen Aufmerksamkeit und einem Verantwortungsgefühl aus. Diese Fähigkeit muß bei vielen erst erworben werden. Wie dies in spielerischer und kindgemäßer Form geschehen kann, wird unter dem Kapitel „Lehren und Lernen des Helfens und Sicherns" beschrieben. Auch Gespräche über Sinn und Zweck des Helfens und Sicherns geben Einsichten, dies zu tun. Erst wenn der/die Lehrer/in dies bei seinen/ihren Kindern voraussetzen kann, sind viele Übungen mit gegenseitigem Helfen durchführbar.

Ein Beispiel:

Beim Handstand abrollen müssen die Helfer/innen den/die Turnende/n in die Rollbewegung hineintragen (vgl. Abb. 31). Den/die im Handstand stehende/n schwache/n Schüler/in einfach auf den Nacken fallen zu lassen, könnte zu Verletzungen führen. Es kann sogar vorkommen, daß Kinder es lustig finden, wenn ein anderes Kind vorsätzlich fallen gelassen wird. Mit solchen Gruppen müssen soziale Grundregeln über einfachste Bewegungsangebote erarbeitet werden. Verantwortungsvolles Handeln wird schon bei den einfachsten Partner/innen-übungen geschult. Spannungsübungen, bei denen sich zum Beispiel die Kinder von einem/r Helfer/in aus der Rückenlage an den Füßen wie ein Brett anheben lassen, sind erste Formen, bei denen der/die Lehrerin die positive Einstellung zum gegenseitigen Helfen- und Vertrauenkönnen überprüfen kann.

Beim Neulernen und Üben von Fertigkeiten muß der/die Helfende bzw. Sichernde die volle *Verantwortung* für die Turnenden übernehmen. Viele Helfer/innenaufgaben setzen *soziale Reife* voraus. Die Einsicht wächst, daß die Kinder unter anderem anderen auch deshalb helfen sollten, weil sie, wenn sie erfolgreich sein wollen, auch selbst auf Hilfe angewiesen sind. Der/die Turnende wiederum lernt dabei umgekehrt, sich auf die Helfer/innen verlassen zu können.

Umgekehrt muß aber auch die Bereitschaft vorhanden sein, sich *helfen zu lassen.* Bei vielen Kindern ist – zunächst noch unbewußt – die Einstellung vorhanden: „Wer Hilfe in Anspruch nimmt, ist leistungsschwach." Beistand als Positives zu erleben, gehört deshalb mit zu den wesentlichsten Erfahrungen mit Helfer und Helferinnen. Zahlreiche weitere sozialen Fähigkeiten und Verhaltensweisen werden für ein gut funktionierendes Arbeiten und Helfen in der Kleingruppe vorausgesetzt, aber auch gleichzeitig geschult.

3. KOMMUNIKATIONS- UND KOOPERATIONSFÄHIGKEIT

Im „Team" etwas zu erarbeiten, setzt ein Mindestmaß an *Kommunikations- und Interaktionsfähigkeit* voraus, umgekehrt verbessern sich diese durch das gemeinsame Tun. Es wird erfahren, daß eine gute Lösung eher zustande kommt, wenn jede/r seine/ihre Ideen und Vorschläge mit einbringt. Der Vorteil der Kleingruppenarbeit in dieser Hinsicht ist zudem, daß sich auch der/die Zurückhaltende etwas zu sagen und etwas vorzumachen traut.

Helfen Kinder Kindern, dann ist notwendigerweise immer eine intensive *Kommunikation* gegeben. Es wird sich Mut gemacht, beratschlagt, begeistert beim Gelingen mitgejubelt, gelobt und getröstet. Es wird versucht, Fehler zu korrigieren, Tips zu geben und eigene, „spezielle", situative Helfer/innentätigkeiten auszuprobieren. Nur über Kommunikation kann ein Miteinander wachsen. Auch die taktile Kommunikation des Sich-Berührens beim Hilfegeben und die nonverbale Kommunikation, wie das Aufnehmen des Blickkontaktes vor Übungsbeginn sind Bestandteile des gegenseitigen Helfens. Nicht zuletzt wird die Körpersprache durch partnerschaftliche, enge Zusammenarbeit deutlich wahrgenommen. Angst und Mut, Freude und Wut, Ärger und Zufriedenheit werden durch verbale Äußerungen und Verhaltensweisen bei dem/der Turnenden miterlebt. Die Helfenden müssen sich bei der Hilfegebung sogar darauf einstellen (vgl. Abschnitt „Anpassung an den/die Turnende/n").

Kooperationsfähigkeit wird verlangt, wenn in Kleingruppen z.B. an verschiedenen Gerätstationen, mit gegenseitiger Hilfegebung geübt werden soll. Bei ungebundenen (offenen) Aufgabenstellungen neuerer didaktischer Ansätze im Turnen, beim kreativen, gestalterischen Turnen und im Gruppenturnen werden aus der Gruppe heraus verschiedene Lösungen selbständig am Gerät ausprobiert. Ist das Hilfegeben in vorhergehenden Unterrichtseinheiten eingeführt worden, so kommt dieses Können zusätzlich bereichernd dazu. Es können Kunststücke ausprobiert werden, die in Kooperation mit anderen Kindern der Kleingruppe über das gegenseitige Helfen und Sichern erst gelingen.

Beim Miteinander-Üben treten immer wieder personale, soziale und fachliche Probleme auf, die ohne den/die Lehrende/n gelöst werden müssen. Da hilft eine/r nicht richtig mit, sondern will immer nur turnen, ein/e andere/r baut die Geräte nicht mit auf, ein/e dritte/r drängelt immer vor und ein/e vierte/r braucht einen Tip, warum sein/ihr Aufschwung nicht gelingt. *Konflikte* und *Probleme* müssen *untereinander gelöst* werden. Hat der/die Übungsleiter/in die Organisation so gestaltet, daß die Kinder sich selbst helfen, so müssen all diese Vorkommnisse unmittelbar und selbsttätig ausgetragen werden.

4. SELBSTTÄTIGKEIT UND SELBSTÄNDIGKEIT

Mit dem Arbeiten in der Kleingruppe wächst zunehmend die Fähigkeit der *Selbsttätigkeit.* So ist z.B. im Schulturnen beobachtet worden, wie vor dem eigentlichen Unterrichtsbeginn sich die Kinder Matten in die Halle holten, um in der Dreiergruppe „schon mal schnell vorab" für die Bundesjugendspiele Handstand abrollen zu üben. Auf dem Schulhof vor der Halle wird vor Unterrichtsbeginn an den Reckstangen mit Helfern/innen Aufschwung geübt.

Das Heranführen zur *Selbständigkeit* ist ein erklärtes Ziel im Sportunterricht der Schulen. Mit dem frühzeitigen Herantragen von Helfer/innenaufgaben wird den Kindern eine gewisse „Mündigkeit" zugetraut. Sie sind sogar stolz, „alleine" – als Kleingruppe – etwas zu erarbeiten. Ältere Kinder sind schließlich durch das ständige Turnen und Helfen in der Kleingruppe in der Lage, lehrer/innenunabhängig Geräte aufzubauen, sich einzuturnen, zu üben oder eine offene Aufgabenstellung kreativ zu lösen und sich dabei gegenseitig zu helfen und zu korrigieren.

5. WIR-GEFÜHL

Wird viel über das Helfen und Sichern miteinander im Unterricht gearbeitet, ist zu beobachten, wie über Kleingruppenarbeit ein *Zusammengehörigkeitsgefühl* aufgebaut werden kann. Durch die soziale Nähe lernen die Kinder sich besser kennen, verlieren die Scheu voreinander und bauen Vorurteile ab, das „Wir-Gefühl" wird mit jeder Stunde weiter ausgeprägt. Darf eine Gruppe etwas Gutes, Gelungenes vorführen, ist dieses „Wir-Bewußtsein" als Stimmung über emotionale Äußerungen gut zu beobachten. Diese Entwicklung ist vor allem für den/die Unterrichtende/n in neu zustande gekommenen Gruppen im Verein oder in den fünften Klassen der weiterführenden Schulen zu beobachten. Will der/die Unterrichtende zum Beispiel Übungsgruppen nach einer Zeit aus irgendwelchen Gründen trennen, gibt es im wahrsten Sinne des Wortes großes Geschrei und Protest bei den Gruppenmitgliedern.

Gegenseitiges Helfen und Sichern trägt zur *Integration* von Außenseitern/innen und Schwachen bei. Sie finden in solchen Gruppen schneller ihren Platz und Anerkennung als in der Großgruppe Klasse. Wer aufgrund seines/ihres Übergewichtes nicht über den z.B. höher gestellten Kasten oder auf die Reckstange kommt, findet als „starke/r Helfer/in" alternativ seinen/ihren Könnensbeweis und wird als Gruppenmitglied geschätzt. Helfen als Bestandteil des Erlernens und Übens von Fertigkeiten *für alle* stellt auf der anderen Seite die motorisch Leistungsschwachen nicht als die einzig Hilfeabhängigen dar.

„Kinder helfen Kindern" involviert die ganze Gruppe in ständige, gemeinsame Aktivitäten, in denen jede/r seine/ihre Aufgaben finden kann.

III Unterrichtsaspekte

1. LEHRENDE IM TURNEN

Die Heranführung der Kinder an das Helfen und Sichern ist für den/die Lehrende/n zunächst eine oft schwierige Aufgabe. Dies gilt vor allem für Gruppen, die sich neu gebildet haben und für Klassen oder Vereinsgruppen, die Hilfeleistungen nur von dem/der Übungsleiter/in, Trainer/in oder Lehrer/in gewohnt waren. Der/die Lehrende muß planmäßig, systematisch und langfristig aufbauend die Kinder an das Aufgabengebiet Hilfegebung heranführen und sie in die helfer/innenspezifischen Kenntnissen und Fähigkeiten einführen.

1.1 HELFEN UND SICHERN DURCH KINDER

Doch nach dieser oft schwierigen „Einarbeitungszeit" wird es dem/der Lehrenden seine/ihre Unterrichtstätigkeit erheblich erleichtern. Er/sie ist nicht mehr der/die alleinige Helfer/in und Sicherheitsstellung. Diese Aufgabe kann er/sie nun delegieren und wird frei für andere Aufgaben.

Erreicht wird dadurch für die Kinder ein *bewegungsintensiver* Unterricht. Es kann an mehreren Gerätstationen zeitgleich geübt werden, ein häufigeres Durchturnen von Fertigkeiten oder Übungen ist die Folge.

Ermöglicht wird weiterhin ein Unterricht nach dem Prinzip der *inneren Differenzierung.* Kinder können demnach nicht nur intensiver, sondern auch nach ihren Leistungsvoraussetzungen und Neigungen unterrichtet werden.

Beispiel:
Leistungsschwächere üben den Handstand mit zwei Helfern/innen, gute Schüler/innen nur mit einer Hilfegebung, sehr gute Turner/innen üben das Handstand abrollen mit einer Sicherheitsstellung.

Werden verschiedene Gerätstationen aufgebaut, können sich die Kinder ihr Lieblingsgerät zum Turnen auswählen, wenn zuvor selbständige Kleingruppenarbeit einschließlich der Organisation der Hilfegebung erlernt wurde. Dies kommt nicht nur den unterschiedlichen Interessen zugute. Auch die dann unterschiedlich schwierigen Aufgabenstellungen tragen über das Prinzip der optimalen Passung insgesamt zur Motivation im Gerätturnunterricht bei.

1.2 SORGFALTS- UND AUFSICHTSPFLICHT

Die hier angesprochenen Aspekte sind nur dann zu verwirklichen, wenn der/die Lehrende verantwortungsvoll mit den Kindern im Unterricht umgeht und er/sie seinen/ihren Unterricht so gestaltet, daß ihnen nichts passiert. Die Sorgfalts- und Aufsichtspflicht verlangt von den Lehrenden die Vermeidung von Unfällen bei gleichzeitiger Orientierung an pädagogischen Aufgabenstellungen. Die Erziehung der Schüler/innen zu selbständigem Handeln darf die Sicherheit im Schulsport nicht gefährden.

Zum Beispiel verlangen die Richtlinien in Nordrhein-Westfalen von den Lehrenden „ ... das Sicherheitsbewußtsein der Schüler durch sinnvolle Anleitung und Gewöhnung an ein geordnetes, umsichtiges und eigenverantwortliches Verhalten im Unterricht zu wecken". (Richtlinien NRW, Bd. I, 1980)

Der Einsatz Gleichaltriger als Helfer/innen ist immer dann legitimiert, wenn
– die ausgewählten Aufgaben den Fähigkeiten der Kinder,
– dem sozialen Reifegrad der Kinder entsprechen und
– eine systematische Vorbereitung und Einführung des Helfens und Sicherns
der Anwendung vorausgegangen ist.

Trotzdem wird es zusätzlich notwendig sein, daß der/die Lehrende den Ablauf konsequent beobachtet, und, wo es die Situation erfordert, *selbst helfend aktiv* wird. Dies kann der Fall bei ängstlichen Schüler/innen oder bei Übungen mit besonderen Gefahrenmomenten sein **(Abb. 17a/b)**.

Abb. 17a　　　　　　　　　　　　　　　*Abb. 17b*

Verantwortlich im Sinne der Aufsichtspflicht handeln Lehrkräfte, wenn Kinder z.B. beim Überwinden eines Geräteparcours angehalten werden, nur solche Übungen zu turnen, die leicht sind und die sie auch sonst ohne Helfen und Sichern ausführen können. Wichtig ist der Hinweis, was an einzelnen Stationen *nicht* geturnt werden darf.

Fahrlässig handelt ein/e Lehrer/in, wenn er/sie den Kindern am *Kasten oder Minitrampolin ohne Einschränkungen,* die Erlaubnis gibt, das zu springen, wozu sie Lust haben. Auch wenn zuvor mit gegenseitigem Helfen gearbeitet wurde, die selbstbewußten und übermütigen Mädchen und Jungen fangen dann oftmals an, einen „Salto" vom Kasten oder vom Minitrampolin zu springen. Diese „Rolle-ohne-Hände" geht meist haarscharf mit dem Kopf am Gerät vorbei und bei der unkontrollierten Landung können die Knie ins Gesicht schlagen. Die Helfer/innen sind in diesem Fall einfach überfordert.

Letzteres gilt auch für Situationen, wo das *Verhältnis Gerät-Helfer/in* nicht mehr stimmt. Wird beim Bockspringen die Grätsche geübt, so werden die Helfer/innen hilflos überfordert, obwohl sie gelernt haben, gut den Stützgriff anzuwenden, wenn der Bock im Verlauf des Übens (als differenzierende Maßnahme für Leistungsstarke) auf über Kopfhöhe erhöht wird. Die Helfer/innen kommen nicht mehr an die Arme heran. Hier muß der/die Lehrende das Helfen oder Sichern übernehmen **(Abb. 17 a/b)**.

Die Hilfegebung muß eine *methodische Einführung* für die von ihm/ihr verlangte Helfer/innentätigkeit von dem/der Unterrichtenden erfahren haben oder Informationen und klare Anweisungen zum situativ zu leistenden Helfer/inneneinsatz erhalten haben.

Fahrlässig ist auch, die Kinder an den Ringen ohne eine methodische Einführung und einschränkende Hinweise turnen zu lassen. Im Bewegungsrausch lassen die Kinder, die nicht die richtige Technik gelernt haben, im falschen Moment los und landen nicht einwandfrei. Eine „hingestellte Sicherheitsstellung" ist in jedem Fall machtlos beim Versuch, einen Sturz zu verhindern.

Grob fahrlässig handelt ein/e Lehrende/r im Kinderturnen sogar, wenn er/sie Geräte, die zu waghalsigen Übungen verleiten, anbietet, zum freien Turnen auffordert, ohne Einweisung Kinder zum Helfen bei dynamischen Übungsabläufen hinstellt und dann aus irgendwelchen Gründen obendrein das Übungsgeschehen unbeaufsichtigt läßt. Dies ist leider schon oft vorgekommen.

2. METHODIK – LERNWEG ZUM QUALIFIZIERTEN HELFEN, BEGLEITEN UND SICHERN

Um helfende Fähigkeiten zu erwerben, sind Lernprozesse erforderlich, die planvoll gesteuert werden müssen. Damit wird das Erlangen der Kompetenz zur qualifizierten Hilfeleistung zum Unterrichtsgegenstand. Methodische Schritte sind wie zum Erlernen eines Turnkunststückes notwendig. Klaus HERMANN, einer der wenigen, der schon vor langen Jahren ein Buch zum Helfen und Sichern herausgebracht hatte, schreibt: „Es kann von keinem Schüler erwartet werden, daß er durch einmaliges Erklären der bloßen Technik eines Helfergriffes zu einem Erfolg im Hinblick auf die o.g. Vorzüge gelangt, geschweige denn die Technik versteht, richtig anzuwenden! Es gehört sehr viel Geduld, Sachverstand, methodisch richtiges und gründliches Vorgehen zu der Vermittlung dieser Inhalte." (HERMANN 1978)

Die Fähigkeit zum Helfen- und Sichernkönnen wird in sechs großen Lernstufenbereiche erworben **(Abb.D)**:

Sichern
⇧ ⇧ ⇧

Bewegungsbegleitung
⇧ ⇧ ⇧

Anwenden und Festigen von Helfer/innengriffen und -verhalten
Übungskomplex mit verschiedenen Fertigkeiten
und mit Standortwechsel
⇧
Serien einer zu unterstützenden Fertigkeit ohne Standortwechsel
⇧
Dynamischer Bewegungsablauf in der Realsituation

⇧ ⇧ ⇧

**Einführung in Teillernschritten
von Helfer/innengriffen und -verhalten**
(Demonstration und Erklärung
– an einem nicht turnenden Kind, dann in einer
– verlangsamten Bewegungsausführung, in einer
– einfachen, überschaubaren und ungefährlichen Situation)

⇧ ⇧ ⇧

Einfaches Helfen
(z.B. Balancierhilfe, Hilfe beim Hochklettern auf den hohen
Kasten, Auffangen beim Landen ...)

⇧ ⇧ ⇧

Grundlagen und Voraussetzungen
für Hilfegebung schaffen
(Konditionell-koordinative, psycho-soziale und kognitive Fähigkeiten)

Abb. D: Stufen der Heranführung zur qualifizierten Hilfegebung

Foto: I. Gerling

ERLÄUTERUNGEN

2.1 ERSTE STUFE: GRUNDLAGEN UND VORAUSSETZUNGEN

Das Lehren und Lernen des Helfens, Begleitens und Sicherns im Kinderturnen beginnt mit einer *ersten Lernstufe,* der Schaffung von Voraussetzungen, auf denen gutes, qualifiziertes Helfenkönnen basiert.

Langfristige Grundlagenarbeit

Grundlagen für ein effektives, helfendes Miteinander werden von dem/der Lehrenden über spielerische Partner/innen- und Gruppenaufgaben (vgl. Praxisbeispiele)
— zu Schuljahrsbeginn,
— im Verein mit Übungsbeginn nach längeren Ferien,
— in neu zustande gekommenen Gruppen und
— in übernommenen Gruppen (Klassen)
geschaffen.

Es sind dies verschiedene Angebotsformen zur Verbesserung der Kontakt- und Kooperationsfähigkeit, die u.a. als Voraussetzungen für das eigentliche Helfen und Sichern angesehen werden. In spielerischer Form mit Einzel-, Partner/innen- und Gruppenaufgaben lernen die Kinder,
— erste *Blick-* und *Körperkontakte* herzustellen,
— *Aufmerksamkeit* und *Reaktionsfähigkeit* zu wecken,
— sich an *Partner/innen* und an deren *Bewegungen anzupassen,*
— sich an das *Körpergewicht von Partnern/innen* zu gewöhnen,
— *Verantwortung und Vertrauen* im Umgang mit anderen zu entwickeln.
(vgl. die Praxisbeispiele im Praxisteil)

Schaffung von Voraussetzungen zu Stundenbeginn

Aber auch zu *Stundenbeginn* sollten im Rahmen des einleitenden Stundenteils *zwecks Einstimmung für nachfolgende Helfer/innenaufgaben,* d.h. für *das nachfolgende Arbeiten mit dem/der Partner/in oder der Gruppe und dem situationsgerechten Handeln beim Turnen,* Übungs- und Spielformen zur Vorbereitung mit Betonung des Miteinanders, der Anpassungsfähigkeit und der Reaktionsfähigkeit angeboten werden. Als vorteilhaft haben sich Aufgaben erwiesen, die im Zusammenhang mit dem „kreuz-und-quer-in-der-Halle-Durcheinanderlaufen" gestellt werden. Von Unterrichtsbeginn an wird dadurch von den Kindern

Aufmerksamkeit und ein Grad an Wachheit verlangt, den sie beim Helfen benötigen, da sie beim freien Laufen durch die Halle aufpassen müssen, nicht zusammenzustoßen. Zusätzliche Aufgabenstellungen (z.B. kleine Laufsprünge beim Laufen einzubeziehen) erhöhen diese Anforderungen. Reaktionsaufgaben beim „Warmlaufen" wecken die Aufmerksamkeit und Bereitschaft für nachfolgende Helfer/innenaufgaben.

Auch Partner/innenübungen bei der vorbereitenden Gymnastik können auf das Aufeinander-Eingehen vorbereiten (vgl. auch weitere Anregungen im nachfolgenden Kapitel der Praxisbeispiele).

Zu Beginn des Stundenhauptteils sollten beim „Einturnen" einfache Helfer/innenaufgaben zur Eingewöhnung stehen. Zeit zum nochmaligen Ausprobieren von Helfer/innengriffen sollte wiederholt gegeben werden. Grundsätzlich sollten die Bewegungsabläufe gut unterstützt werden, bevor sie letztlich nur noch abgesichert werden.

2.2 ZWEITE STUFE: EINFACHES HELFEN LERNEN

Auf einer *zweiten Lernstufe* kommen einfache Helfer/innenhandlungen hinzu.
Beispiele:

– Balancierhilfe wird durch Handreichung beim Gehen über die umgedrehte Schwebebank, den Rundbalken oder den Lüneburger Stegel gegeben **(Abb. 18)**.

– Griffsicherung durch Umfassen der Handgelenke wird beim einfachen Hängen im Hockhang, beim Schwingen und Überdrehen rückwärts und vorwärts an den Ringen und am Reck oder Barren gegeben (vgl. Abb. 116).

– Niedersprünge vom Blockkasten, Sprungkasten, vom Ende der Schwebebank oder die Landung nach Unterschwungbewegungen werden an Bauch und Rücken durch „Eingabeln" aufgefangen (vgl. Abb. 71).

Abb. 18

2.3 DRITTE UND VIERTE STUFE: HELFER/INNENGRIFFE UND -VERHALTEN

Einführung der Helfer/innengriffe

Daran schließt sich dann eine *dritte Lernstufe,* die der systematischen Einführung der einzelnen Helfer/innengriffe an. Dabei wird die Technik des jeweiligen Helfer/innengriffes

- zunächst am *„ruhenden"* Kind von dem/der Lehrenden *gezeigt,*

- und als Griffansatz dann am *„ruhenden"* Kind *ausprobiert* und von dem/der Lehrenden eventuell korrigiert.
  Beispiel:
  – Beim Stützgriff wird überprüft, ob die Daumen den Oberarm umschließen oder ob er am Zeigefinger anliegt, ob die innere Hand gut unter der Achsel stützt oder im Ellbogenbereich faßt (was falsch wäre).

- Danach wird die Technik in einer *einfachen, überschaubaren Situation ausprobiert.*
  Beispiele:
  – Mit dem Stützgriff tragen die Helfer/innen jeweils am Oberarm beim Strecksprung am Ort den/die Springer/in in die Höhe (vgl. Abb. 64) oder den/die auf dem Kasten Hockende/n herunter.
  – Mit dem Stützgriff am Oberschenkel beim Handstand wird der Ansatz beim Wandhandstand erprobt, indem der/die Übende von der Wand weg und wieder herangestellt wird (Abb. 58).
  – Beim Drehgriff vorwärts drehen die helfenden Kinder den/die stehende Partner/in so, daß er/sie bei Anwendung des Drehgriffes einen „Diener" machen muß.

Anwendung des Erlernten

Anschließend wird dann die neue Technik als vierte Stufe in *ungefährlichen* Situationen angewendet, wobei die Bewegungen noch *verlangsamt* ausgeführt werden.
Beispiele:
– Beim Stützgriff am Oberarm hocken die übenden Kinder zunächst auf den Kasten auf, die Helfer/innen umfassen den Oberarm und tragen das turnende Kind vom Kasten. Diese Situation wird zunehmend beschleunigt.

– Beim Stützgriff an den Oberschenkel beim Handstand spreizt der/die Turnende sich schwungvoll aus dem Wandhandstand in die Senkrechte ab, der/die Helfer/in umfaßt schnell mit dem Helfer/innengriff die Oberschenkel und verhindert ein Überfallen.

(Vgl. zu diesen Ausführungen auch die praktischen Beispiele für die Vorgehensweise innerhalb einer Unterrichtseinheit im praktischen Teil des Buches.)

Komplexe Helfer/innenhandlungen ausführen lernen

Mit zunehmender Dynamik der turnerischen Bewegungen müssen die Helfer/-innengriffe mehr und mehr gefestigt sein, da von dem/der Helfer/in weitere Aufgaben verlangt werden:

● Er/sie muß seinen/ihren *Standort* richtig wählen und einnehmen.

● Er/sie muß mit dem/der Turner/in *Blickkontakt* aufnehmen und ihn/sie vom Bewegungsbeginn an beobachten, um seine/ihre Dynamik und seinen/ihren Bewegungsumfang einschätzen zu können. Auch Angst oder Übermut ist für den/die Helfer/in in dieser Phase am Blick und Gesichtsausdruck beobachtbar. Die Intensität und die Art und Weise des Helfens wird „vorstrukturiert".

● Er/sie muß mit den Händen und dem Körper dem/der Turnenden *entgegengehen*.

● Er/sie muß den *Helfer/innengriff an- und einsetzen*.

● Er/sie muß mit der Bewegung des/der Übenden *mitgehen* und ihn/sie eventuell sogar *korrigierend lenken*, dies jedoch auf den/die Mithelfer/in abstimmen (hilft er/sie zum Beispiel zu stark, verdreht sich der/die Turnende in der Luft).

● Er/sie muß schließlich die *Landung* oder das Übungsende *absichern*.

2.4 FÜNFTE STUFE: BEWEGUNGSBEGLEITUNG DURCHFÜHREN

Je komplexer die zu unterstützende Bewegung ist, desto anspruchsvoller wird das Helfer/innenkönnen.

Mit zunehmendem Können des/der Turnenden wird seitens des/der Helfenden aus der Bewegungsunterstützung eine Bewegungsbegleitung. Die helfenden Kinder müssen darauf hingewiesen werden, eine Fertigkeit nur soweit zu unterstützen, wie es zum Gelingen dieser notwendig ist. Bewegungsbegleitung als Helfen nach dem Prinzip „Soviel wie nötig, so wenig wie möglich" sollte zunächst nur an einer einzelnen, gegebenenfalls einfachen und (so gut wie) gekonnten Fertigkeit erprobt werden.

Beispiele:
- Aufschwung am Reck: Die helfenden Kinder gehen mit den Händen an das Gesäß des turnenden Kindes. Sie begleiten die Aufschwungbewegung, ohne von Beginn an den Körper zu heben. Erst wenn die helfenden Kinder bemerken, daß der/die Turnende es nicht schafft, er/sie zurückzufallen droht, wird am Gesäß der Körperschwerpunkt (die Hüfte) an die Stange zurück hochgetragen.
- Aufschwingen in den Handstand: Die nahen, helfenden Hände gehen den Beinen des turnenden Kindes entgegen. Merken die helfenden Kinder, daß der/die Turnende unzureichend für ein Hochturnen aufschwingt, oder aber auch zuviel Schwung genommen hat und umzufallen droht, fassen sie unterstützend und korrigierend zu.

Ein höheres Niveau des Helfens zeigt sich schließlich bei der Unterstützung von Fertigkeiten innerhalb einer Bewegungsverbindung. Ständig sind die begleitenden Hände am Körper des turnenden Kindes, ohne fortwährend zu unterstützen und zu lenken, sondern nur in Problemsituationen wird aktive Hilfe geleistet. Wurde es alleine gekonnt, ist Bewegungsbegleitung zum Absichern des Bewegungsablaufes geworden.

Die aktive Bewegungsunterstützung und -lenkung sowie die Bewegungsbegleitung finden schließlich als Komplex in Bewegungsverbindungen mit gekonnten und neu erlernten Fertigkeiten Anwendung. Höchste Ansprüche werden an die helfenden Kinder gestellt, wenn innerhalb einer Bewegungsverbindung verschiedene Helfer/innengriffe anzuwenden sind, der Standort der helfenden Kinder sich verändern muß, und im Wechsel geholfen und begleitet werden muß.

Beispiel einer zu begleitenden Bewegungsverbindung
- Aufschwung: bekannte Fertigkeit ⇒ Bewegungsbegleitung
- Umschwung: neu erlernte Fertigkeit ⇒ Bewegungslenkung
- Rückschwung und zweiter Umschwung ⇒ gleicher Helfer/innengriff, zweimal schnell hintereinander eingesetzt
- Niedersprung und Unterschwung ⇒ Standortveränderung und Landungssicherung.

Diese Situationen sollte bei fortgeschrittenen Kindern gezielt als Übungsaufgaben gestellt werden. Sie verbessern nicht nur ihre Helfer/innenfähigkeiten, sondern bereiten diese Fähigkeiten für das Sichernkönnen vor. Der/die Lehrende kann letztlich daran auch erkennen, inwieweit die Kinder schon Helfer/innengriffe und Handlungen automatisiert und verinnerlicht haben.

2.5   SECHSTE STUFE: SICHERN KÖNNEN

Zuletzt können die Kindern auch bei den Fertigkeiten, die sie vorher helfend unterstützt und begleitet haben, auch sichern. Der/die Lehrer/in muß jedoch ständig darauf hinweisen,

- daß der Bewegungsablauf *aufmerksam beobachtet* wird,
- daß die *Hände und der Körper in Bereitstellung* gehalten werden und
- daß bei einer plötzlichen Fehlbewegung sie *nicht wegspringen,* sondern schnell zum Übenden hingehen müssen, um sichernd eingreifen zu können.

Alle Lernstufen zum Erwerb der Helfer/innenfähigkeiten werden nachfolgend mit Beispielen aus und für die Praxis dargestellt.

B PRAXIS ... ZUM NACHSCHLAGEN

I Lehren und Lernen

Die nachstehenden praktischen Anregungen beziehen sich auf die stufenweise Heranführung an die Fähigkeit vom Helfen- bis zum Sichernkönnen, wie sie in Kapitel III.2 beschrieben wurden. Zunächst werden zahlreiche Spiel- und Übungsvorschläge zur *Verbesserung des Miteinanders* als Grundlage für das Helfen im Gerätturnen, für die Praxis, aufgezeigt. Die zweite Stufe zeigt Aufgabenstellungen, um *einfaches Helfen* im Turnunterricht kennenzulernen. In einer dritten Stufe wird anhand von zwei Beispielen gezeigt, wie *Schritt für Schritt Helfen bis zum Sichern* in einer Turngruppe erlernt werden kann. Im letzten Kapitel des Praxisteils werden die *Helfer/innengriffe der Fertigkeiten* nach Gerätgruppen geordnet aufgezeigt.

1. ERSTE STUFE: GRUNDLAGEN UND VORAUSSETZUNGEN SCHAFFEN

In der Interaktionspädagogik nimmt das Spiel eine zentrale Rolle ein. Grundqualifikationen des Miteinander- und sozialen Zueinanderverhaltens können dabei „spielerisch" erworben werden. Über Absprachen (Regeln) wird das „Zusammenspiel" der Kinder geordnet. In der Literatur werden jedoch vorwiegend Spiele aufgezeigt, in denen das Konkurrenzverhalten statt das kooperative Verhalten eine bedeutende Rolle einnimmt. Selten werden interaktive Spiele im Sinne von „Geben und Nehmen" angeboten. Miteinander bedeutet das Einstehen für eine/n Freund/in, Vereinbarungen einhalten, die Fürsorge für andere, der Zusammenhalt als Gruppe, ohne daß es unbedingt gleich gegen jemand anderes oder gegen eine andere Gruppe geht.

In diesem Teil des Buches sind Übungs- und Spielformen zusammengetragen, die das Miteinander fördern. Ausgehend vom Kennenlernen und Kontaktaufnehmen über das Anpassen an die Partner/innen und ihre Bewegungen, das Vertrautwerden mit ihrem Körpergewicht, Verantwortung übernehmen und Vertrauen haben, Kommunizieren lernen und in Kooperation treten werden, bis hin zu Übungsbeispielen aus der Partner/innen- und Gruppenakrobatik (wo alle Fähigkeiten münden), ohne noch ein Turngerät hinzuzuziehen, werden

Foto: J. Jacobs/I. Gerling

Grundlagen für das Miteinander geschaffen. Das Wecken der Aufmerksamkeit und Reaktionsspiele sind für solche spielerischen Aufgaben zu Stundenbeginn eine Durchführungshilfe. Aus diesem Grund werden hierfür ebenfalls Beispiele gegeben. Die Zuordnung der Spielformen dient der Überschaubarkeit, wo Schwerpunkte gesetzt werden können. Je nach Problemen, die ein/e Übungsleiter/in oder Lehrer/in in einer Gruppe oder Klasse hat, können aus diesen Bereichen schnell Übungen gefunden werden. Falls zum Beispiel die Schwierigkeit existiert, daß Kinder sich nicht anfassen mögen, kann der/die Lehrende unter der Überschrift „Körperkontakt" Spielformen finden, die er/sie zu Stundenbeginn einbinden kann. Ein Großteil der hier aufgeführten Spiele ist jedoch multifunktional.

1.1. ÜBER 100 SPIEL- UND ÜBUNGSFORMEN FÜR EIN MITEINANDER

Altersabschnitte und Spielformen

Die nachfolgenden Spielformen sind fast alle ab 5 Jahre durchführbar, je nach Aufgabe sogar bis ins Jugend- und Erwachsenenalter. Eine grobe Orientierung für die Auswahl der Spielformen kann altersbezogen zudem wie folgt gegeben werden: Klare, mit *einfachsten Spielregeln* kurz erklärte Spiele geben *Vorschulkindern (4-6 Jahre)* Sicherheit, sich in das Spiel (ein-)zubringen. Bevorzugt werden für das Miteinander *Zweierspiele*. Mit Schulbeginn werden die traditionellen Spiele beliebt. Die *Grundschulkinder (7-10 Jahre)* beginnen, die *Zusammenarbeit in Gruppen zu lernen*. *Feste Regeln* gewinnen zunehmend an Bedeutung, und ihr Gerechtigkeitssinn fordert die Einhaltung der Regeln oft lautstark ein. Ab ca. *9 Jahre* beginnen *Sozialspiele* beliebt zu werden. Die soziale Komponente, das Erleben des *„Wir-Gefühls"*, wird für die Auswahl bestimmend, und dies bis ins *Jugendalter*. Aber sie verlangen auch Aufgaben, wo sie sich *gestalterisch* und mit ihrer Erfindungsgabe einbringen können.

Die nachfolgenden Übungen bieten sich zu Stundenbeginn, die mit Laufen verbundenen Aufgaben im Laufteil der Erwärmungsphase an.

Kennenlern- und Kontaktspiele

Mit einfachen Spielformen können, vor allem bei neu zustande gekommenen Gruppen und Klassen, erste zwischenmenschliche Beziehungen geknüpft werden, Vorurteile (z.B. durch Sprache oder Kleidung) abgebaut werden. Wenn das Spiel *an sich* schon die Kontaktaufnahmen fördert (so lernen sich Kinder auch im freien Bewegungsleben kennen), so gibt es für die Turnstunden besondere Kennenlernspiele, wovon letztlich alle für das gemeinsame Handeln in den nachfolgenden Stunden profitieren. Sich-Kennenlernen bildet den Ausgangspunkt für das Sich-Helfenkönnen.

Namen lernen: Der rechte Platz neben mir ist leer ...

Vor allem für die Kleinsten ist diese erste Kennenlernform zu empfehlen: Die Kinder sitzen in nicht allzugroßen Kreisen. Zwischen zwei Kindern ist eine Lücke. Nun sagt das erste Kind und schlägt dabei mit der Hand auf den Boden neben sich: „Mein rechter Platz neben mir ist leer (frei), ich wünsche mir den/die .... her (herbei)." Die Kinder müssen sich die noch unbekannten Namen gut merken. Auch für den/die Übungsleiter/in ist es eine gute Gelegenheit, die Namen der Kinder zu lernen. Hinweis: Wird ein Kind zu häufig oder gar nicht gerufen, sollte der/die Leiter/in regulierend eingreifen.
Variation:
– „Sag uns Deinen Namen" nach der Musik von D. JÖCKER (vgl. Musikhinweise am Ende des Buches).

Freunde/innen finden

Die Kinder laufen (eventuell auf Musik) durch die Halle. Auf ein vorher vereinbartes Zeichen (Klatschen, Zuruf, Musikstopp) sucht sich jedes Kind eine/n Partner/in, mit dem/der es weiterläuft. Mit dem nächsten Zeichen erfolgt eine Trennung. Die Kinder laufen alleine weiter, bis zum nächsten Zeichen des/der Übungsleiters/in bzw. des/der Lehrers/in.
Variationen:
– Die Kinder zählen mit, wieviel verschiedene Freunde sie finden konnten.
– Die Kinder geben Geräusche der Trennung wie schluchzen, „oooh"-Rufe, „Schaaaade!", „Tschü-üs!"... von sich.
– Die Kinder laufen mit dem Zeichen zur Trennung direkt zu einem anderen freiwerdenden Kind.
– Das Spiel kann mit den nachfolgenden Kontaktspielen verbunden werden.

Eisbrecher: Begrüßungsspiele

Die Kinder laufen (eventuell auf Musik) durch die Halle. Auf ein vorher vereinbartes Zeichen (Klatschen, Zuruf, Musikstopp) sucht sich jedes Kind eine/n Partner/in, und sie begrüßen sich individuell. Sie können sich zum Beispiel die Hände schütteln und: „Na, wie geht's?" sagen.

Musik: „Herzlich Willkommen" und „Guten Tag" von D. JÖCKER (vgl. Musikhinweise am Ende des Buches) oder populäre Musikstücke, die die Begrüßung als Refrain beinhalten („Good Morning ...").

Variationen:

— Sich wie Mitschüler/innen begrüßen.

— Sich wie alte Freunde/innen begrüßen.

— Sich beim Begrüßen vorstellen und wenn sie zufällig oder durch den/die Spielleiter/in angesagt, zum/zur letzten Partner/in zurückfinden sollen, müssen sie den Namen wieder sagen („Du heißt doch .... ?!").

Internationale Begrüßungen

— Sich wie Chinesen/innen begrüßen (Hände zusammengehalten vor dem Kinn und verbeugen).

— Sich wie Australier/innen mit Heben einer Hand und Zuruf „Hey!" begrüßen.

— Sich wie Texaner/innen begrüßen (Hand geben, die andere schlägt von außen an die Schulter und „Hey, good old boy/girl" oder „Mensch, altes Haus!" zurufen.

Die weiteren Vorschläge setzen eine gewisse Reife voraus.

— Sich wie die Russen/innen begrüßen (umarmen und „Brüderchen/Schwesterchen" sagen).

— Wie die italienische Freunde/innen (die Schultern umfassen und links und rechts Luftküßchen mit einem „Ciao" schenken) oder wie französische Verwandte begrüßen (drei Luftküßchen rechts, links, rechts mit einem „Salut").

— Sich wie Eskimos begrüßen (Nasenstupsen von rechts und links).

— „Handspiele" der schwarzen Amerikaner/innen aus Harlem zur Begrüßung ausprobieren.

— Ideen zu weiteren internationalen Begrüßungsformen von den Teilnehmer/innen erfragen.

Sportlerbegrüßungen

— Sich wie alte Turnfreunde/innen begrüßen (aufeinander zulaufen und umarmen).

— Sich wie Dressurreiter/innen mit Hut ziehend begrüßen.

— Sich wie Basketballspieler/innen im Vorbeilaufen mit angehobenen rechten Händen in die Hände klatschen.

- Sich wie Volleyballer/innen freuen (hochspringen und über Kopf sich in die Hände klatschen).
- Sich wie Fußballer/innen nach einem Tor freuen.
- Sich wie Judokas vor Übungsbeginn begrüßen (Fersensitz, Hände auf den Boden vor den Knien auflegen und sich zum Boden mit der Stirn beugen).
- Wie machen's die Handballer/innen? Hockeyspieler/innen, Skateboardfahrer/innen ..... ?

Spezielle Begrüßungen
- Barocker Hofknicks vor einem König.
- Ein Herr zieht seinen Hut vor einer Dame, sie macht einen Knicks und neigt den Kopf.
- Ein Gentleman gibt einen angedeuteten Handkuß, sie nickt mit dem Kopf.
- Wie früher einen Mädchenknicks oder Jungendiener vor einem Erwachsenen.

Blickkontakt

Blinzeln/ Zuzwinkern
Die Kinder stehen paarweise im Kreis, eine Schrittlänge entfernt voreinander. Die vorderen Kinder bilden somit einen Innenkreis, die hinteren, die Hände auf dem Rücken haltend, einen Außenkreis. Ein Kind steht alleine im Außenkreis und blinzelt sich eine/n neue/n Partner/in aus dem Innenkreis mit den Augen her. Der/die Angeblinzelte läuft schnell zu dem/der neuen Außenpartner/in, der bisherige versucht, sie schnell zurückzuhalten.
Hinweise:
- Bei größeren Gruppen sollten zwei und mehrere Doppelkreise gebildet werden.
- Bei einer geraden Gruppenzahl ist ein Kind der „Joker" und wird ausgetauscht, wenn es dreimal nicht gelungen ist, neue Partner/innen zu sich herzublinzeln.

Kontaktsuche
Die erste Aufgabe lautet: Aus dem Laufen heraus soll mit einem/r Partner/in Blickkontakt aufgenommen werden. Während des Laufens sollen sich die Kinder jeweils ein anderes Kind „ausgucken", indem ein Kind den Blickkontakt des anderen sucht. Sie laufen dann auf das mit gegenseitigem Blickkontakt ausgewählte Kind zu und begrüßen es durch ein Kopfnicken. Wenn sie langsam aneinander vorbeilaufen, ist diese Kontaktaufnahme beendet, und sie gucken sich nach einem neuen Kind um.

In den nächsten Durchgängen werden nach dem „Ausgucken" eines/r Part-ners/in weitere Aufgabenstellungen angeboten, wobei durchgehend Blickkon-takt beibehalten werden soll.

Rund-herum- und Fest-im-Blick

Die Kinder laufen frei im Raum und stellen Blickkontakt zu einem anderen Kind her. Danach laufen oder gehen sie einmal umeinander herum und behalten da-bei Blickkontakt. Wer nicht mit dem Blick ausweicht, zeigt, daß er/sie keine Angst hat! Sie verabschieden sich nach einer Runde durch Kopfnicken. Erneut laufen sie weiter kreuz und quer durch die Halle, bis sie einen neuen Blickkon-takt hergestellt haben bzw. bis sie von einem auffordernden Blick eines anderen Kindes „getroffen" wurden, um das Umeinanderlaufen zu wiederholen.

Variation:
- Die Kinder laufen danach einmal umeinander ohne Frontveränderung (d.h. erst rechtsschultrig, dann weiter Rücken an Rücken und linksschultrig zum Ausgangsplatz zurück) herum. Sie halten lange Blickkontakt und suchen ihn schnell wieder.

Körperkontakt

Die nachfolgenden Spielformen beginnen in der Regel aus dem freien Laufen im Raum, um die Bewegungsintensität des Unterrichts zu gewährleisten und zudem eine Zufallsgruppierung zu erreichen. Durch die schnelle, spontane Gruppenbildung vergessen die Kinder zudem oft ihre Berührungsängste. Auf Zuruf des/der Lehrenden nehmen die Schüler/innen zu einem/r in der Nähe be-findlichen Mitschüler/in aus dem Lauf Blickkontakt auf. Daraufhin sollen beide zusammen jeweils eine kleine Aufgabe erfüllen. Zunächst sollten die Aufgaben-stellungen behutsam auf das gegenseitige Berühren und Anfassen vorbereiten. Als Einstiegsübung wird „Freunde/innen finden" (s.o.) empfohlen.

Tanzen

Die verschiedenen Formen der klassischen und modernen Kinder- und Ju-gendtänze sind sehr gut für das Zueinanderfinden geeignet. Miteinander Tan-zen beinhaltet vielfältige Formen der sozialen Kontaktaufnahmen wie Anpas-sung an den/die Partner/in, Kommunikation, gemeinsames Handeln und Kör-perkontakt. So werden in Kreisformen die Hände gereicht, bei der Polonäse die

Hände auf die Schultern oder um die Hüfte gelegt oder beim darstellenden Tanz miteinander kommuniziert. Tanzbeispiele hierzu würden den Rahmen des Buches sprengen.

Als Einstieg sollte ein offenes, freies Tanzen nach Musik erfolgen, wobei als Orientierung die Tanzhandlungen dem Text des Liedes entnommen werden können (zum Beispiel „Wackelpudding" von D. JÖCKER). Nachfolgend werden einfache, spielerische Formen, die als Stundeneinstieg durchgeführt werden können, gegeben. Hierzu wird „Laufmusik" mit 168 Schlägen/Minute empfohlen (beispielsweise Rock 'n' Roll Musik) oder Musik zum Hüpfen.

Aufeinander zulaufen und beim Umeinandergehen/-laufen/-hüpfen mit einfacher Handfassung weiterbewegen.
– Verschiedene Griffe in verschiedenen Höhen ausprobieren.
– ... die Ellenbogen einhakend weiterbewegen.
Variationen:
– Rechten Arm in rechten Arm des anderen einhaken und umeinandergehen/ -laufen/-hüpfen.
– Rechten Arm in den linken des/der anderen einhaken und vorwärts/rückwärts/seitwärts gehen/laufen/hüpfen.
– ... mit Handfassung über Kreuz vor dem Körper weiterbewegen; beide haben dabei die gleiche Bewegungsrichtung („Ri-ra-rutsch, wir fahren mit der Kutsch'"-Haltung: rechte Hand in die rechte des/der Partners/in, linke Hand in die linke und die eigenen Arme vor den eigenen Körper halten) oder
– ... sich mit Handfassung über Kreuz zur „Windmühle" fassen und sich um den gemeinsamen Drehmittelpunkt drehen.
– ... mit einem Arm von vorne/ von hinten um die Hüften gelegt weiterbewegen.

Polonäse Blankenese
Nach Musik (vgl. Musikhinweise am Buchende) eine Polonäse durch die Halle tanzen (vgl. nebenstehende Abb.).
Variation:
– Dabei über oder unter die bereits aufgebauten Geräten wandern.

Zeitungstanz

In der Halle liegen soviel Zeitungsblätter wie Kinder. Die Kinder laufen frei (am besten nach Musik) durch die Halle, ohne die Zeitungen zu berühren, Überspringen ist erlaubt (erwünscht). Auf Zuruf „Pause" oder Musikstopp müssen sich die Kinder möglichst schnell auf eine Zeitung stellen. Im weiteren Spielverlauf werden die Zeitungsblätter entfernt, so daß sich mehrere Kinder auf ein Zeitungsblatt stellen müssen.

Siamesische Zwillinge

Zwei Kinder stehen sich Rücken an Rücken und haben eine Zeitung zwischen sich geklemmt. Sie versuchen, sich nun damit zu bewegen, zu bücken, zu drehen.
Variation:
— Die Kinder tanzen so auf Musik, ohne die Zeitung zu verlieren. „Wer zeigt den verrücktesten Tanz?!"

Achtung: UHU klebt!

Auf Zuruf des/der Lehrers/in „Uhu klebt" nehmen die Schüler/innen zu einem/r in der Nähe befindlichen Mitschüler/in Blickkontakt auf und kleben, wie sie gerade aufeinandertreffen. Sie sollen versuchen, weiter so zusammengeklebt umeinander zu gehen oder sich fortzubewegen.
Variationen:
— Der/die Übungsleiter/in gibt Körperteile des Zusammenklebens vor, z.B. mit den Schultern aneinanderklebend umeinander laufen.
— Die Kinder laufen nach Musik. Auf Musikstopp suchen sie sich schnell eine/n Partner/in und kleben zusammen. Die Teilnehmer/innen sollten angeregt werden, weitere Möglichkeiten zu erfinden, wo sie aneinanderkleben können, z.B. Po an Po, Stirn an Stirn, Rücken ...

Magneten-Spiel

Die Kinder gehen/ schreiten/ laufen/ hüpfen durch die Halle. Auf Ruf des/der Übungsleiters/in (oder eines ausgewählten Kindes): „Magnetismus!" gehen die Kinder zu zweit, dritt oder zu mehreren — wie sie sich gerade in der Nähe befinden — wie magnetisch angezogen aufeinander zu und „kleben" sich zusammen.
Variationen:
— Die Kinder bleiben daraufhin erstarrt stehen. Wo sich Kinder lösen, gibt es Minuspunkte.

— Der/die Lehrende ruft den Namen eines Körperteiles, mit dem sich die Kinder berühren sollen, zum Beispiel: „Magnet: Nase!"

Bildhauer
Zwei Kinder stellen sich zusammen. Ein Kind versucht, als „Bildhauer" den/die Partnerin zu einer Statur zu „modellieren", indem es Kopf, Arme, Beine und Rumpf in bestimmte Stellungen bringt.

Großflugzeuge
Auf Zuruf des/der Lehrenden finden sich zwei oder drei Kinder schnell zusammen und spielen durch die Halle laufend Flugzeug. Das vordere Kind als Flugzeugspitze reicht seine Hände über unten den anderen Kindern nach hinten. Mit dieser Handfassung laufen die Kinder dann zusammen weiter durch die Halle **(Abb. 19)**.

Abb. 19

Verkehr
Ein/e Verkehrspolizist/in steht erhöht auf einem kleinen Kasten in der Hallenmitte und regelt den Verkehr. Hebt er/sie die Hand, bleiben alle stehen, gehen die Arme zur Seite, fließt der Verkehr u.ä.m. Die Kinder stellen zu zweit Autos, zu dritt Trecker, zu viert Lkws, zu fünft Busse dar. Dazu dürfen sie typische Geräusche machen. Auf „STOPP" können alle verstummen oder leise Standgeräusche machen.
Variationen:
— Die Turngeräte der Stunde können als „Häuser", Straßenschluchten u.ä. einbezogen werden.
— Nach Musik (z.B. „Summer in the City"), auf Musikstopp erstarrt alles wie zur Geisterstunde.

Vulkan
Die Kinder hocken eng zusammen in der Halle und strecken die Arme in die Mitte der Gruppe. Der/die Übungsleiter/in kommentiert zunächst die Vulkantätigkeiten. Durch Geräusche wird ein Vulkanausbruch simuliert. Erst brodelt der Vulkan nur leise, dann zischt gelegentlich eine Flamme aus der Vulkanmitte empor (ein Arm wird, mit einem zischenden Geräusch verbunden, nach

oben hochgestreckt) und zuletzt bricht der Vulkan mit einem lauten Knall aus (alle laufen auseinander oder fallen nach außen auf den Boden).

Gordischer Knoten

Auf Zuruf einer Zahl zwischen sechs und zehn finden sich Gruppen zusammen, die sich ganz dicht zusammenstellen. Ohne nach oben zu schauen, strecken alle die Arme zur Decke hoch und greifen irgendeine Hand, bis keine Hand mehr frei ist. Ohne die Handfassung zu verlieren, geht die Gruppe vorsichtig auseinander und versucht, die entstandene Verknotung zu lösen.

„Knotenmutter/-vater"

Sechs bis acht Kinder bilden einen Kreis mit Handfassung, ein Kind wird als „Knotenmutter" oder „Knotenvater" bestimmt und stellt sich mit dem Rücken zur Gruppe. Durch Übersteigen oder Unterdurchtauchen von den gefaßten Händen, durch Körperdrehungen, ohne die Handfassungen zu lösen und ähnlichen Bewegungen „verknotet" sich die Gruppe zu einem engen Haufen. Wenn nichts mehr geht, wird die/der „Knotenmutter/-vater" laut von allen mehrmals gerufen. Diese(r) versucht durch Anweisungen, die sie/er den einzelnen Gruppenmitgliedern gibt, den ursprünglichen Kreis wieder herzustellen.

Die Qualle

Die Kinder laufen und hüpfen frei im Raum. Auf Zuruf des/der Lehrenden finden sie sich zu fünft bis sieben in einer Kreisform zusammen und umfassen sich um den Rücken oder über den Schultern. Die Qualle beginnt nun zu schwim-men (oder atmen). Die Kinder einer Gruppe bewegen sich alle gleichzeitig mit Absenken des Oberkörpers zur Kreismitte und richten sich wieder auf. „Welche Gruppe findet als erste einen gleichmäßigen Rhythmus?"

Abb. 20

Variation:
– Die Qualle bewegt sich fort: „Welche Gruppe kann sich gleichzeitig mit Schwimm- bzw. Atmungsbewegung der Qualle in verschiedene Richtungen fortbewegen?" **(Abb. 20)**

Die Sitzschlange

Diese „Gruppenkuriosität" ist auch bei jugendlichen Kindern sehr beliebt. Ein/e Teilnehmer/in sitzt auf dem Boden/ einer Bank/ einem kleinen Kasten/einem Stuhl und stützt sich mit den Händen hinter dem Körper ab. Das nächste Kind setzt sich nun auf seine/ihre Knie, der/die nächste wiederum auf seine/ihre ..., bis eine Sitzschlange entsteht.

Variation:

– Bei größeren Kindern kann damit ein geschlossener Kreis gebildet werden. Eine außerordentliche Gruppenleistung ist vollbracht (gegebenenfalls mit Einsatzgebung von außen), wenn dieser Sitzkreis sich vorwärts bewegt!

Die Schnecke

Drei bis sechs Kinder laufen langsam als Kette durch die Halle. Das dabei führende Kind ist der „Schneckenkopf". Auf Zuruf des/der Lehrenden rollt sich die Schnecke (die Kette) um den „Schneckenkopf" ein. Die Kette darf nicht reißen, sonst „stirbt" die Schnecke!

Baumstammrollen

Die Kinder finden sich zu zweit zusammen. Ein Kind liegt in Bauchlage auf dem Boden (Bodenläufer), die Arme befinden sich in Verlängerung des Körpers. Der/die Partner/in rollt nun den angespannten Körper als Baumstamm in die Rückenlage, Bauchlage ... und wieder zurück.

Anpassen an den/die Partner/in

Gutes Helfen setzt auch die Fähigkeit voraus, sich als Helfer/in den Bewegungen des/der Übenden und Mithelfers/in anpassen zu können. Dies beinhaltet u.a. überdauernde Aufmerksamkeit, Konzentrations- und Beobachtungsfähigkeit. Nachstehende Übungsformen verbessern die Anpassungsfähigkeit an den/die Partner/in und an seine/ihre Bewegungen. Damit werden gleichzeitig kommunikative Situationen geboten, in denen das Zuhören, das genaue Hinsehen, gegebenenfalls sogar der Tastsinn geschult werden. Der Ausdruck des anderen, seine Gemütsbewegungen, seine Körperbewegungen werden beobachtet und „ins Spiel" gebracht. Mimik, Gestik, Haltung und Gebärden lassen sich gut im darstellerischen und pantomimischen Spiel erschließen. Die damit verbundene Wahrnehmung ist für eine gut funktionierende (zum Teil nonverbale) Kommunikation, auch für die gegenseitige Hilfegebung (siehe Theorieteil) von großer Bedeutung.

Erste Partner/innenübungen

Die Kinder laufen zu zweit durch die Halle. Auf Zuruf des/der Lehrenden führen die Kinder kleine Bewegungsaufgaben aus:

– Partner/in A grätscht die Beine, Partner/in B kriecht unten durch, dann Wechsel und weiterlaufen.
– Partner/in A legt sich ganz klein, auf den Fersen sitzend und zusammengerollt, auf den Boden, Partner/in B springt drüber, dann wechseln und weiterlaufen.

Variationen:

– Partner/in B grätscht nach der Landung die Beine und A kriecht unten durch, danach Wechsel und weiterlaufen.
– Partner/in A geht in die Bankstellung, Partner/in B turnt mit Abstützen auf den Schulterblättern/ auf dem Gesäß des/der Partners/in eine Hockwende über die Bank.
– Partner/in B kriecht nach der Landung unter der Bank unten durch (**Abb. 21**).

Abb. 21

Aufzug

Zwei Kinder stehen Rücken an Rücken und versuchen nun, ohne den Rücken-kontakt zu verlieren und ohne die Hände zu benutzen, sich gemeinsam auf den Boden zu setzen. „Wer kommt wieder in den Stand hoch?!"
Variation:
– Einfacher ist es, auf einer Bank oder einem kleinen Kasten Rücken an Rücken zu sitzen, und den Aufzug hochfahren zu lassen.

Spiegelbild

Die Kinder stehen dicht voreinander. Das vor dem „Spiegel" stehende Kind gibt mit Mimik und Gestik Bewegungen vor (auch Grimassen schneiden erlaubt) und der Spiegel muß versuchen, es exakt nachzumachen.
Variation:
– Themen durchspielen: morgens beim Waschen oder Anziehen, Kleiderprobe im Kaufhaus ...

Gemütsrätsel

Der/die Übungsleiter/in fragt, wie ein trauriges, fröhliches, trotziges .... Gesicht aussieht. Die Kinder probieren es aus. Danach stellen sich die Kinder paarweise voreinander und machen sich ihre Stimmungszustände vor. Der/die Partner/in sollte den Stimmungszustand aus dem Gesichtsausdruck ablesen/erraten.
Variationen:
– Körperhaltung miteinbeziehen.
– Körperbewegungen miteinbeziehen.

Zeitungsdecke

Die Kinder finden sich paarweise zusammen. Ein Kind legt sich in Rückenlage auf den Boden, das andere Kind deckt es nun mit Zeitungen zu. Danach wird das abgedeckte Kind unter der Zeitung befragt, wie es sich fühlt, ob es dunkel ist, ob es Angst hat, ob es so jetzt einschlafen könnte ... Nachdem auch das an-dere Kind von dem/der Partner/in abgedeckt wurde, die Paargruppierungen in der Übungsgruppe/Klasse gegebenenfalls auch gewechselt haben, sollte der/die Übungsleiter/in mit allen die Erfahrungen im Gespräch austauschen.

Anpassen an Bewegungen

Großes Baumstammrollen

Zwei Kinder liegen sich in der Bauchlage, an den Händen gefaßt, gegenüber. Auf ein Zeichen, das sie miteinander vereinbart haben (auch nonverbal), rollen sie nun als Baumstämme in eine festgelegte Richtung hin ... und wieder zurück.
Variation:
- Den kleineren Kindern macht es großen Spaß, dies von kleinen, schiefen Ebenen (z.B. auf einer Seite erhöhte Weichbodenmatte) zu turnen.

Kopierapparat

Die Bewegungen des/der Partners/in werden „kopiert". Am Ort sollten dabei zunächst
- nur Armbewegungen,
- dann dazu Rumpf- und Kopfbewegungen,
- dann nur Beinbewegungen und
- schließlich Ganzkörperbewegungen
ausgeführt werden.
Danach können Aufgaben des „Kopierens"
- in der Seit-, Vor- und Rückwärtsbewegung gestellt werden.
Hinweis: Der/die Lehrende kann zum Einstieg, frontal vor der Gruppe stehend, die Bewegung vormachen, wobei alle Kinder gleichzeitig versuchen, die Bewegungen nachzumachen.
Variationen:
- Abwechselnd können die Kinder dann den/die Übungsleiter/in ersetzen, und vor allen Bewegungsausführungen zum Kopieren vormachen.
- Aufgaben in Zweier- oder Dreiergruppen sollten folgen, um das Miteinander der Kinder zu unterstützen.

Erstarren

Die Kinder laufen zu zweit durch die Halle. Auf Zuruf „A" erstarrt Partner/in A, Partner/in B versucht, die erstarrte Figur zu kopieren. Dort, wo es am besten gelingt, könnte an die Zweiergruppe ein Gutpunkt vergeben werden.

Echo

Ein Kind verändert langsam seine Körperhaltung, der/die Partner/in versucht zeitversetzt, aber in gleicher Bewegungsgeschwindigkeit, die vorgemachte, einzelne Bewegung nachzuvollziehen.

Variation:
– Partner/in A macht eine Bewegungsfolge, die immer umfangreicher werden kann, vor. Partner/in B versucht, sie im gleichen Zeitmaß und komplett nachzuvollziehen.

Schatten

Die Partner/innen stehen hintereinander und versuchen, zeitgleich die Bewegungen nachzumachen.
Die Bewegungen sollten zunächst langsam ausgeführt werden.
Variationen:
– Der Schatten liegt flach am Boden. „Wem gelingt trotzdem noch, ein guter Schatten zu sein?" Die Bewegungen sollten für den/die am Boden Liegende/n machbar sein und zunächst sehr langsam ausgeführt werden.
– „Stellt Euch vor, die Sommersonne steht am Mittag fast senkrecht über Euch. Es gibt kaum noch einen Schatten am Boden, Ihr müßt also ganz eng an dem Partner oder an der Partnerin stehen und die Bewegungen nachmachen."

Schattenlaufen

Ein Kind läuft oder hüpft vor und gibt Körperbewegungen und Laufrichtungen an. Ein bis zwei Kinder versuchen, möglichst schnell den/die Vormachende/n zu kopieren.
Hinweis: Diese Übungsform dient zudem dem Wecken der Aufmerksamkeit und der Reaktionsschulung.

Spiegelbild im Fitneß-/Ballettstudio

Der/die Partner/in stehen sich gegenüber, Partner/in A gibt eine Körperbewegung im Stand vor, Partner/in B versucht, sie fast zeitgleich und genau spiegelbildlich zu kopieren **(Abb. 22)**.
Variation:
– Seit-, Vor- und Rückbewegungen miteinbeziehen.

Abb. 22

Dominosteine

Drei bis sechs Kinder stellen sich als Reihe hintereinander und halten die Arme hoch. Das vorne stehende Kind gibt mit den Armen und durch Seitneigen des Oberkörpers das „Fallen eines Dominosteines" vor, die dahinter stehenden Kinder versuchen nacheinander, diese Bewegung nachzumachen.
Variation:
– Zwei Reihen stellen sich gegenüber und versuchen, die Bewegungen spiegelbildlich auszuführen.

Watschelentenlauf

Zwei bis fünf Kinder stellen sich dicht nebeneinander, haken sich ein und gehen in die Knie. Nun sollen sie über 3-9 m (Volleyballfeldlinien) so schnell wie möglich zusammen über eine bestimmte Distanz „watscheln" (gehen).

Wackellaufschlange

Zwei oder mehrere Kinder stellen sich mit gegrätschten Beinen als Schlange hintereinander auf und reichen sich zwischen den Beinen jeweils eine Hand (die rechte Hand jeweils nach vorne, die linke zwischen den eigenen Beinen zurück) **(Abb. 23)**. „Versucht, im gleichen Rhythmus durch die Halle zu gehen."
Variationen:
– Laufen, hüpfen, hinken und Bewegungsfolgen.
– Slalomlauf/ Hindernislauf um/über Bänke, Matten oder unter Barrenholme.
– Wackeltanz nach Musik.

Abb. 23

Tausendfüßler

Die Kinder gehen hintereinanderstehend in die Hocke und umfassen die Fußgelenke des vorderen Kindes. Der Tausendfüßler setzt sich langsam in Bewegung, die Hände sollten sich nicht von den vorderen Füßen lösen! **(Abb. 24)**

Abb. 24

Vertrautmachen mit dem Körpergewicht

Die nachfolgenden Übungsformen machen den Umgang mit dem Gewicht des/der Partners/in vertraut.

Waage

Zwei Kinder stellen sich auf einem Bein dicht voreinander und umfassen sich an den Handgelenken. Beide lehnen sich nun gleichzeitig zurück und suchen in der Rücklage miteinander das Gleichgewicht. Ohne sich loszulassen, werden verschiedene Positionen/Körperhaltungen ausprobiert, z.B. das Spielbein seitlich abzuspreizen oder vorzuhocken.

Ziehkampf

Zwei Kinder stellen sich gegenüber in bezug zu einer Markierung (oder auf eine Matte) auf und fassen sich an den Händen. Auf ein Signal hin versuchen sie, ihre/n Partner/in über eine Linie (oder von der Matte) zu ziehen. Die Sieger/innen der nebenstehenden Gruppen kämpfen danach gegeneinander, die „Zweiten" gegen die „Zweiten" der anderen Gruppen usf.

Japanischer Sumokampf (Schiebekampf)

Zwei Kinder stehen auf einer bis vier Turnmatten (als quadratische Fläche) oder sie stehen sich an einer Linie gegenüber. Sie heben die Arme und greifen die Hände ineinander. Auf Zuruf versuchen sie, sich von der Matte oder über die Linie zu schieben und zu drücken.

Hinkelauf

Zwei bis drei Partner/innen stellen sich hintereinander, der/die erste (bei dreien auch der/die zweite) gibt dem/der hinter ihnen stehenden Partner/in den Fuß. „Welche Gruppe schafft es so durch die halbe Halle?"(Abb. 25)

Abb. 25

Fünfbeinlauf

Zu dritt stellen sich die Kinder nebeneinander. Die äußeren geben sich die innere Hand, der/die mittlere legt die Arme auf die Schultern des/der Partner/in und legt ein Bein auf die gefaßten Hände. „Kommt Ihr, ohne die tragenden Hände zu lösen, bis zur Hallenmitte?"

Erste-Hilfe-Transport

Drei etwa gleichschwere Kinder finden sich als Gruppe zusammen. Zwei bilden als Helfer/innen mit ihren Händen eine Sitzfläche (die linke Hand umfaßt das eigene rechte Handgelenk, die rechte Hand umfaßt das linke Handgelenk des/der Partners/in) (**Abb. 26a**). Der/die dritte Partner/in setzt sich auf die Hände und läßt sich ein Stück durch die Halle tragen (**Abb. 26b**).

Abb. 26a   *Abb. 26b*

Hinweis: Die Helfer/innen dürfen beim Anheben des/der Übenden kein Hohlkreuz machen, sondern müssen die Bauchmuskeln anspannen („Bauch einziehen"). Sie sollten sich durch Strecken der Knie aufrichten.

Hängebrücke

Die Kinder finden sich paarweise zusammen. Sie stellen sich gegenüber auf und fassen sich mit ihren Händen zu einer festen Verbindung (die linke Hand umfaßt das eigene rechte Handgelenk, die rechte Hand umfaßt das linke Handgelenk des/der Partner/in). Mit dieser Handfassung stellen sich die Paare Schulter an Schulter dicht nebeneinander zu einer Gasse auf. Ein Kind stützt sich nun, gegebenenfalls mit Hilfe des/der Übungsleiter/in, an den Schultern des ersten Paares hoch und klettert auf die gefaßten Hände des ersten Paares. An den Köpfen der Stehenden die Balance haltend, läuft nun das getragene Kind auf den gefaßten Händen der nebeneinanderstehenden Paare bis an das Ende der Gasse.

Variation:

– Fünf Paare und ein leichteres Kind bilden eine Gruppe. Verläßt das Kind mit den Füßen die Hände des ersten Paares, so lösen diese ihre Handfassung und laufen an das vordere Ende der Gasse, um erneut die Hände fest als Trittfläche für das gehende Kind zu fassen. Ebenso verfahren die nachfolgenden Paare.

Schiebekarre

Die Kinder gehen zu zweit zusammen. Ein Kind geht in die Bauchlage und stützt die Hände neben den Schultern auf, spannt den Körper an („Bauch einziehen") und hebt sich in den Liegestütz mit leicht gegrätschten Beinen. Das zweite Kind geht zwischen die Beine und hebt, aus den Knien heraus, die *Oberschenkel* von außen umfassend, das Liegestützkind in die Waagerechte an. Nun gehen sie gemeinsam vorwärts, rückwärts oder kreisen ...

Abb. 27

Variationen:

– Liegestütz vorlings (Partner/in hebt an den Füßen bei geschlossenen Beinen).
– Liegestütz rücklings (mit gegrätschten oder geschlossenen Beinen).
– Liegestütz vorlings/rücklings/seitlings mit Längsachsendrehungen (für Fortgeschrittene, Partner/in dreht an den Füßen mit) **(Abb. 27)**.

Brettanheben

(Übung im Körperzusammenschluß): Der/die Übende geht in die Rückenlage und spannt alle Muskeln an („steife/r Mann/Frau"). Der/die helfende Partner/in geht dicht an den Füßen in die Hocke und hebt aus den Knien und mit geradem Rücken seine/n Partner/in vom Boden (Po fest zusammenkneifen! Bauch zur Decke!) **(Abb. 28)**.

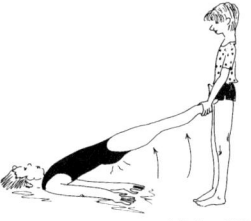

Abb. 28

Variation:

– Der/die Helfer/in hebt nur an einem Bein, die Übung soll jedoch genau wie oben beschrieben ausgeführt werden.

Frühstücksbrett aufstellen

Eine Vierergruppe findet sich auf einer Turnmatte zusammen. Ein Kind legt sich auf der Matte in Rückenlage, die Arme an den Körper gelegt. Ein/e „Helfer/in" steht auf der Kopfseite und faßt unter den Kopf. Die zwei anderen Helfer/innen stehen jeweils neben der Schulter des/der Liegenden und umfassen dicht unter der Achsel den Oberarm **(Abb. 29)**: „Wartet, bis der /die Liegende ein/e 'steifer Mann/Frau' ist, hebt sie /ihn dann gleichzeitig in den Stand!"

Abb. 29

Variation:
– Bei älteren und disziplinierten Kindern wird das hochgetragene Kind aus dem Stand wieder langsam zurück in die Rückenlage gebracht. Dabei sollte nicht zu früh in der Hüfte eingeknickt werden. Die Übung kann durch einen weichen Untergrund (Matte) abgesichert werden **(Abb. 30)**.

Abb. 30

Fließband
Sechs bis zehn ältere Kinder sitzen im Grätschsitz dicht hintereinander, und heben die Arme in Hochhalte. Ein Kind legt sich steif wie ein Brett mit der Bauchseite auf die Hände der Kinder, die nun versuchen, den/die Liegende/n mit den Händen über Kopf nach hinten wegzutragen. Beim letzten tragenden Kind angekommen, stützt sich das getragene Kind am Boden ab, um auf die Füße zu klettern oder abzurollen.

Fliegender Fisch
Die Kinder stellen sich paarweise gegenüber zu einer Gasse auf und umfassen gegenseitig die Handgelenke. Ein Kind legt sich steif wie ein Brett mit der Bauchseite und nach vorne gestreckten Armen auf die gefaßten Hände. Durch das Hochwerfen und wieder Auffangen wird der „Fisch" an das andere Ende transportiert. Dort gleitet der „Fisch" aus der Ruhelage (!) mit einer Rolle vorwärts auf einer Matte ab.

Verantwortung und Vertrauen

Kleine Aufgabenstellungen können helfen, Verantwortungsbewußtsein und Vertrauen untereinander für das Helfen und das Helfenlassen zu entwickeln.

Stillhalteprobe
Zwei Kinder finden sich zusammen. Ein Kind liegt in der Rückenlage auf dem Boden, die Arme liegen in Verlängerung des Rumpfes auf dem Boden. Der/die Partner/in geht/läuft/springt (je nach Alter und Können), einen Kreis dabei über den/die Partner/in beschreibend, über die Beine und dann über die Arme.
Variationen:
– Diagonal den liegenden Körper überspringen.
– Über den Kopf springen und Augen aufhalten.

– Über die weit zur Seite ausgebreiteten Arme und die gegrätschten Beine springen, den Rumpf des/der Liegenden umkreisend.
– Beim Springen (s.o.) einen Rhythmus finden.
– Mit einem Bein eine Runde Arme und Beine überhinken ....

Hindernisspringen

Die Kinder finden sich zu zweit/dritt zusammen. Sie probieren verschiedene Positionen wie Seitlage, Bankstellung, Kauerstellung im Fersensitz oder einen Schneidersitz mit ausgebreiteten Armen aus und lassen sich nach Einnehmen der gefundenen Positionen überspringen.

Mutiger Stöckertanz aus Bali

Drei bis vier Kinder bilden eine Gruppe. Zwei Kinder knien sich in einer Gymnastikstablänge gegenüber. In beiden Händen halten sie jeweils einen Gymnastikstab, den der/die Partner/in auf der gegenüberliegenden Seite ebenfalls hält. Nun bewegen/schlagen sie die Gymnastikstäbe/Stöcke in der Mitte zusammen und wieder auseinander. Ein Kind springt von außen, wenn die Stäbe auseinandergehen, in die Stabgasse und schnell wieder hinaus. Ist ein viertes Kind in der Kleingruppe, springt dies, wenn sich die Stäbe wieder öffnen, hinterher. Die „Tänzer/innen" müssen versuchen, zunehmend zügiger hin und her bzw. rein und raus zu springen. Nach Musik könnte daraus eine Vorführung werden!
Hinweis: Die Stockschläger/innen müssen einen ruhigen, regelmäßigen Rhythmus finden. Dies sollte, bevor zwischen den Stäben gesprungen wird, geübt werden.

Übungen mit geschlossenen Augen

Aufgaben zum Vertrauensbeweis sind unter anderem gehende Bewegungsaufgaben, bei denen die Augen geschlossen bleiben sollen. Spannender werden die Übungen, wenn der/die „Blinde" die Augen verbunden bekommt (Tücher, Schal, Parteibänder).

Blinde Kuh

Bei diesem schon klassischen Spiel stehen die Kinder in einem kleinen Kreis, in der Mitte, eine Augenbinde tragend, die „Blinde Kuh". Durch nahes Vorbeigehen, Anstupsen und Rufen von „Blinde Kuh , Blinde Kuh!" wird sie geneckt. Die „Blinde Kuh" versucht, dabei eine/n Mitspieler/in zu fangen und durch Abtasten zu erraten, wer es ist. Wer erraten wurde, wird zur „Blinden Kuh".

Blinde/r mit Blindenführer/in

Die Kinder gehen zu zweit durch die Halle, wobei einer der/die Blinde und der/die andere der/die Blindenführer/in ist. Mit Handfassung und Richtungsansage kann der/die Blinde gelenkt werden.

Variationen:
— Slalom um aufgebaute Geräte.
— „Über Stock und Stein": Hindernisgang über Matten, Bänke ...

Es werden Themen gegeben: „Führt Eure/n Blinde/n durch den Supermarkt/ Wald/Einkaufsstraße, .., erzählt ihm/ihr, was ihr gerade umlauft, wie's dort aussieht, wo ihr gerade durchlauft."

Blinde/r mit Blindenhund

Die Kinder gehen zu zweit durch die Halle, wobei eine/r der/die Blinde und der/die andere der Blindenhund ist. Mit einem Gymnastikstab zieht der Blindenhund behutsam sein Herrchen/Frauchen zum Ziel.

Stups mich!

Der/die Blindenführer/in bleibt hinter dem/der Blinden und dirigiert die Bewegungsrichtung wortlos durch jeweils rechtes oder linkes Anstupsen an die Schulter des/der Blinden: „Wer bringt seine/n Blinde/n sicher an die andere Hallenlängswand?"

Talk-Show

Der/die Blinde geht ohne körperliche Berührung zum Zielpunkt, verbal gibt der/die Blindenführer/in Hinweise.

Gruppenausflug der Blinden

Ohne „persönliche/n" Blindenführer/in geht die Hälfte der Gruppe oder Klasse blind zu einer Ziellinie, die sehende Gruppen- bzw. Klassenhälfte paßt auf, daß alle gut ankommen.

Blindes Zielwandern

In der Halle wird eine quer verlaufende Linie bestimmt, die es zu treffen gilt. Es werden vier bis fünf Gruppen gebildet. Pro Gruppe wird ein Kind blind auf Wanderschaft geschickt. Wenn der/die Blinde glaubt, daß er/sie die Linie erreicht hat, bleibt er/sie stehen. Der/die am dichtesten zur Linie steht, bekommt einen Mannschaftspunkt. Die jeweiligen Gruppenmitglieder passen auf, daß keine/r an die Wand läuft.

Blindes Kettenwandern

Alle gehen mit geschlossenen Augen langsam durch die Halle. Bei Begegnungen mit anderen fassen sie sich an der Hand und wandern weiter. Bei mehr als vier Ketten-(mit-)gliedern wird die Kette geteilt.

Trageübungen

Bei den nachfolgenden Übungen erlebt der/die Übende, daß sein/ihr Körpergewicht für Mitschüler/innen tragbar ist. Vertrauensbeweis liefert er/sie, indem er/sie die Körperspannung hält und sich nicht mit einem Fuß nach hinten unter dem Körper abstützt. Umgekehrt müssen die Helfer/innen verantwortungsvoll mit dem/der passiven „Übenden" umgehen, um Vertrauen aufzubauen.

Klappbrett

Eine *Vierergruppe* findet sich auf einer Turnmatte zusammen. Ein Kind legt sich auf der Matte in die Rückenlage, die Arme sind an den Körper gelegt. Ein/e Helfer/in steht an der Kopfseite und faßt zunächst unter den Kopf, dann unter die Schultern. Die zwei anderen Helfer/innen stehen jeweils neben der Schulter des/der Liegenden und umfassen den jeweiligen Oberarm dicht unter der Achsel (vgl. Abb. 29). Es muß gewartet werden, bis der/die Liegende steif wie ein Brett ist, um ihn/sie dann mit allen gleichzeitig in den Stand zu heben. Das „Brett" wird dann wieder langsam mit gleichen Helfer/innengriffen auf den Boden abgelegt (vgl. Abb. 30).

Schwebende/r

Eine *Achtergruppe* findet sich auf einer Turnmatte zusammen. Ein Kind legt sich auf der Matte in die Rückenlage, die Arme sind an den Körper gelegt. Ein/e Helfer/in steht an der Kopfseite und faßt zunächst unter den Kopf, dann unter die Schultern. Zwei weitere Helfer/innen stehen jeweils neben der Schulter des/der Liegenden und umfassen den jeweiligen Oberarm dicht unter der Achsel. Die nächsten zwei (stärksten) Kinder stehen auf Hüfthöhe und greifen unter den Po. Die letzten beiden Helfer/innen stehen auf Kniehöhe und greifen unter den Ober- und Unterschenkel. Es muß gewartet werden, bis der/die Liegende steif wie ein Brett ist, um ihn/sie dann mit allen gleichzeitig in die Waagerechte bis in Hüfthöhe anzuheben. Langsam und behutsam wird der/die Schwebende wieder abgelegt **(Abb. 31)**.

Hinweis: Da die Beine am leichtesten sind, werden sie in der Regel zu schnell angehoben und der/die Schwebende befindet sich kopfwärts in Schieflage. Anpassung aller Helfer/innen ist gefragt!

Variationen:

– Die Gruppe geht mit dem/der Schwebenden vorwärts/ rückwärts/ seitwärts oder dreht sich mit ihm/ihr.
– Die Gruppe hebt den/die Schwebende über Kopf (Griffwechsel zum Tragen unterhalb des Körpers und dicht druntergehen!)
– Die Gruppe stellt den/die Schwebende/n auf die Füße.
– Die Gruppe legt ihn/sie auf die Bank oder auf einen Kasten ....

Abb. 31

Kommunikation und Kooperation

Kooperationsfähigkeit muß wie alle soziale Verhaltensweisen erlebt werden. Es muß erlernt werden, sich auf eine/n Partner/in einzulassen und auf ihn/sie einzugehen. Abstimmungen und Absprachen in verbaler und nonverbaler Form müssen getroffen werden, um Problemen Lösungen zu geben. Beim Helfen und Sichern sind dies auch Bewegungsprobleme, die mit dem Ziel des Bewältigens einer Situation oder des erfolgreichen Gelingens ihrer Lösung in der Kleingruppe des Helfer/innenteams angegangen werden. Kooperationsfähigkeit fördern, bedeutet somit Teamfähigkeit fördern.

Die folgenden Spielformen dienen der Förderung der Zusammenarbeit und des Problemlöseverhaltens zwischen Partnern/innen und in der Gruppe. Die Aufgaben müssen für die Kinder nur als reizvoll und lohnend eingeschätzt werden, um sich ihnen zu stellen. Es sollte mit solchen Aufgaben in Zweiergruppen begonnen werden und dann auf Dreiergruppen und größere übergegangen werden.

Über das Atomspiel (s.o.) können wieder für nachfolgende Gruppenbildungen Zufallsgruppen in gewünschter Gruppengröße gebildet werden.

Großzahlen/Formen bilden

Die Kinder finden sich aus dem Laufen zu Zweier-, Dreier- oder größeren Gruppen – je nach nachfolgender Aufgabenstellung – zusammen. Sie sollen nun versuchen, gemeinsam mit ihrem Körper (stehend oder liegend) diese Zahlen darzustellen. Absprachen müssen getroffen werden.
Variationen:
– Mit Zuruf von etwas höheren Zahlen sollen geometrische Formen dargestellt werden wie z.B. Dreiecke, Quadrate, Ellipsen ...
– Mit geschlossenen Augen sollen vorgegebene Formen gebildet werden.

Offene, freie Aufgabenstellungen

Durch Absprachen und Abstimmung sollen gemeinsame Bewegungen gefunden werden:

Abb. 32

– „Findet zu zweit eine synchrone Bewegungsfolge. Kombiniert z.B. Laufen, Vorwärts- und Rückwärtshüpfen, geht in die Hocke und macht einen Strecksprung."
– „Was könnt Ihr zu zweit/dritt machen, wobei sich aber alle irgendwie berühren müssen." (Abb. 32)
– Zu viert: „Findet eine Möglichkeit, daß einer von Euch transportiert wird."

Standbild/Denkmal

Die Kinder laufen kreuz und quer durch die Halle. Auf Zuruf „zwei" finden sich zwei Kinder spontan zusammen und bilden ein Standbild/Denkmal. Das erstarrte Bild/Denkmal wird von dem/der Spielleiter/in begutachtet, kommentiert, eventuell noch „ausgebessert" und schließlich durch Zuruf eines Phantasiewortes aufgelöst. Die Kinder laufen weiter, „mischen" sich neu. Nun wird vielleicht die Zahl „drei" gerufen ....

Bild an der Wand zur Geisterstunde

Kinder stehen als Menschengruppe wie in einem künstlerischen Bild ganz dicht nebeneinander und sind erstarrt. Auf Zuruf: „Mitternacht" oder „Geisterstunde" beginnen sie, sich ganz langsam und gleichzeitig nach rechts und links zu bewegen, ohne sich von der Wand zu lösen! Auf Ruf „Ein Uhr" ist die Geisterstunde vorbei und die Kinder müssen wieder als Bild stehen bleiben.

Gruppenbild

Fünf bis sieben Gruppenmitglieder bilden eine Gruppenskulptur. Ein Kind ist der/die fotografierende Tourist/in. Wenn die Kinder glauben, daß sie mit ihrer Skulptur fertig sind, rufen sie laut: „FOTO!" Wenn sie dann fotografiert worden sind, fallen sie in Zeitlupe wieder zusammen ..." **(Abb. 33)**. Der/die Fotograf/in kann bestimmen, welche Gruppenskulptur ihm/ihr am besten gefallen hat.

Abb. 33

Blumenwiese

Vier Kinder stehen oder sitzen in Kreisform und fassen sich an den Händen. Bei dem Zuruf „Sonne", blühen die einzelnen Gruppen als große Blume auf. Auf den Ruf „Nacht" schließen sich die Gruppen als Blume. Die Gruppen sollten die „Blume" vor dem Zuruf des/der Übungsleiters/in zunächst ausprobieren.

Autofahren

Eine 5er Gruppe stellt ein Auto mit Fahrer/in dar; vier Kinder sind die Räder und rollen gleichzeitig vorwärts oder rückwärts und um Kurven. So können die Räder durch Rolle vorwärts bzw. rückwärts oder durch Radschlagen dargestellt werden. Ein Kind als Fahrer/in imitiert das Lenken.

Beim Friseur

Sechs Kinder und mehr stellen sich dicht zusammen und nehmen ihre Arme hoch. Sie bilden alle einen Kopf, die Arme sind die Haare. Eins von den Kindern ist Friseur/in und tut so, als ob er/sie mit einem riesigen Kamm und Föhn den großen Kopf frisiert. Föhnt er/sie pantomimisch von unten, stehen die „Haare" (= Arme) senkrecht zur „Mecki-" oder Punker-Frisur hoch. Der/die Friseur/in kann aber die Haare auch in der Mitte teilen, einen Scheitel ziehen oder Dauerwelle machen. Die Arme können mit den Händen als Finale vom vielen Föhnen auch „Spliß" darstellen.

Zeitungslauf

Kooperation durch Aufeinander-Eingehen: Zwei Kinder fassen eine doppelseitige Zeitung an den Ecken und laufen damit von einer Hallenseite zur anderen. Dort wird die Zeitung halbiert und, an den vier Ecken gefaßt, laufen beide wieder gemeinsam zurück. Dort wird wieder die Zeitung halbiert und wieder wird gelaufen ..... „Welches Paar hat zum Schluß die kleinste Zeitung?" Wenn es gleichgroße Zeitungen gibt, ist Gewinnerpaar, wer zuerst da war. Zerreißt die Zeitung, muß noch mal gelaufen werden (je nach vorheriger Absprache von Beginn oder die letzte Strecke), die andere Zeitungshälfte wäre dann der (neue) Ersatz.

„Chinesische Ballwurf- und Ballfangmaschine"

Zu zweit wird eine größere Fläche (s.u.) an den Ecken gehalten (= Ballwurf- bzw. Ballfangmaschine). Auf dieser Fläche wird zunächst ein Ball o.ä. ausbalanciert, dann mit Hilfe der Fläche der Ball hochgeworfen und wieder aufgefangen **(Abb. 34)**. *Variationen:*

Abb. 34

– Der Ball wird mit dem Tuch an die Wand geworfen und wieder aufgefangen.
– Ein oder zwei Kinder werfen von außen zu dem haltenden Paar einen Ball in die Fläche (= Ballfangmaschine). Je nach Flächenbeschaffenheit oder Ballart wird dieser wieder mit der Fläche zurückgeworfen (= Ballwurfmaschine).

„Fangwurfflächen": Staubtücher, Kopftücher, Kopfkissenhüllen, Handtücher, große, doppelseitige Zeitung (eventuell drei Zeitungen zusammengeklebt und mit Klebebändern an den Ecken verstärkt) ....

Bälle: Luftballons, Softbälle verschiedener Größe, Tischtennisbälle und Tennisbälle, Japanbälle aus Papier und Wasserbälle ....

Gerätstaffeln

Über das gemeinsame Auf-, Um- und Abbauen der Geräte wird nicht nur die Gerätehandhabung erlernt, sondern auch das gemeinsame, soziale Handeln erprobt und erfahren. Handlungsvorbereitend bieten sich Spielformen mit Groß- und Kleingeräten an, die die soziale Komponente erfahren lassen. Als Pendel- oder Umkehrstaffel können Turnkleingeräte wie Matten, kleine Blockkästen oder Kastenteile zu zweit bis zu sechst (je nach Größe des Gerätes und Alter der Kinder) über kürzere Strecken transportiert werden. Gleichzeitig wird das Miteinander und Füreinander für den Geräteaufbau, den Geräteum- und -abbau der Gerätturnstunden thematisiert.

Hinweis: Damit keine Hektik und Verletzungsgefahr besteht, sollten zusätzliche Absprachen getroffen werden. Werden zum Beispiel haltende, tragende Hände durch die Schnelligkeit gelöst, muß wieder von vorne begonnen werden. Qualität vor Quantität!

Kooperative Fangspiele

Bei den Kindern im Grundschulalter sind die Fangspiele besonders beliebt, da sie spannend sind und ihrem Bewegungsdrang gerecht werden. Im Zusammenhang mit Helfen und Sichern werden jedoch nachfolgend nur die Fangspiele als Beispiele gegeben, die kooperativen Charakter beinhalten. So ist das Erlösen eines/r Abgeschlagenen immer ein Bestandteil. Das „ichbezogene" Kind lernt dabei, seine eigenen Einstellungen zugunsten gemeinsamer Interessen zeitweise aufzugeben. Sich für jemand anderen einsetzen, ihn/sie retten, kann zum spannenden Spiel werden.

Ein längeres Ausscheiden nach dem Abschlagen ist folglich nicht erwünscht.

Dreiecksfangen

Drei Kinder geben sich die Hände und bilden ein Dreieck. Ein viertes Kind steht außerhalb und kann als Dreiecksmitglied dann erst aufgenommen bzw. ausgetauscht werden, wenn es ein vorher bestimmtes Kind des bestehenden Dreiecks abgeschlagen hat. Die beiden anderen Dreieckskinder versuchen, ihr drittes Dreieckskind zu schützen, indem sie sich so geschickt positionieren, daß der/die Fänger/in es schwer hat, das zu fangende Kind abzuschlagen. Körperkontakt, außer beim Abschlagen, ist nicht erlaubt.

Fangen und Erlösen

Ein Kind als Fänger/in oder auch der/die Übungsleiter/in versucht, die Kinder abzuschlagen. Wer abgeschlagen wurde, setzt sich auf den Boden. Es kann erlöst werden, wenn ein anderes Kind es im Vorbeilaufen berührt und „FREI" ruft. Sollte der/die Fänger/in es schaffen, daß alle sitzen, ist es Fangkönig/in. Dauert dies zu lange, greift der/die Spielleiter/in ein und bestimmt eine/n neue/n Fänger/in.

Variationen:
— Das abgeschlagene Kind bleibt in der Grätsche stehen und wird durch das Durchkriechen erlöst.
— Bei größeren Gruppen können zwei Fänger/innen eingesetzt werden.

Zauberei

Ein „Fängerkind" versucht, als Zauberer/in mit einer bunten Papprolle (beklebte Innenrolle einer Küchenrolle) durch Abschlagen die anderen Kinder zu verzaubern. Diese
— bleiben wie eingefroren stehen,
— werden zu Tieren oder
— fallen zu Boden.

Die freien Kinder versuchen, die verzauberten zu erlösen, indem sie kurz vor ihnen ihre Körperhaltungen kopieren.

Gehör finden

Für die Kommunikation im Rahmen der Kooperation und damit auch für das
Helfen der Kinder untereinander ist es wichtig, daß sich die Kinder Gehör und
Beachtung schenken, damit sich auch jede/r traut, dem/der anderen etwas zu
sagen. Vor allem kontaktschwache Kinder profitieren davon, wenn sie einmal in
kleinen Situationen im Mittelpunkt stehen dürfen oder in einfach zu bewälti-
genden Vormachsituationen stehen. Es gibt den Kindern die Möglichkeit, etwas
vor der Gruppe zu tun, ohne dabei gleich zu versagen. Sie bekommen Gelegenheit, sich zu bewähren.

Spielvorschlag: „Nun Du!"
Die Kinder sitzen in kleineren Kreisen zusammen. Das erste Kind macht z.B. eine
gymnastische Bewegung vor, die anderen machen es nach. Dann zeigt es auf
das nächste Kind (oder zum Nebenkind) und sagt: „Nun Du!" Damit ist es ab-
gelöst und der/die Nächste zeigt etwas vor.

1.2 REAKTIONSSPIELE UND SPIELE ZUR WECKUNG DER AUFMERKSAMKEIT

Das *Wecken der Aufmerksamkeit, das Herausfordern der Konzentrations-* sowie der *Reaktionsfähigkeit* bilden die Grundlage für das in der Turnstunde nachfolgende qualifizierte Helfen-, Begleiten- und Sichernkönnen. *Zu Stundenbeginn* sollten *für die Helfer/innentätigkeiten* somit *Aufgaben* gestellt werden, *die diese Fähigkeiten der Kinder fordern.* Die bisherigen Spielformen enthalten, wenn sie aus dem Durcheinanderlaufen mit Zuruf und der schnellen Reaktion darauf entwickelt werden, zusätzlich zu den anderen Sinngebungen die Verbesserung des Wachheitsgrades für nachfolgende Turnaufgaben. So ist auch für die nachfolgenden Spiele wiederum die Ausgangsform das freie Laufen kreuz und quer durch die Halle. Während des Laufens ruft wieder der/die Lehrende ein Signalwort zu:

Veränderung
Auf Zuruf in verschiedene Positionen gehen (gegebenenfalls vorher absprechen): Bauchlage, Rückenlage, Seitlage, Kerze, Sitz, Hocke, Hochzehenstand ...

Erstarrung/Versteinerung
Auf ein Signalwort wie erstarrt/versteinert stehen bleiben: „Wer wackelt noch?" (Körperspannung überprüfen)
Hinweis: Nur ein gespannter Körper kann optimal beim Helfen getragen und gelenkt werden. Diese Spielform mit Einnehmen der Körperspannung bereitet gut für nachfolgende Turnaufgaben vor, wo Körperspannung verlangt wird, z.B. Handstand, Partnerakrobatik ...

„Fridoline, hüpf!"
Die Kinder laufen frei in der Halle umher. Zunächst steht der/die Übungsleiter/in an der Hallenlängsseite, später ein Kind, und ruft den Kindern zu, was sie machen sollen, z.B. hüpfen, laufen, gehen, springen, schleichen, lachen, winken ... Sie dürfen es aber nur tun, wenn vor der gewünschten Tätigkeit gerufen wurde: „Fridoline, ..." Wird nur die Tätigkeit gerufen, bleiben alle einfach stehen. Beispiel: „Fridoline, spring!", und alle Kinder springen durch die Halle, wird gerufen „ rennen", bleiben alle Kinder stehen, weil davor nicht „Fridoline" gesagt wurde. „Wer rennt trotzdem? .... gepennt!"
Hinweis: Zwischendurch sollte immer wieder „Fridoline, lauf!" gerufen werden, um ein bewegungsintensives Spiel zu erreichen.

Tag und Nacht/ Schwarz und Weiß
Die Kinder sitzen sich zu Beginn paarweise an der Hallenmittenlinie gegenüber. Die Kinder auf der einen Seite sind der Tag (oder weiß), die anderen die Nacht (oder

schwarz). Auf Zuruf des/der Übungsleiters/in eines der beiden Worte laufen die Genannten weg, die/der gegenübersitzende Partner/in muß versuchen, den/die Weglaufende/n zu fangen. Die Gefangenen müssen dann auf die andere Seite.
Hinweise:
— Die Kinder sollten aus Verletzungsgründen nicht bis zum Schluß gegen die Wand laufen, sondern mit Überlaufen einer Hallenlinie vor der Wand vom Gefangenwerden erlöst sein.
— Bei Kindern ist es immer schöner und spannender, die Signalworte in eine Geschichte zu kleiden.

Feuer-Wasser-Erde
Dieses Spiel kennt wohl jedes Schulkind. Es gehört zu den beliebtesten Reaktionsspielen in der Grundschule. Bei diesem Spiel erfolgt auf Zuruf eines Signalwortes eine vorher abgesprochene Handlung.
Hinweise:
— Günstig ist es, im Gerätturnen die schon oder noch aufgebauten Geräte mit einzubeziehen.
— Bei kleinen Kindern empfiehlt sich, die Signalworte (nicht mehr als drei) in eine Geschichte zu kleiden. Tauchen diese dann in der Geschichte auf, müssen sie schnell darauf reagieren.
— Das Spiel bekommt den Charakter des Miteinanders, wenn ein Teil der Kinder zu Feuerwehrmännern/-frauen ernannt werden, und bei den Katastrophen (Signalworten) sich Zivilisten schnappen müssen, um sie zu retten.
Die Signalworte können sein:
„Feuer!":
— Alle Kinder müssen schnell zur Ausgangstür/den Geräteraumtüren/zum Fenster laufen (realitätsbezogen).
— Oder in eine/die Hallenecke/n laufen.
— Oder die Feuerwehrmännern/-frauen müssen sich dabei schnell einen Zivilisten zum Retten schnappen.
„Wasser":
— Alle Kinder laufen auf Erhöhungen (z.B. Kästen, Barren, Bänke ...), um sich vor dem Hochwasser in Sicherheit zu bringen. ... Und die Feuerwehr kann wieder im Einsatz sein.
„Erde!":
— Alle legen sich flach auf den Boden (... weil zum Beispiel der Rettungshubschrauber landet).
Variationen:
„Blitz":
— Die Kinder suchen sich schnell einen Blitzableiter (z.B. Eisen an den Geräten).

„Sturm":
- Die Kinder müssen unter den Geräten Schutz suchen.

„Sonne":
- ... Entwarnung, die Kinder können sich auf den Rücken legen und sonnen.

Autofahren

1. Gang (gehen), 2. Gang (traben), 3. Gang (laufen), 4. Gang (sprinten), Rückwärtsgang.

Hinweis: Unter Einbeziehung des/der Partners/in kann zusätzlich die „Kontaktaufnahme" (s.o.) einbezogen werden.

Fische fangen

Die Halle (vorzugsweise die kleinere Gymnastikhalle) ist das weite Meer (oder ein See). In den Hallenecken ist das Zuhause der verschiedenen Fischsorten: Nach Absprache gibt es eine Heringsecke, eine Lachs-, Makrelen- und Dorschecke (bei einem See Seefische wählen). Ein Viertel der Gesamtgruppe befindet sich jeweils in den Ecken. Ein Kind (oder der/die Übungsleiter/in) steht in der Mitte als Fischer/in und ruft zu Spielbeginn: „Ich rufe die Heringe!"... alle Fische nacheinander zu sich ins Meer, bis alle darin „schwimmen". Nun ruft der/die Fischer/in: „Das Meer ist ruhig!" und alle Fische bleiben am Ort stehen, dann ruft er/sie: „Das Meer ist stürmisch!", und alle Fische springen und hüpfen im Meer. Dies wiederholt er/sie abwechselnd, bis er/sie ruft: „EBBE!". Alle Kinder müssen nun schnell in ihre Ecken zurücklaufen, weil der/die Fischer/in jetzt die Fische fangen darf. Wer abgeschlagen wurde, wird Fischergehilfe/in .... bis das Meer leergefischt ist.

Der Hai kommt!

In der Halle liegen soviel Zeitungsblätter als Inseln, wie Kinder vorhanden sind. Die Kinder laufen frei durch die Halle, ohne die Zeitungen zu berühren. Auf Zuruf „Der Hai kommt" müssen sich die Kinder möglichst schnell auf eine „Insel" stellen. Im weiteren Spielverlauf gehen die kleinen Inseln leider unter, d.h. die Zeitungsblätter werden entfernt, so daß sich mehrere Kinder auf eine Insel (Zeitungsblatt) stellen müssen. Wenn nichts mehr geht, bricht der/die Leiterin das Spiel ab.

Variation:
- Wer keinen Platz findet, wird zum Hai, der im Außenbereich schwimmt und beim Zuruf „Der Hai kommt" den Kindern Angst macht.

Atomspiel

Die Kinder laufen frei im Raum. Auf Zuruf einer Zahl finden sich entsprechend viele Teilnehmer/-innen schnell zusammen **(Abb. 35)**. Bei „eins" bleiben die Kinder einfach stehen. Die Zahlen werden immer variiert.

Variationen:

Abb. 35

— Wer übrig bleibt, könnte sich einen Minuspunkt einhandeln.
— Oder er/sie könnte eine Sonderaufgabe vormachen (z.B. 10x auf einem Bein hüpfen, ein Liegestütz, eine Kerze, ein Kopfstand, ein Rad oder einen Handstand machen).

Hinweis: Wird nachfolgend für das Turnen an Gerätstationen eine bestimmte Anzahl an Gruppen benötigt, bietet es sich an, die Zahl der entsprechenden Gruppenmitglieder beim letzten Spieldurchgang zu rufen. Damit wird nicht nur eine schnelle Organisationsform gefunden, sondern auch die Zufälligkeit von Gruppenbildungen erreicht.

Atomspiel mit Handfassung

Die Kinder laufen frei im Raum. Auf Zuruf einer Zahl finden sich entsprechend viele Teilnehmer/innen zusammen. Die Kinder müssen sich nun schnell an den Händen fassen, dabei gleichzeitig einen kleinen Kreis bilden und dann als Zeichen des „Komplettseins" die Arme durchgefaßt hochheben.

Hinweise:

— Mit dieser Zusatzaufgabe wird zusätzlich die Fähigkeit zum Berührungskontakt gefördert.
— Der/die Übungsleiter/in sollte die Kinder zu weiträumigen Raumwegen animieren und die Nummern zeitlich nicht zu kurz hintereinander ausrufen, um immer wieder eine personale Neugruppierung der Atome zu erreichen.

Variationen:

— Auf „drei" zu dritt weiterlaufen, wobei fünf Beine nur den Boden berühren dürfen.
— Auf „vier" zu viert weiterlaufen, wobei zwei Arme und sechs Beine den Boden berühren dürfen etc. ...

Schattenlauf

Ein Kind läuft vor und gibt Körperbewegungen und Laufrichtungen an. Ein bis zwei Kinder versuchen, möglichst schnell den Vormachenden zu kopieren.

Hinweis: Mit dieser Aufgabe wird zusätzlich die Anpassungsfähigkeit an den/die Partner/in geübt.

Foto: I. Gerling

1.3 PARTNER/INNEN- UND GRUPPENAKROBATIK

Die Partner/innen- und Gruppenakrobatik bietet sich hervorragend an, ohne Geräte das Miteinander, das Vertrauen-Geben und Verantwortung-Übernehmen, Rücksichtnahme und Kooperation zu erleben. Alle sozialen Erscheinungsformen werden hier erforderlich, um zu einem Kunststück zu gelangen.

Voraussetzungen wie Stützkraft und Ganzkörperspannung sollten in einem Mindestmaß vorhanden sein. Wenn die Akrobatik diese auch schult, so sollten spezielle Übungsformen hierzu vorbereitend, aber auch noch parallel, ständig angeboten werden.

Alle nachfolgenden Figuren und Kleinpyramiden sind systematisch aufbauend aufgelistet. Es ist aus der Reihenfolge indirekt eine Methodik zu entnehmen.

Es wurden nur solche Figuren ausgewählt, die im allgemeinen Schul- und Vereinsturnen mit Kindern zu bewältigen sind.

Grundsätzliches

Gesundheit

– Die Kinder müssen wissen, was **Körperspannung** ist.
 Nur wenn alle Muskeln fest angespannt sind, können die gewünschten Gelenkpositionen gehalten werden. Damit ist ein Kind für Belastungen von außen stabil und die Kräfte treffen belastungsverträglich auf die Gelenkflächen. Hohlkreuz bedeutet so z.B. mangelhafte Anspannungen in den Bauch- und Gesäßmuskeln.
– Die Kinder müssen wissen, wie ein **gerader Rücken** bei der tragenden Bankposition durch „Bauch einziehen" eingenommen wird. Sie dürfen keinen durchhängenden Rücken haben.
– Nie sollte auf die labile Wirbelsäule oder auf den Nierenbereich getreten werden, immer **nur auf den Beckenbereich (Po) bzw. auf den Schultergürtelbereich.** Kinder vergessen beim Ausprobieren und Üben immer wieder, darauf zu achten. Der/die Unterrichtende muß ständig daran erinnern.

Besetzung der Positionen

Die Kinder der Kleingruppen sollten gewichtsmäßig zueinander passen. Bei homogenen Gruppen sollte jedes Kind beim Ausprobieren von Figuren die obere als auch die untere Position einmal einnehmen. Oft ist die untere Position bei den Kindern nicht so beliebt, jedes Kind will möglichst oben stehen, knien oder liegen. *Ausnahmen* bilden Kinder im Vorschulalter, die bei Schulkindern nicht die Unterperson bilden sollten. Zum anderen regelt der/die Übungsleiter/in auch die Rollenverteilung, wenn es wegen zu unterschiedlicher Größe und Gewicht der Kinder *nicht* möglich ist, *alle* Kinder als Unterpersonen wie auch Oberpersonen einzusetzen. Der/die Stärkere und Stabilere ist beim Einüben und Vorturnen letztendlich dann die Unterperson.

Auf- und Abturnen

- Die Partner/innen dürfen nur behutsam, mit äußerster Vorsicht, bestiegen werden, ohne dem tragenden Kind weh zu tun.
- Das Aufsteigen und -klettern sollte langsam und konzentriert erfolgen, nicht plötzlich. Danach darf nicht einfach runtergesprungen werden. Die Kinder sollten absteigen und sich gegebenenfalls helfend die Hände reichen. Auch Landen mit weichem Auffangen will gelernt sein! Das Abspringen will eingeübt sein, es gibt dafür besondere Techniken.

Kleidung

- Es sollte barfuß oder mit Gymnastikschuhen geturnt werden.
- Selbstverständlich sollte ohne Schmuck geübt werden.
- Die Kinder sollten enganliegende Kleidung tragen, glatte (glänzende) Trainingsanzüge sind nicht so geeignet.

Boden

- Es sollte auf Bodenturnläufer, -teppich oder Matten geübt werden. Kleine Kästen können als Sitz- und Stehfläche bei der Erstellung der Pyramide oder als Bestandteil dieser einbezogen werden.

Technische Hinweise

- *Arme und Oberschenkel* sollten bei der Bankstellung einen *rechten Winkel zum Boden* bilden. Die Arme sind gestreckt (bei Mädchen darauf achten, daß sie nicht überstreckt sind).
- Die Beine sind leicht geöffnet und die Arme stützen schulterbreit auf.
- Die Figuren müssen gut *erklärt* werden. Zeichnungen (vergrößert) sind sehr hilfreich.
- Ein bis zwei Kinder sollten für *Hilfegebung* bereitstehen, um helfende, das Gleichgewicht sichernde Hände anbieten zu können (vgl. auch nachfolgendes Kapitel „Einfaches Helfen").
- Die Kinder sollten angehalten werden, notwendige *Absprachen* zu treffen.

Grundposition Bank

Die Grundposition „Bank" ist gekennzeichnet durch:
- Stütz auf den Unterschenkeln im Kniestand und Aufstützen der Hände.
- Die Arme werden schulterbreit, genau unter dem Schultergürtel, im rechten Winkel zum Boden bzw. zum Rumpf aufgestützt. Die Hand ist ganzflächig aufgesetzt und die Finger zeigen nach vorne.
- Die Beine sind leicht auseinandergenommen, und die Knie befinden sich unterhalb des Gesäßes, d.h. der Knie- als auch der Bein-Rumpfwinkel bilden jeweils einen 90°-Winkel. Die Oberschenkel befinden sich damit rechtwinklig zum Boden.
- Der Rücken muß gerade gehalten werden und darf nicht durchhängen. Der Bauch muß hierzu angespannt sein („Bauch einziehen"). Der Kopf sollte in Verlängerung zum Rumpf gehalten werden (Kopf im Nacken = Hohlkreuz!). Hilfreich ist es, dabei zum Boden zu gucken.

Nach Einführung der richtigen Ausführung der Bankposition (Partner/innenkontrolle und -korrektur von außen!) können die Kinder verschiedene kleine Figuren ausprobieren. Zunächst können statt auf der „lebendigen" Bank die Grundpositionen der Oberpersonen auch auf einer Bank oder einem kleinen Kasten ausprobiert werden. Dies ist als Unterstützung nur für die Hände oder Knie zu empfehlen. Da in diesem Kapitel *das Miteinander im Vordergrund* steht, wurde auf eine vollständige, umfassende methodische Heranführung, die auch Vorübungen und Gerätehilfen einschließt, weitgehend verzichtet. Helfer/innentätigkeiten zur Gleichgewichtshilfe gehören in der Akrobatik zum Übungsprozeß. Zum Teil sind in den nachfolgenden Übungen hierfür Hinweise gegeben.

Wasserbett
Zwei bis vier Kinder gehen nebeneinander in die Bankstellung, ein weiteres Kind legt sich in Bauchlage auf das entstandene Wasserbett. Das Bett beginnt nun zu schwanken **(Abb. 36a)**.

Waageliegen
Ein Kind bildet eine Bank, ein zweites legt sich vorlings mit guter Körperspannung darauf **(Abb. 36b)**.
Variationen:
- Richtungen zur unteren Bank variieren (parallel und quer).
- Rücklingsverhalten mit verschiedenen Ausrichtungen probieren.

Bankgebilde

Ein Kind geht in die Bankposition, ein anderes legt die Füße/Unterschenkel/ Oberschenkel (je nach Können) auf die Bank und stützt sich mit geraden Armen in den Liegestütz **(Abb. 36c)**.
Variationen:
— Parallel oder quer von verschiedenen Seiten.
— Liegestütz vorlings oder rücklings.
— Die Bankposition oder/und die Liegestützposition hebt ein Bein gestreckt hoch **(Abb. 36d)**.

Spiegelbild

Ein Kind geht in die Bankposition, ein anderes legt sich genau Rücken auf Rücken darauf, umfaßt mit den Armen den Rumpf der Unterperson und hebt die Beine zum rechten Winkel.
Variation:
— Richtung der Oberperson **(Abb. 36e/f)**.

Doppelte Bankpyramiden und mehr

Doppelbank

Ein/e Partner/in geht auf einer Matte in die Bankstellung. Die Hände werden schulterbreit aufgestützt, die Beine sind leicht geöffnet. Die Arme und Oberschenkel befinden sich im rechten Winkel zum Rumpf, der Rücken ist angespannt und gerade (kein Hohlkreuz!). Der/die zweite Partner/in versucht nun, auf dem Becken und/oder dem Schultergürtel (nicht auf der Wirbelsäule!) erst in gleicher Richtung wie die Unterperson, dann in Gegenrichtung in der Bankposition daraufzuknien **(Abb. 37a/37b)**.
Hinweis: Zum Draufklettern kann zunächst als erhöhte Aufsteigehilfe parallel zum auf dem Boden knienden Kind ein kleiner Kasten gestellt werden.
Variation:
— Ein Bein der Oberperson kann zur Kniewaage weggestreckt werden ..... gegebenenfalls auch/oder der gegengleiche Arm **(Abb. 37c)**.

Schwere Doppelbank

Die Unterperson geht in die Bankstellung, die Oberperson setzt sich auf den gespannten festen Rücken der Unterperson, die Hände dabei auf den Po, die Füße auf den Schultergürtel (oder als Variation umgekehrt) aufgesetzt. Dann hebt sich die Oberperson in die Bank rücklings **(Abb. 37d/e)**.
Anmerkung: Die Bank rücklings kann auch als Unterposition erarbeitet werden, ist aber in der Regel in allgemeinen Turngruppen zu schwer zu realisieren.

Abb. 36 a-f

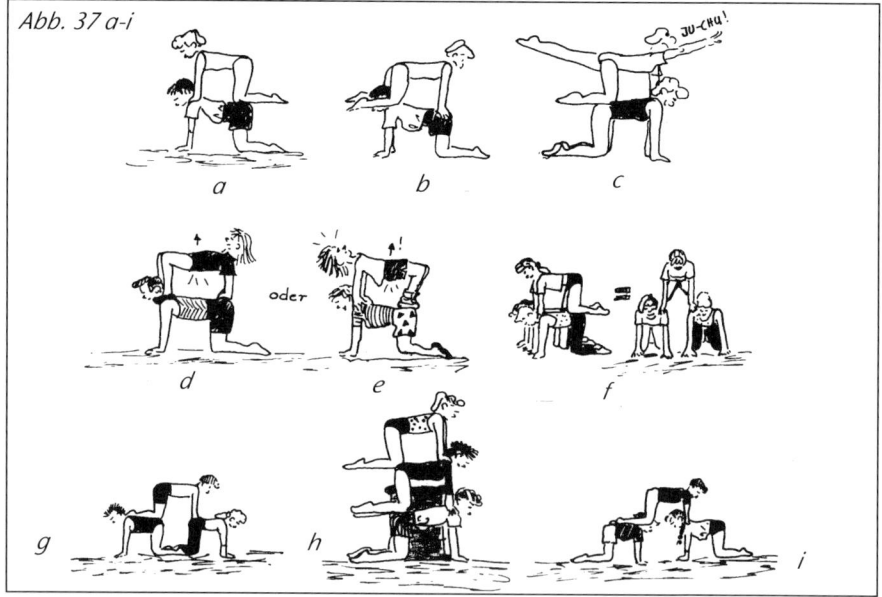

Abb. 37 a-i

Dreierbänke

- Zwei Kinder machen nebeneinander die Bank, ein drittes Kind macht auf beiden in gleicher Blickrichtung eine Bank **(Abb. 37f)**.
- Zwei Kinder gehen Füße an Füße in die Bankstellung, ein drittes macht eine Bank parallel auf den Beckenbereichen **(Abb. 37g)**.
- Zwei Kinder gehen mit kleinem Abstand Kopf an Kopf in die Bankstellung, ein drittes macht eine Bank parallel auf die Schulterbereiche **(Abb. 37i)**.

Variation:
- Die Bank der Oberperson kann ein Bein zur Kniewaage strecken .... und vielleicht noch den Gegenarm in die Waagerechte strecken (vgl. Abb. 37c).

Bremer Stadtmusikanten

Auf eine Doppelbank steigt mit Aufstiegshilfe kleiner Kasten und/oder Helfer/innenhände ein drittes Kind als dritte Bank obenauf **(Abb. 37h)**.

Hohe Schiebekarre

Drei Kinder finden sich zusammen. Ein Kind geht in die Bankposition, ein drittes Kind macht, mit den Füßen auf dem Boden stehend, einen Liegestütz (mit geraden Armen!) auf dem Po dieses/r Partners/in. Ein drittes Kind hebt aus den leicht gebeugten Knien an den Füßen dieses Kind zum hohen Liegestütz an **(Abb. 38a)**.
Hinweis: Beim Liegestütz dürfen die Kinder etwas in der Hüfte winkeln, um ein Hohlkreuz zu vermeiden. Können die Kinder dennoch die Körperstreckung nicht halten, sollten sie im Liegestütz die Beine leicht grätschen und das tragende Kind geht zwischen die Beine, um an den Knien/Oberschenkeln anzuheben.
Variation:
- Die Oberposition stützt auf den Schultern über der Bankposition und legt einem stehenden Kind, das sich absenkt, die Füße auf die Schultern oder es läßt sich die Füße auf die Schultern eines dritten Kindes legen, das rücklings zur Bank steht **(Abb. 38b)**.

Bankpositionen mit kniender Oberperson

Hoher Kniestand

Ein Kind geht in die Bankposition. Ein Kind kniet sich zum Fersensitz (Füße Richtung Kopf) auf den Beckenbereich in den Fersensitz (empfehlenswert ist dabei der Stütz auf einem kleinen Kasten, der vor den Füßen der Bankposition steht). Wenn die Balance gefunden wurde, richtet sich die Oberperson zum hohen Kniestand auf **(Abb. 39a)**.

Abb. 38 a+b

Abb. 39 a-d

Einbeiniger hoher Kniestand

Ein Kind geht in die Bankposition. Ein anderes geht über die Bankposition (mit Stütz seiner Hände auf den Schultern der Unterperson) in den Fersensitz und stellt dann einen Fuß zum einbeinigen Kniestand auf **(Abb. 39b)**.

Bankpositionen mit stehender Oberperson

Hinweis: Für den Aufstieg auf die Unterperson in der Bankstellung empfiehlt es sich, bei den ersten Versuchen immer von einem Kasten aufzusteigen, dann mit einer helfenden Hand eines anderen Kindes aufzusteigen.

Hoher Stand „mit Geländer"

Ein Kind geht in die Bankposition, ein zweites steigt zum Grätschstand darüber und stützt sich auf den Schultern der Bank ab. Ein drittes Kind steigt nun, auf das stehende Kind dabei abstützend, auf den „Po der Bank" und richtet sich auf **(Abb. 39c)**.

Variation:
— Das stehende Kind steht vor der Bank und stützt sich auf dessen Schultern ab oder hinter der Bank, auf dem Po abstützend. Das dritte, auf der Bank stehende Kind steht auf der entsprechend gegenüberliegenden Aufstützfläche (Schulter- oder Beckenbereich) **(Abb. 39d)**.

Hoher Grätschstand

Ein Kind geht in die Bankposition. Ein zweites Kind steigt aus dem Seitstand zur Bankposition mit ganzem Fuß auf das Becken, dann auf den Schulterbereich, richtet sich auf und nimmt die Arme in Seithalte oder stützt sie auf die Hüften **(Abb. 40a)**.

Hoher Ausfallschritt

Ein Kind geht in die Bankposition. Ein zweites Kind steigt mit ganzem Fuß quer zur Bankposition auf das Becken, dann auf den Schulterbereich, richtet sich mit Beugung des vorderen Beines auf und nimmt die Arme in Seit- oder Hochhalte **(Abb. 40b)**.

Aussichtsposition

Ein Kind geht in die Bankposition. Ein zweites Kind steigt mit beiden Füßen quer zur Bankposition auf das Becken, richtet sich auf und nimmt eine Hand an die Stirn, um „weit" zu gucken **(Abb. 40c/d)**.

Variation:
— Richtungswechsel.

Abb. 40 a-f

Flamingo auf dem Stein

Ein Kind geht in die Bankposition. Ein zweites Kind steigt mit beiden Füßen quer zur Bankposition auf das Becken, richtet sich auf und versucht, (mit Gleichgewichtshilfe) ein Bein anzuheben. Arme gehen in Seithalte **(Abb. 40e)**.
Variation:
— Kleine Standwaage **(Abb. 40f)**.

Grätschstand auf zwei Bänken

— Zwei Kinder gehen *nebeneinander* in die Bank, ein drittes Kind macht auf beiden in gleicher Blickrichtung, einen Fuß auf dem einen Po, den anderen auf dem anderen Po einen Grätschstand **(Abb. 41a)**.
— Zwei Kinder gehen Füße an Füße in die Bankstellung, ein drittes geht in den Grätschstand, einen Fuß auf dem einen Po, den anderen auf dem anderen Po und streckt seine Arme zur Seite **(Abb. 41b)**.
— Zwei Kinder gehen Füße an Füße in die Bankstellung, ein drittes geht in die Schrittstellung, einen Fuß auf dem einen Po, den anderen auf dem anderen Po und streckt seine Arme zur Seite **(Abb. 41c)**.

Vierer-Bank-Stand-Pyramiden

Alle o.g. Zweierpyramiden, wobei die Unterperson in der Bankposition sich befindet und die Operposition darauf ein- oder beidbeinig im Quer- oder Seitverhalten steht, können nebeneinander verdoppelt durch Handreichungen der Oberpersonen zu einer Pyramide verbunden werden **(Abb. 41d)**.

Liegestützakrobatik

Die Liegestützkette

Ein Kind geht in die Liegestützposition, die Arme sind schulterbreit und gestreckt aufgesetzt. Ein zweites Kind geht vor dem ersten Kind auch in den Liegestütz und legt seine Füße auf die Schultern, um einen erhöhten Liegestütz zu turnen. Weitere Kinder können sich genauso davor bauen **(Abb. 42a)**.

Verdrehte, doppelte Liegestütze

Ein Kind geht in den Liegestütz vorlings oder rücklings. Das zweite Kind stützt sich seitlich der Füße auf oder umfaßt die Fußgelenke/-knöchel und legt seine Füße zum Liegestütz vorlings oder rücklings auf **(Abb. 42b)**.
Hinweis: Der Liegestütz rücklings ist etwas schwierig und gelingt nur haltungsstarken Kindern. Diese Aufgabenvariationen sind daher gut zur Differenzierung geeignet.

Abb. 41 a-d

Abb. 42 a+b

Liegende Unterposition

Doppeldecker

Ein Kind legt sich in die Rückenlage, ein anderes Kind geht gegengleich mit gegrätschten Beinen darüber in den Liegestütz. Es reicht dem liegenden Kind einen Fuß und erhebt sich zum gespannten, gestreckten Liegestütz, indem das liegende Kind beide Fußgelenke umfaßt hält **(Abb. 43a)**.

Luftliegestütz

Ein Kind liegt mit angehockten Beinen am Boden, die Arme zur Decke gestreckt. Das andere Kind stützt sich über das liegende Kind sich bewegend, auf den Knien zum Liegestütz auf. Mit einem Abstupsen vom Boden drückt das liegende Kind an den Knien den/die Partner/in „in die Luft" zum „Luftliegestütz" **(Abb. 43b)**, ...etwas für Fortgeschrittene.

Schwebesitz

Ein Kind liegt mit angehockten Beinen am Boden, die Arme zur Decke gestreckt. Das andere Kind setzt sich auf die Knie, hält sich an den Knien fest und hebt ein Bein, dann das zweite, zum Langsitz mit unterstützendem Griff des liegenden Kindes an **(Abb. 44)**.

Kleine und Große Flieger/in

Für den/die Flieger/in ist gute Körperspannung Voraussetzung für ein Gelingen. Ein Kind legt sich in Rückenlage, die Arme und Beine rechtwinklig zum Rumpf in Hochhalte. Das zweite Kind stellt sich vor die Beine und stützt die Hände in die des anderen Kindes. Bei dem/der „Kleinen Flieger/in" legt sich das Kind auf die Unterschenkel der angehockten Beine der liegenden Position und wird so in die Waagerechte gehoben (gut für kleinere Kinder geeignet) **(Abb. 45a)**.

Bei dem/der „Großen Flieger/in" plaziert das liegende Kind mit Beugen seiner Beine seine Füße unter die Hüften (Zehen zeigen nach außen). Die stützenden Beine werden mit Streckung in die Senkrechte gestreckt. Der Körperschwerpunkt des/r „Fliegers/in" muß nun gut über den Füßen des liegenden Kindes liegen. Wer sehr gut ist, kann die Arme beim Fliegen auch in die Seithalte nehmen. Mit einem weiteren dritten Kind, das Gleichgewichtshilfe an den Händen gibt, können es viele ausprobieren. **(Abb. 45b)**.

Variation:
– Es wird an den Füßen Gleichgewichtshilfe gegeben wird.

Rückfaller ... eine Mutprobe

Der Ablauf ist ähnlich wie beim Flieger/in, nur setzt sich das mutige Kind auf die

Abb. 43 a+b

Abb. 44

Abb. 45 a+b

Abb. 46

Abb. 47

Abb. 48 a-d

Füße des liegenden. Mit zwei seitlich unter dem Rücken haltenden Hilfegebungen legt sich das obere Kind fest angespannt mit den Schultern in die Hände des liegenden Kindes und hebt die Beine in ein gespanntes Waageliegen rücklings (**Abb.46**).

Schulterstand

Ein Kind legt sich mit angehockten Beinen in die Rückenlage, die Arme gerade hochgestreckt. Ein zweites Kind stellt sich rechts und links in Kniehöhe gegrätscht auf und stützt sich mit geraden Armen auf den Knien ab. Dann legt es sich nach vorne mit seinen Schultern in die Hände des liegenden Kindes, zeitgleich schwingt ein Bein nach hinten hoch. Das zweite Bein folgt zügig nach zum Schulterstand. Zwei Kinder an der Seite können durch Umfassen der Beine in den Schulterstand führen (vgl. auch im Kapitel „Helfer/innengriffe am Boden" den Helfer/innengriff zum Handstand) (**Abb. 47**).

Aufsteiger auf den „Stuhl"

Aufsteigen vorlings

Das tragende Kind sollte, wenn ein anderes Kind aufsteigt, als Ausgangsbedingung fast immer ein Widerlager, d.h. einen festen Widerstand unter dem Körper, z.B. einen kleinen Kasten, eine Bank bei Grundschulkindern oder ein anderes Kind in der Bankstellung haben. Mit zunehmendem Können kann sich das tragende Kind auch zu Figurbeginn gegen eine Wand lehnen. Das aufsteigende Kind sollte von einer Erhöhung aufsteigen, damit ist der Körperschwerpunkt fast schon auf der gewünschten Höhe (**Abb. 48a**). Die beiden Kinder umfassen zu Beginn ihre Unterarme (**Abb. 48c**), mit Vollendung der Figur, d.h. mit Zurückverlagerung des gestreckten Körpers, können die Hände ineinanderrutschen (**Abb. 48d**). Zunächst sollte das obere Kind mit einem Fuß auf das eine Knie steigen, den Körper aufrichten und dann das zweite Bein aufsetzen. Mit Zurückverlagerung des Körpers richtet sich das tragende Kind durch leichtes Strecken in den Beinen ebenfalls etwas auf. Ein helfendes Kind kann am Rücken gegenstützen. Gute Kinder können eine Hand lösen. Bei Fortgeschrittenen kann der „Stuhl" auch umgreifen und die Beine halten (vgl. Abb. 48d). Hat ein drittes Kind die tragende Bank gespielt, kann es sich nun demonstrativ in die Bauchlage abrutschen lassen.

Aufsteigen rücklings

Ähnlich wie oben beschrieben sehen die Hilfen und Bedingungen für ein Aufsteigen rücklings aus. Das tragende Kind umfaßt mit Aufsetzen des ersten Fußes die Hüfte. Mit Stand rücklings kann tiefer an den Beinen gehalten werden, um eine schönere Vorlage zu erreichen **(Abb. 48b)**.

Tip: Ein weiteres Kind kann am Bauch gegenstützen, um ein Nachvornefallen zu verhindern. Bei Vorführungen kann dabei – wie auch in der vorhergehenden Übung – eine „Pose" eingenommen werden (z.B. Ausfallschritt mit einem Arm in Seithalte).

Aufsteiger auf die Oberschenkel: Galionsfigur

Zwei Unterpersonen stellen sich Fuß an Fuß mit leicht gebeugten Beinen im Grätschstand nebeneinander. Ein drittes Kind stützt sich auf den Schultern der Partner/innen auf und steigt von hinten auf die Oberschenkel, indem es jeweils den jeweiligen Fuß nahe der Hüftbeuge auf die Oberschenkel der Partner/innen setzt und sich beim Steigen an den Schultern leicht hochzieht. Die Unterpersonen umklammern mit ihrem Unterarmen den Oberschenkel. Die Oberperson löst nun die Hände von den Schultern, um sie in die Seithalte zu heben.

Mit jeweils zwei Kindern mehr läßt sich dies als Kette fortsetzen **(Abb. 49)**.

Hinweis: Das Aufsteigen von einer Erhöhung erleichtert das schnelle Gelingen.

Aufsteiger zum Schultersitz und Übereinanderstehen

Schultersitz

Für das Sitzen auf den Schultern eines/r Partners/in befindet sich das aufsteigende Kind hinter dem tragenden und faßt die hochgehaltenen Hände. Als Einstieg sollten die jeweils tragenden Kinder auf einem kleinen Kasten sitzen. Damit ist das Balancehalten des Körpers unter der Belastung eines aufsteigenden und auf den Schultern sitzenden Kindes erleichtert. Zudem ist das Einnehmen einer Hohlkreuzbildung unter Belastung vorgebeugt. Das aufsteigende Kind steigt ebenfalls von einer Erhöhung auf die Schultern, um den Körperschwerpunkt

Abb. 49

schon fast auf Sitzhöhe zu haben. In weiteren Versuchen kann danach von einem hohen Kasten auf das stehende Kind geklettert werden, später dann das Aufsteigen mit Aufsteigen über die Oberschenkel geübt werden. Schließlich steigt das Kind in der vierten Lernstufe am Boden stehend auf den/die im leichten Grätschstand mit gebeugten Knien stehende/n Partner/in auf **(Abb. 50a)**.

Die Krönung: Das ÜbereinanderStehen!

Das aufsteigende Kind kann auch zum Stand auf die Schultern klettern. Die methodische Heranführung mit Gerätehilfen erfolgt ähnlich wie beim Schultersitz (s.o.). Das tragende Kind umfaßt mit Lösen der Handhaltung und Aufrichten der Oberperson von hinten die Waden des stehenden Kindes **(Abb.51)**.

Kombinationen von akrobatischen Figuren

Es soll abschließend auf die unzähligen Möglichkeiten der Kombinationen von Grundfiguren zu mehreren Kindern hingewiesen werden. Stand- und Kniewaagen, Kopfstände und gehaltene Handstände runden das Bild einer gelungenen Gruppenfigur oder sogar Gruppenpyramide ab. Dabei müssen die Aufbauten nicht immer ein symmetrisches Bild geben. Spannender sind oftmals die einfachen, aber in sich verschiedenartigen Figuren **(Abb. 51)**.

Für weitere, vor allem anspruchsvollere Anregungen soll auf die Literaturhinweise am Ende des Buches verwiesen werden.

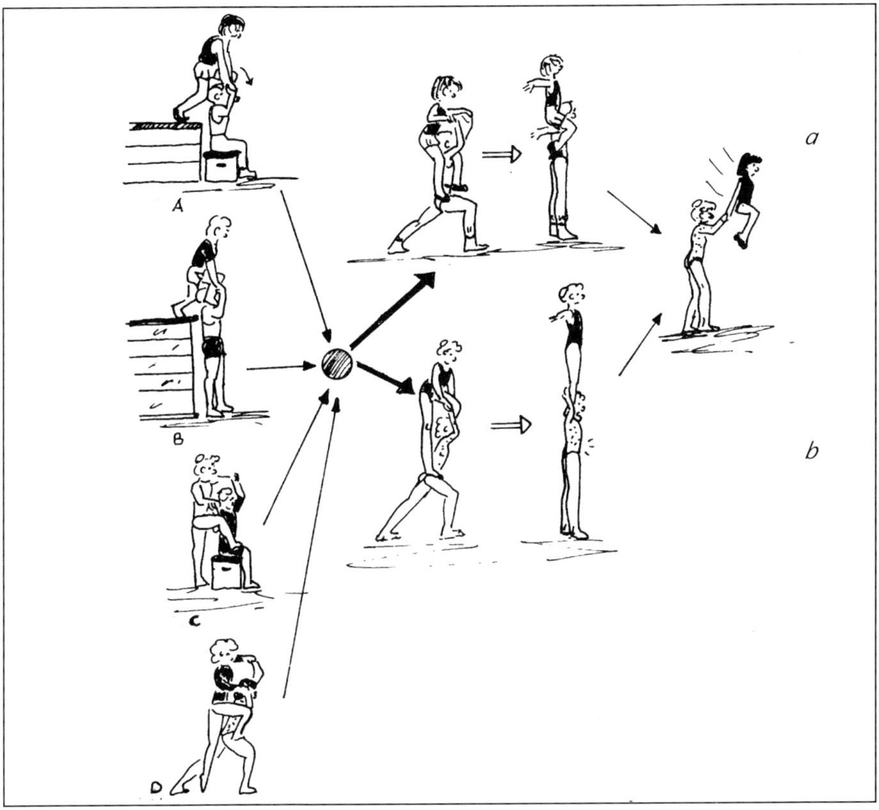

Abb. 50 a+b

Abb. 51

Foto: I. Gerling

2. ZWEITE STUFE: EINFACHES HELFEN

Der/die Übungsleiter/in bzw. der/die Lehrer/in sollte *jede Chance nutzen,* um den Kindern in einfachen, überschaubaren Situationen Hilfegebung erfahren zu lassen. Die Lehrkräfte müssen jede Turnsituation überprüfen, ob Hilfegebung nicht einzubeziehen ist. Die Kinder können zum Beispiel andere Kinder selbstständig an die Geräte heben und Landungen durch Auffangen am Bauch und Rücken absichern. Die Lehrkräfte sollten ständig zu solchen helfenden Handlungen ermutigen. Mit solchen Aufgaben wachsen die Kinder in die komplexeren Hilfegebungen ganz natürlich hinein, und Hilfegebung wird zur Selbstverständlichkeit.

Ein Einstieg in die Hilfeleistung an allen Geräten kann über einfache Helfer/innenhandlungen erfolgen. Diese sind vom Helfer/innengriffansatz her unkompliziert, die Standortwahl ist zunächst von untergeordneter Bedeutung und ein fehlerhaftes Helfer/innenverhalten ist für den/die Übende/n noch ungefährlich. Nachfolgend werden einige Beispiele hierfür gegeben.

Balanciergeräte

Balancierhilfe
Zu dritt stellen sich die Kinder an den Geräten, die zu überbalancieren sind (z.B. Rundbalken und/oder Lüneburger Stegel und/oder umgedrehte Schwebebank und/oder Übungsbalken und/oder niedriger Schwebebalken) auf. Die Kinder reichen sich als Kette im Querverhalten zum Balanciergerät die Hände: Das mittlere Kind balanciert über das Gerät und probiert kleine Sprünge und Hüpfer aus, die beiden anderen gehen, die Helfer/innenhand reichend, seitlich am Balken mit.
Variation: Die Kinder üben paarweise, ein Kind reicht dem anderen die Hand und gibt Balancierhilfe. Führt der/die Übende eine Drehung aus, werden die Hände gewechselt.

Sicherheitsstellung beim Balancieren
— Ein/e Helfer/in hält die Helfer/innenhand in Rumpfhöhe des/der Balancierenden, der/die im Bedarfsfall diese greifen kann **(Abb. 52)**.
— Ein bis zwei Helfer/innen sichern durch Bereithalten der Hände vor dem Bauch und dem Rücken.

Abb. 52

Landungssicherung bei Niedersprüngen

Der/die Übende springt vom Rundbalken, dem Schwebebalken oder der durch Kästen erhöhten Bank einen Strecksprung. Ein bis zwei Kinder versuchen, den Körper des/der Turnenden noch vor der Landung zu „schnappen" und durch „eingabeln" mit der nahen Hand am Rücken und der fernen Hand am Bauch sowohl ein Zurück- als auch ein Nachvornefallen zu verhindern (vgl. Abb. 71).

Hang- und Stützgeräte

Griffsicherung am Handgelenk

— Ein Kind hängt jeweils an den Tauen, Ringen, am Parallelbarren oder schwingt am Reck im Hockhang. Zwei Kinder umfassen mit beiden Händen jeweils ein Handgelenk des/der Hängenden und sichern es gegen ein Abrutschen ab.
— Ein Kind turnt das Überdrehen vorwärts oder rückwärts gehockt, zwei Kinder sichern am Handgelenk (vgl. Abb. 116).

Stütz und Sprung in den Stütz

Die einfachste Hilfe ist, die gefalteten Hände (wie zum Aufsteigen auf ein Pferd) zum Aufsteigen, als erhöhte Abdruckfläche zum Hochheben in den Stütz, anzubieten.

Mit Abspringen zum Stütz empfiehlt sich folgende Hilfegebung: Zwei Kinder stehen auf Absprunghöhe und umfassen den Oberschenkel des turnenden Kindes. Der/die Turnende federt zweimal am Ort und springt dann in den Stütz. Die helfenden Kinder heben mit Stützgriff am Oberschenkel den Körper (-schwerpunkt) hoch an die Stützstelle (Reck/Holm). Auch um einen „herausgehobenen" Stütz zu erfahren, können ein bis zwei Kinder durch Umfassen der Oberschenkel das stützende Kind hochstützen.

Klimmzüge am Hockreck/Stufenbarren

Die Kinder umfassen mit beiden Händen jeweils einen Oberschenkel des hängenden Kindes. Mit jedem Klimmzug wird, da unter dem Körperschwerpunkt gefaßt, das turnende Kind hochgetragen (vgl. Abb. 117).

Rotations-, Abdruck- bzw. Hubhilfe beim Eindrehen zum Überdrehen rückwärts bzw. Einhängen eines oder beider Knie am Reck, Stufenbarren, Parallelbarren, an den Ringen oder Tauen.

Der/die Turnende geht in den Hockhangstand und reicht einem anderen Kind einen Fuß. Der/die Helfer/in führt den Fuß über den Kopf. Mit dieser erhöhten Abdruckstelle des angehobenen Beines kann durch Beugen des Beines der Körperschwerpunkt soweit angehoben werden, daß er über Kopf kommt. Viele Kinder gehen dabei mit dem freien Fuß an die Reckstange (o.ä. Griffstelle) und drücken sich mit Widerstand dieser in die Rückwärtsdrehung zum weiteren Abdrücken ab. Bei ganz schwachen Kindern wird das angehobene, erste Bein von der Hilfegebung direkt zur Stange (o.ä.) geführt, um sich daran mit der Fußsohle festzuhalten. Dann können auch sie durch Heranführen des zweiten Beines und durch Anhocken der Beine den Körperschwerpunkt (Po) anheben und über Kopf bringen (vgl. Abb. 122a/b).

Absichern der Kniebeuge im Knieliege- oder Kniehang und beim Schwingen

Zunächst sichern zwei Kinder, dann nur noch ein Kind das Halten der tiefen Kniebeuge, indem sie mit beiden Händen leicht die Unterschenkel/ Füße abwärts drücken. Beim Schwingen müssen die Helfer/innen sich der Auf- und Abwärtsbewegung der Unterschenkel anpassen, um nicht einen zu starken Druck auf die Kniekehlen zu verursachen **(Abb. 53).**

Abb. 53

Landungssicherung bei Niedersprüngen und Abgängen

Der/die Übende springt oder turnt mit einer Fertigkeit vom Gerät. Ein bis zwei Kinder versuchen, den Körper des/der Turnenden noch vor der Landung zu „schnappen" und durch „Eingabeln" mit der nahen Hand am Rücken und der fernen Hand am Bauch sowohl ein Zurück- als auch ein Nachvornefallen zu verhindern (vgl. Abb. 54).

Beispiele :
— Rückschwung aus dem Stütz am Reck zum Stand.
— Unterschwung am Reck, Parallelbarren und an den Ringen.
— Absprung aus dem Sitz auf einem Holm oder vom Reck.

Kletterhilfe an den Tauen

Ein Kind springt an einem Tau in den Beugehang gehockt, ein/e Partner/in stellt sich an das Tau und umfaßt mit beiden Händen dicht unterhalb der Füße das Tau. Der/die Hängende kann sich daraufhin auf die Helfer/innenhände stellen und mit Strecken der Beine sich aufwärts abdrücken. Der Vorgang wird mit jedem Kletterzug wiederholt (vgl. Abb.118).

Sprunggeräte

Kletterhilfe auf Geräte

Kleinere Kinder können sich beim „Entdecken von Bewegungsmöglichkeiten" und beim Hindernisturnen über einen höheren Kasten beim Klettern eine Aufstiegshilfe geben. Wie bei der „Reiterhilfe" faltet das helfende Kind die Hände so, daß ein anderes Kind den Fuß daraufstellen kann. Mit Aufstützen auf das Gerät kann das kletternde Kind sich nun von den helfenden Händen hochdrücken, um mit dem Schwungbein auf das Gerät zu gelangen.

Landungssicherung

Der/die Übende springt vom Blockkasten oder Sprungkasten einen Strecksprung. Ein bis zwei Kinder versuchen den Körper des/der Turnenden noch vor der Landung zu „schnappen" und durch „Eingabeln" mit der nahen Hand am Rücken und der fernen Hand am Bauch sowohl ein Zurück- als auch ein Nachvornefallen zu verhindern **(Abb. 54)**.

Hinweis: Gleiche Hilfe wird bei Niedersprüngen und Abgängen an den anderen Geräten gegeben.

Abb. 54

Boden und turngymnastische Elemente

Strecksprung mit Partner/innenhilfe

Stützgriff am Oberarm. Zwei Helfer/innen stellen sich vor den/die Turnende/n und umfassen seinen/ihren Oberarm, indem die innere Hand in die Achsel greift und die äußere sich zu einer Umklammerung des Oberarmes schließt. Der/die Übende federt zweimal am Ort und springt mit dieser hochtragenden Hilfe der Helfer/innen zum Strecksprung ab. Die tragenden Helfer/innen müssen dicht an dem hochzutragenden Kind stehen und mit Absprung ihn/sie energisch hochstemmen (vgl. Abb. 64/65)!

Unterstützung fortlaufender gymnastischer Sprünge

Drei Kinder stellen sich nebeneinander, das mittlere ist der/die Springende. Die innere Hand greift von hinten unter den Oberarm/unter die Achsel des/der Springer/in, auf die äußere Hand legt das mittlere Kind seine Hand, um sich später auch noch selbst hochstützen zu können. Zunächst laufen die Kinder mit diesem Helfer/innengriff von einer Hallenseite zu anderen, um sich einem gemeinsamen Rhythmus anzupassen. Daraufhin wird das Laufen mit Schritt-, Pferdchen- und Schersprüngen durchgeführt, wobei die Helfer bei den Sprüngen den/die Übende/n hochstemmen (vgl. Abb. 73a-e).

Der/die Lehrende sollte als rhythmisierende Hilfe verbal die Bewegung begleiten: „Lauf-lauf- Pferd-chen-sprung, lauf ..." oder „Lauf-lauf- Schritt-sprung lauf ..."

Später sollten sich die Kinder verbal in der Kleingruppe selbst begleiten.

Stützübung (Schubkarre)
Ein Kind geht in den Liegestütz mit leicht gegrätschten Beinen. Ein/e Helfer/in geht zwischen die Beinen, umfaßt von außen die Oberschenkel und hebt
die Beine vom Boden. Stützend bewegt sich der/die
Turnende dann vorwärts **(Abb. 55a)**.

Abb. 55a

Hilfe bei Spannungsübungen aus der Rückenlage
und dem Liegestütz vor- bzw. rücklings
Ein/e Helfer/in stellt sich vor den/der Übenden in
die halbe Hocke, umfaßt die Füße und hebt mit angespannten Bauchmuskeln den Körper des/der
Übenden an **(Abb. 55b)**.

Abb. 55b

Aufstehhilfe bei der Rolle vorwärts
— Ein Kind stellt sich ca. einen halben Meter, mit
   dem Gesicht zum/zur Rollenden, vor seinen/
   ihren Aufstehpunkt. Es reicht dem/der Übenden
   zum „Schnappen" seine/ihre Hände und zieht
   ihn/sie hoch.
— Zwei Kinder stehen sich am Aufstehpunkt gegenüber (rechtwinklig zum/zur Rollenden) und
   reichen die ferne Hand dem /der Turnenden. Die
   nahe Hand geht unter den Oberarm und unterstützt das Aufrichten des Oberkörpers **(Abb. 56)**.

Abb. 56

Hilfe zur Einleitung der Rollbewegung
Zwei Kinder stehen Schulter an Schulter, ein drittes Kind hockt genau, sich mit den
Händen stützend, vor ihnen. Die Helfer/innen bieten nun ihre innere Hand zum
Hineinlegen der Füße des/der Turnenden an (Hocke beibehalten!). Die Helfer/in-
nen halten die Füße, während der/die Übende die Beine zur Einleitung streckt. Die
Helfer/innen können in Bewegungsrichtung etwas nachschieben (vgl. Abb. 75).

Handstand mit Geräthilfe
Der/die Übende macht vom Kasten oder vorlings an der Wand einen Handstand. Zwei Kinder stellen sich dicht an die stützenden Hände, umfassen den
Oberschenkel und stellen den/die Turnende/n in die Senkrechte und zum Gerät
wieder zurück (vgl. Abb. 59).

Partner/innen- und Gruppenakrobatik

Handreichungen oder Umfassung der Hüfte von hinten als Gleichgewichtshilfe beim Hinaufklettern auf die Unterperson

Bei Figuren, in denen ein Kind auf eine „Bank", die ein Kind gebildet hat, aufsteigt, sollte ein/e Partner/in als Balancierhilfe und Aufstützmöglichkeit die Hand reichen **(Abb. 57a u. b)**. Günstig ist auch das Umfassen der Hüfte von hinten. Noch größere Stabilität wird mit zwei Helfer/innen erreicht, die jeweils mit einer Hand unter die Achsel fassen und mit der anderen Helfer/innenhand stützend unter die Hand des/der Akrobaten/in gehen.

Balancierhilfe bei vollendeten Figuren

Generell kann, wie oben beschrieben, auch bei den vollendeten Figuren Gleichgewichtshilfe gegeben werden.

Bei Figuren, in denen ein Kind innerhalb einer Endpose die Balance versucht zu halten, kann zudem an seinen/ihren Händen oder Füßen **(Abb. 57c)** oder sonstigen günstigen Körperstellen **(Abb. 57d)** Gleichgewichtshilfe gegeben werden. Bei bestimmten Figuren kann, ohne daß die Hände gereicht werden müssen, *am Rumpf* ein Gegenstützen erfolgen **(Abb. 57d)**. Bei Vorführungen werden solche Gleichgewichtshilfen in eine Pose (z.B. Ausfallschritt mit Seithalten des freien Armes, Standwaage oder einen Schlußstand mit „gestalteter" Armhaltung) eingeübt **(Abb. 57d/e)**. Solche Unterstützung kann bei der Galionsfigur oder beim Aufsteiger auf den „Stuhl"**(Abb. 57e,** vgl. auch Abb. 48a und 48b) hilfreich bzw. notwendig sein.

Landehilfen

Bei Niedersprüngen von Personen wird oftmals mit Handhaltung zur Unterperson tragend-abstützend niedergesprungen (vgl. Abb. 50 a/b). Ergänzend können Helfer/innenkinder die Landung durch Abfangen am Bauch und Zurückhalten des Rückens (nahe Hand zum/zur Turnende/n) die Landung mit kontrollieren (vgl. Abb. 54).

Abb. 57 a-e

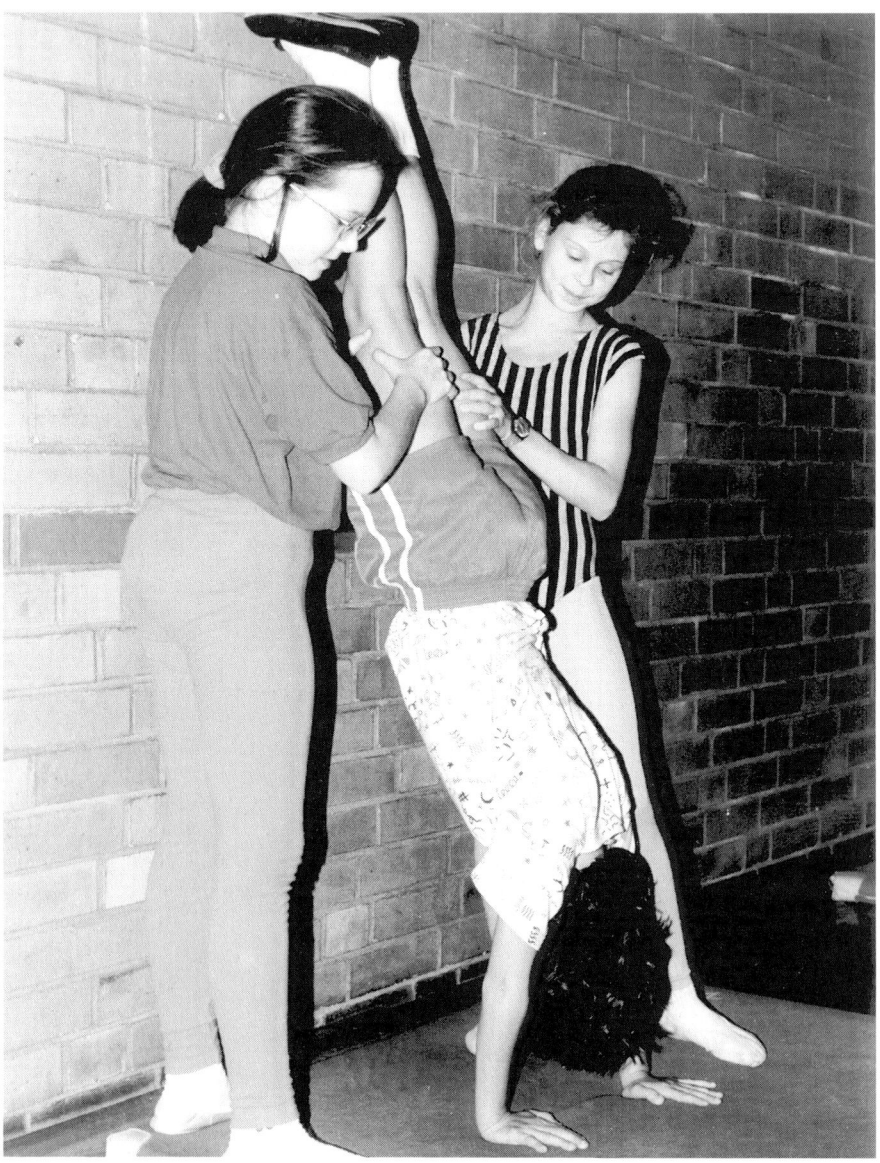

Foto: I. Gerling

3. DRITTE UND VIERTE STUFE: EINFÜHRUNG IN DIE TECHNIK DER HELFER/INNENGRIFFE

3.1 ZUR METHODISCHEN VORGEHENSWEISE

Da erfolgreiche Helfer/innenhandlungen von sehr komplexer Struktur sind, sollten Helfer/innengriffe und -verhalten in Teillernschritten erlernt werden. Wird ein Helfer/innengriff neu eingeführt, so kann folgende methodische Vorgehensweise angestrebt werden. Organisatorische Hinweise werden der Vollständigkeit halber mit angegeben. Zeitgleich werden in der Praxis in der Regel Hinweise und methodische Teillernschritte zum Fertigkeitserwerb gegeben. Eine Einbeziehung dieses Bereiches erfolgt aus Gründen des Umfanges und der themenbezogenen Darstellung der Einführung von Helfer/innentätigkeiten nicht. In Anlehnung an die Theorie des Kapitels A.I.2.(S. 21-24) wird zunächst ein allgemeiner methodischer Ablauf zur methodischen Einführung von Helfer/innengriffen und -handlungen beschrieben. Dieser Strukturierung folgend wird daran anschließend anhand von drei praktischen Beispielen die Vorgehensweise zum Nachturnen in den Übungsstunden gegeben.

Allgemeiner methodischer Ablauf innerhalb einer Unterrichtseinheit

● *Einstimmen auf Helfen und Sichern*
Die Kinder laufen kreuz und quer durch die Halle und bekommen zunächst Spielformen zum Wecken der Aufmerksamkeit und Reaktionsübungen gestellt. Es folgen je nach psycho-sozialen Problemen und Notwendigkeiten der Unterrichtsgruppe ausgewählte, weitere Aufgabenstellungen zum Miteinander, zum Beispiel für die Kooperationsbereitschaft (vgl. Praxisbeispiele Kapitel B I.1.1). In jedem Fall sollten aber Übungen zur Anpassung an den/die Partner/in und in einem höheren Niveau bekannte, einfache Helfer/innengriffe und -handlungen wiederholend angeboten werden. Diese können schon als Übergang zum Stundenthema am Gerät gegeben werden.

● *Beschreibung und Demonstration des Griffansatzes*
Die beobachtenden Kinder sitzen in zwei bis drei Meter Entfernung an einer Seite des Gerätes bzw. von dem/der demonstrierenden Lehrenden entfernt. Sofern die Fertigkeit es zuläßt, gibt der/die Lehrende durch Demonstration des Ge-

samtablaufes und des dazugehörigen Helfer/innengriffes einen ersten Eindruck, um nachfolgende Teillernschritte für die Kinder einordbar zu machen.

An einem *nichtturnenden* Kind wird der *Griffansatz* durch den/die Lehrende/n demonstriert, beschrieben, erklärt und mit Basaltext (Signalworte) belegt. Fachbegriffe können hierbei geklärt bzw. eingeführt werden (Beispiel: Klammergriff = Umklammern des Oberarmes oder Oberschenkels).

- **Erproben und Überprüfen des Griffansatzes**

Die Kinder erproben in Kleingruppen (in Dreiergruppen) an einem nichtturnenden, d.h. in Ruhe befindlichen Kind den Griffansatz aus. Günstig ist es, spielerische Aufgaben nach erstem Ausprobieren hierzu zu formulieren.

Als *Beispiel* Griffansatz zum Drehgriff vorwärts:
Die Kinder stellen sich als Dreieck zu dritt auf. Zwei Kinder sind Helfer/innen und stehen sich dabei, Hände auf den Rücken haltend, gegenüber. Das dritte Kind steht damit seitlich zu ihnen und hält die Arme in der Tiefrückhalte. Auf Zuruf drehen sich die Helfer/innen einmal um ihre Längsachse und sollen danach schnell im Drehgriff vorwärts den Griff am dritten Kind ansetzen. Die Kinder festigen hiermit nicht nur den neuen Griff, der/die Lehrende kann damit zudem den Automatisierungsgrad des Griffansatzes unter Zeitdruck überprüfen.

- **Erläuterung der Funktion und Wirkung des Helfer/innengriffes**

Die Kinder kommen nochmals zusammen und der/die Lehrende erläutert die Sinngebung des Helfer/innengriffes, demonstriert die Wirkungsweise und formuliert eine Aufgabe zur Erprobung.

- **Erproben der Wirkungsweise des Helfer/innengriffes in der Kleingruppe**

Die Kinder probieren die Wirkungsweise des neu zu erlernenden Helfer/innengriffes in einer einfachen, überschaubaren, ungefährlichen Situation aus.

Beispiel zum Stützgriff am Oberarm für die Hocke:
Die helfenden Kinder heben mit dem Stützgriff während eines Strecksprunges am Ort ihre/n Turnende/n hoch.

Beispiel zum Drehgriff vorwärts:
Die helfenden Kinder drehen mit dem Drehgriff vorwärts eine/n Turnende/n aus dem Stand so, daß er/sie einen „Diener" machen muß.

Aufgabenstellung zur Vertiefung: Das zu unterstützende Kind macht zwischen den helfenden Kindern einen großen Schritt mit einer halben Drehung und die beiden Helfenden müssen nun auf der anderen Seite den Drehgriff schnell ansetzen.

- **Der/die Lehrende demonstriert die gesamte Helfer/innenhandlung**

Die Kinder werden zu einem Beobachtungsstandort zusammengerufen. Der/ die Lehrende demonstriert mit einem kurz eingewiesenen Kind als Mithelfer/in an einem langsam turnenden Kind die komplexe Helfer/innenhandlung bezüglich Standort, Helfer/innengriff, Helfer/innenverhalten u.ä. Dabei begleitet der/die Lehrende mit Basaltext (Signalworten) die Demonstration (z.B.: „Hände vor", „Schaut zum Oberarm!", „Schnappt ihn!", „Tragt ihn/sie!", „Festhalten!").

- **Rückkopplung durch die Kinder: Kinderdemonstration**

Eine Kindergruppe macht exemplarisch das von dem/der Lehrenden Vorgemachte nach und zeigt damit, ob das Demonstrierte allgemein verstanden wurde. Der/die Lehrende kann korrigieren, Merkmale herausstellen und betonen, bevor alle wieder in ihre Kleingruppen zum Üben gehen.

- **Üben und Anwenden**

Die Kinder üben in Kleingruppen das Helfen. Der Lehrende beobachtet, korrigiert einzelne Helfer/innen (und Turnende) und unterbricht das Üben, wenn die Mehrheit der Helfer/innen (oder der Übenden) den gleichen Fehler zeigen. Als ergänzende Demonstration verdeutlicht er/sie die noch nicht verstandenen Helfer/innenaktionen oder Teile davon. Gegebenenfalls werden ergänzende, vertiefende Aufgabenstellungen neu hinzuformuliert.

3.2 PRAKTISCHE UNTERRICHTSBEISPIELE ZUR EINFÜHRUNG VON HELFER/INNENGRIFFEN

Anhand der oben erwähnten allgemeinen Beschreibungen zum methodischen Vorgehen wird als erstes Beispiel die Hilfegebung für das Aufschwingen in den Handstand bis hin zum anschließenden Abrollen aufgezeigt. Je nach Könnensstand der Übungsgruppe sind nicht alle methodischen Schritte als Einzellernschritte zwingend, sondern können hinsichtlich Informationsgabe auch zu einer Aufgabenstellung zusammengefaßt werden.

Auch sind nicht alle nachfolgend aufgeführten Schritte in einer Unterrichtseinheit zeitlich und von der Informationsaufnahme und dem motorischen Können der Kinder her durchzuführen. Lediglich in der studentischen oder Übungsleiter/innenausbildung kann als Komplex zur Demonstration alles durchgespielt werden.

Die ersten Schritte werden für die Anfänger/innen (auch bezüglich Hilfegebung), die nachfolgenden für die späteren Unterrichtsstunden empfohlen.

ERSTES BEISPIEL:
VOM WANDHANDSTAND ZUM HANDSTAND ABROLLEN IN DER BEWE-
GUNGSVERBINDUNG

Als Einstimmung für die Unterrichtseinheit sollten neben dem einstimmenden Laufteil zu Übungsbeginn Aufgaben zum Stütz und der Körperspannung erfolgen, dies vorzugsweise als Partner/innenübungen.

Wandhandstand
Die Kinder befinden sich in Dreiergruppen nebeneinander mit jeweils einer Matte an einer Wand. Der/die Übende geht in den Hockstütz rücklings zur Wand und klettert mit den Füßen die Wand hoch zum Wandhandstand.

1. Helfer/innenaufgabe
Nach Demonstration des/der Lehrenden stehen die Helfer/innen seitlich neben dem /der Übenden und *korrigieren taktil und verbal* die Körperhaltung.
Beispiel: Sie „piksen" mit dem Zeigefinger in den Po, um die Anspannung zu überprüfen und bewußt zu machen. Sie können dabei: „Kneif den Po zusammen!" sagen. Sie weisen korrigierend auf ein Hohlkreuz oder einen zu starken Hüftwinkel hin.
Intention: Einstimmung auf den/die Partner/in und Schulung des Bewegungssehens.

2. Helfer/innenaufgabe
Nach Demonstration des/der Lehrenden setzen die Helfer/innen *den Helfer/innengriff* an einer *ruhigen Person* an. Sie umfassen jeweils einen Oberschenkel **(Abb. 58)** und bewegen den/die Übenden von der Wand weg, dann führen sie ihn/sie wieder zurück.
Intention: Einführung des Helfer/innengriffes bei ruhigem Körper des/der Übenden.

Abb. 58

3. Helfer/innenaufgabe
Der/die Übende wird mit o.g. Helfer/innengriff in die Senkrechte *gehoben* (Ausgleich des Hüft- und Arm-Rumpfwinkels und des Hohlkreuzes).
Intention: Verdeutlichen der Helfer/innenfunktion „Tragen".

4. Helfer/innenaufgabe
Der/die Übende schwingt mit einem Bein durch Abdrücken von der Wand ab, schließt schnell die Beine und die Helfer/innen *„schnappen"* die Oberschenkel.
Intention: Anwendung des Helfer/innengriffes unter beschleunigten Bedingungen.

5. Helfer/innenaufgabe
Dem/der Übenden wird beim Abschwingen von der Wand und beim Stehen im Handstand „soviel wie nötig – so wenig wie möglich" an Hilfe gegeben. Es wird nur noch mit „Fingerspitzengefühl" begleitet.
Intention: Erlernen der Fähigkeit des Begleitens.

6. Helfer/innenaufgabe
Leistungsstarke Kinder turnen die o.g. Übung alleine. Die helfenden Kinder stehen mit ausgebreiteten, in Bereitschaft gehaltenen Armen seitlich und sichern die Bewegung ab, um gegebenenfalls bei einem Umfallen das turnende Kind daran zu hindern.
Intention: Erlernen der Fähigkeit des Sicherns.

Variation: Handstand aus der Bauchlage vom Kasten
Alternativ zum Wandhandstand *oder* als Vertiefung, Wiederholung beziehungsweise zur Festigung wird das Turnen des Handstandes am Kasten angeboten. Das turnende Kind springt am Kasten in den flüchtigen Stütz, senkt sich in die Bauchlage ab und stützt sich am Kasten entlang abwärts. Die Hände werden ca. 50 cm vom Kasten entfernt auf den Boden aufgesetzt. Die Helfer/innenaufgaben werden wie beim Wandhandstand durchgeführt **(Abb. 59)**. Dann wird das turnende Kind wieder auf den Kasten zurückgelegt und es stemmt sich in den Stütz wieder hoch. Alle weiteren Übungsaufgaben entsprechen denen der für den Wandhandstand vorgeschlagenen.
Hinweis: Gleicher Aufbau kann auch für die Einführung zum Handstand abrollen eingesetzt werden (s.u.).

Abb. 59

Aufschwingen in den Handstand

1. Helfer/innenaufgabe

Das turnenden Kind stellt sich in Schrittstellung, die Arme in Hochhalte genommen, vor einer Längsmatte auf. Die Helfer/innen stehen in Schrittstellung, rechtwinklig zum turnenden Kind, voreinander auf der Matte. Beide Helfer/innen strecken die nahen Hände entgegen. Die dem turnenden Kind jeweilig

Abb. 60

nahen Hände gehen dem Oberschenkel des/der Übenden entgegen **(Abb. 60)** und heben die Beine mit Aufschwingen zum Handstand in die Senkrechte. Die ferne Hand kommt schnell hinzu und umschließt von hinten den Oberschenkel. Das turnende Kind wird im Handstand nach oben „getragen", beim Aufschwingen verhindert die zweite Hand ein Umfallen bei zuviel Schwung. Damit „schnappen" sie zum frühestmöglichen Zeitpunkt die Oberschenkel und begleiten mit beiden Händen das Einnehmen des Gleichgewichtszustandes (vgl. Abb. 77). Mit Absenken des Landebeines muß der Körperschwerpunkt in der Hüfte hochgehalten werden (die „nahen" Hände können bei erfahrenen Kindern in die Hüftbeuge runterrutschen, um den Körperschwerpunkt dort hochzuhalten), bis das Landebein relativ dicht an die stützenden Hände aufgesetzt hat.

Intentionen: Kennenlernen der unterschiedlichen Funktionen der Tätigkeiten der Helfer/innenhände beim Aufschwingen zum Handstand unter beschleunigten Bedingungen sowie des Handlungsverlaufes „Entgegengehen-Mitgehen-Halten in der Endposition" und Helfen bis Übungsende.

2. Helfer/innenaufgabe

Aufschwingen zum Handstand unter beschleunigten Bedingungen. Beide Helfer/innen strecken die nahen Hände entgegen, „schnappen" zum frühestmöglichen Zeitpunkt die Oberschenkel und begleiten mit beiden Händen so das Einnehmen des Gleichgewichtszustandes (vgl. Abb. 77).

Intention: Schulung der Handlungskomplexe „Entgegengehen-frühes Eingreifen-Unterstützen" in einer beschleunigten Situation.

3. Helfer/innenaufgabe

Aufschwingen zum Handstand und Hilfegebung nur „soviel wie nötig – so wenig wie möglich". Abbau der Hilfegebung und nur noch ein Kind begleitet die Bewegung.

Intention: Üben der Bewegungsbegleitung.

4. Helfer/innenaufgabe
Aufschwingen zum Handstand. Ein Kind sichert die Bewegung durch abwartendes Verhalten, Halten der Hände in Stützgriffhaltung oder geöffnete Armhaltung zum Abfangen im Falle des Umfallens.
Intention: Verdeutlichen der Aufgabe „Sichern".

Handstand abrollen
— Aus dem Wandhandstand,
— aus dem Handstand vom Kasten,
— aus dem Aufschwingen in den Handstand.
Helfer/innenaufgaben
Die Helfer/innen umfassen die Oberschenkel und tragen den Übenden in die Rollbewegung hinein (vgl. Abb. 78a/b).
Intention: Bewegungsunterstützung und -steuerung durch die Helfer/innen.

Bewegungsverbindung:
Handstand abrollen, Strecksprung, Anlauf und Pferdchensprung
Helfer/innenaufgaben
— Umfassen der Oberschenkel beim Handstand abrollen und Bewegungslenkung.
— Unterstützen der Strecksprung- und Pferdchensprungbewegung durch Heben des/der Übenden mit der nahen Hand unter der Achsel und Anbieten der fernen Hand zum Aufstützen für den/die Übende/n (vgl. Abb. 73 und 78).
Intentionen: Anwendung verschiedener Helfer/innengriffe mit unterschiedlichen Funktionen, Standortwechsel während des Helfens, Mitgehen bei einer fortlaufenden Bewegung, Bewegungslenkung, -unterstützung und Bewegungsbegleitung.

ZWEITES BEISPIEL: AUFSCHWUNG AM RECK

Das turnende Kind steht hinter der Reckstange, zwei helfende Kinder stehen im Querstand seitlings vor der Reckstange, frontal zueinander. Vorbereitend gehen die helfenden Hände dem noch stehenden Kind entgegen und fassen schon mit der nahen Hand (zur Reckstange) oberhalb und der anderen Hand etwas unterhalb des Gesäßes den zu tragenden Körper. Dicht an dem/der Übenden stehend, sollen die Helfer/innen mit gebeugten Armen anschließend mit der Aufschwung- oder Aufzugbewegung den Körperschwerpunkt unterstützend anheben **(Abb. 61)**.

Abb. 61

1. Helfer/innenaufgabe

Ein turnendes Kind steht mit Ristgriff vor der Reckstange, ein Bein zum Schwungholen nach hinten genommen.

Bei kleineren, helfenden Kindern empfiehlt es sich nun, wie folgt zu beginnen: Beide Kinder stehen sich vor der Reckstange gegenüber und fassen sich an den Händen, um damit den Abstand zueinander und das Verhalten zum Gerät (Querstand seitlings) festzulegen. Dann drehen sie die gefaßten Hände vor den Bauch des turnenden Kindes, lösen die Handfassung, um die Hände hinter den Po zum Tragen zu bringen (Handinnenflächen zum Po).

Das turnende Kind schwingt, um in den Bewegungsrhythmus zu kommen, zweimal das Schwungbein vor. Beim dritten Mal turnt es mit tragender Unterstützung der beiden helfenden Kinder, die die Hüfte zudem an die Stange lenken, einen Aufschwung. Sie müssen solange „schieben", bis sich der Körperschwerpunkt (Hüfte) auf der Stange befindet.

Intention: Kennenlernen des Standortes, des Helfer/innengriffes und der Helfer/innenfunktionen.

2. Helfer/innenaufgabe

Das turnende Kind turnt den Aufschwung mehrmals hintereinander, indem es nach Erreichen des Stützes (über den Rückschwung in den flüchtigen freien Stütz) wieder abspringt, um dann erneut aufzuschwingen. Damit müssen die helfenden Kinder dem turnenden Kind unter der Reckstange entgegengehen, die helfenden Hände ihm/ihr entgegenstrecken und erneut die Hände unter das Gesäß bringen. Dann tragen und lenken sie wieder den Körperschwerpunkt an bzw. auf die Reckstange. Bei einem weiteren Durchgang sollte das turnende Kind zunehmend mit der Landung fast prellend sofort zum zweiten, dritten .... Aufschwung abspringen. Sehr viel schneller müssen die Kinder nun ihren erlernten Helfer/innengriff ansetzen.

Intentionen: Festigen eines erlernten Helfer/innengriffs mehrmals hintereinander in der unmittelbaren Wiederholung, Lernen der schnellen Anwendung eines gleichen Helfer/innengriffes und erstes Helfen bzw. Begleiten einer Übungsverbindung (hier bei einer Aneinanderreihung einer gleichen Fertigkeit).

3. Helfer/innenaufgabe

Das turnende Kind turnt ein bis zwei Aufschwünge und die helfenden Kinder begleiten die Bewegung, mit beiden Händen das Gesäß „berührend" nach dem Prinzip „Soviel wie nötig – so wenig wie möglich". Bei den weiteren Durchgängen begleitet nur noch ein Kind den Ablauf mit „Fingerspitzengefühl".

Intention: Erlernen der Bewegungsbegleitung mit „Fingerspitzengefühl" bezüglich Zeitpunkt und Dosierung des Krafteinsatzes.

4. Helfer/innenaufgabe

Bei leistungsstärkeren Kindern kann nun *mit einem Sicherheit gebenden Kind* geturnt werden. Das turnende Kind turnt einen Aufschwung. Das sichernde Kind geht nicht mehr der Aufschwungbewegung entgegen, sondern steht mit in Bereitschaft gehaltenen Armen aufmerksam vor der Stange, beobachtet den Bewegungsansatz (um daraus Rückschlüsse für ein Gelingen zu erhalten) und den weiteren Verlauf, um im „Notfall" mit dem erlernten Helfer/innengriff dem turnenden Kind hochzuhelfen.

5. Helfer/innenaufgabe

Das turnende Kind turnt nun eine Bewegungsverbindung mit zwei nacheinander anzusetzenden, unterschiedlich auszuführenden Helfer/innengriffen und -verhalten. **(Abb.62.1-62.6)**

Abb. 62.1-6

—   Aufschwung in den Stütz (1,2), Rückschwung (3) und Landung mit sofortigem Absprung (4) zum zweiten Aufschwung (5) (Hilfegebung/Bewegungsbegleitung oder Sicherheitsstellung, je nach Bedarf, wie oben beschrieben) und Niedersprung.

—   Laufen durch die Spannbeuge (Hangstandlaufen) mit Lösen der Hände oder Unterschwung (6) aus dem Stand (je nach Können der Kinder). Die helfenden Kinder gehen ca. einen halben Meter von der Stange weg. Das turnende Kind führt die Abschlußbewegung aus und die helfenden Kinder gehen dem herannahenden Körper entgegen. Die nahen, helfenden Hände „holen sich" den Rücken, um ein Zurückfallen zu verhindern und das Aufrichten zu unterstützen. Die fernen Helfer/innenhände gehen vor den Bauch und verhindern ein Nachvornefallen. Vereinfacht kann den Helfenden gesagt werden, daß sie das turnende Kind „schnappen" sollen (vgl. Abb. 62.6).

Intention: Anwendung des neu erlernten Helfer/innengriffes zweimal hintereinander in Kombination mit einem weiteren Helfer/innengriff und mit Standortveränderung.

DRITTES BEISPIEL: STÜTZGRIFF FÜR DIE SPRUNGHOCKE AM KASTEN

Erster Abschnitt: Einführung ohne Sprunggerät am Ort in einer überschaubaren und ungefährlichen Situation

Für die nachfolgenden Aufgaben werden zunächst Dreiergruppen gebildet. Pro Übung ist jedes Kind einmal Übende/r und einmal rechte/r sowie linke/r Helfer/in.

1. Helfer/innenaufgabe
Die zwei helfenden Kinder stehen frontal vor dem später zu unterstützenden Kind, das in Folge zwei Federungen (Schlußsprünge) am Ort mit einer anschließenden hohen Prellfederung (gespannter Absprung) macht. Die Arme bleiben dabei für den späteren Griffansatz unten. Die helfenden Kinder versuchen, sich bei dieser vorgegebenen Bewegung dem turnenden Kind anzupassen, indem sie die Sprünge spiegelbildlich kopieren. Dann Wechsel der Rollen.
Intention: Einstimmung an das zu unterstützende Kind und seinen Bewegungsablauf und Anpassung beider helfenden Kinder.

2. Helfer/innenaufgabe

Der/die Übungsleiter/in bzw. Lehrer/in demonstriert und erläutert den Griffansatz an einem Kind. In Dreiergruppen probieren jeweils zwei Kinder an einem stehenden Kind den Griff aus.

Intention: Einführung des Helfer/innengriffes „Stützgriff" (Klammergriff) bei ruhigem Körper des später zu unterstützenden Kindes (**Abb. 63**).

Abb. 63

3. Helfer/innenaufgabe

Die helfenden Kinder umfassen jeweils mit dem Stützgriff einen Oberarm des anschließend springenden Kindes und heben es nach zwei Federungen am Ort (Schlußsprünge) mit dem dritten prellenden Absprung, so gut es geht, über Kopf in die Höhe.

Intentionen: Anpassung an das turnende Kind, den Bewegungsablauf und an das mithelfende Kind. Bewußtmachung der Funktion „Tragen" beim Stützgriff.

4. Helfer/innenaufgabe

Nach einer Demonstration und Erläuterung nachfolgender neuer Übungsschwerpunkte seitens des/der Lehrenden mit einem mithelfenden und einem turnenden Kind, umfassen die helfenden Kinder wieder mit dem Stützgriff den Oberarm, gehen dicht, mit gebeugten Armen an den/ die Springer/in heran und wiederholen die Aufgabe wie zuvor. Sie sollen jetzt zudem dicht am eigenen Körper und sehr energisch den/die Springerin hochstemmen und durch Armstreckung nach oben mit dem Stützgriff hochtragen (**Abb. 64**).

Abb. 64

Intention: Verdeutlichen des optimalen „Tragens" beim Stützgriff durch den dichten Standort am turnenden Kind und den energischen Krafteinsatz beim Unterstützen.

5. Helfer/innenaufgabe

Die helfenden Kinder stehen Schulter an Schulter in Schrittstellung (inneres Bein vorgestellt) vor dem springenden Kind und greifen mit der „inneren" helfenden Hand wieder unter die Achseln (Innenseite des Oberarmes) und mit der „äußeren" Hand an die Außenseite des Oberarmes. Mit Absprung zum dritten hohen Sprung ziehen die Helfenden den/die Springerin zu sich heran und stemmen sie wieder hoch. Dies läßt der/die

Abb. 65

Lehrende anhand einer Dreiergruppe zunächst demonstrieren, um es dann von allen anderen nachvollziehen zu lassen.
Intentionen: Kennenlernen der späteren Position am Kasten und Einnehmen der Position „Schultersperre" **(Abb. 65).**

6. Helfer/innenaufgabe
Die helfenden Kinder sollen nun mit dem gelernten Helfer/innengriff und dem bisher gelernten Verhalten („Schultersperre") das turnende Kind aus einem kleinen Anlauf und Absprung heraus unterstützen. Sie müssen hierzu mit dem springenden Kind, das in ca. drei Metern Entfernung steht, Blickkontakt aufnehmen und ihm/ihr die helfenden Hände in eingenommener Stützgriffhaltung entgegenstrecken. Mit Anlauf-Absprung zum abgeprellten Strecksprung „schnappen" die Helfenden mit Stützgriff die Oberarme und ziehen sich das turnende Kind zum Hochstützen heran. Dies läßt die/der Lehrende zuerst in einer Dreiergruppe vormachen, bevor die anderen es ausprobieren.
Intentionen: Kennenlernen der Aspekte „entgegengehen" und „frühes, schnelles Eingreifen" bei einem beschleunigten Bewegungsablauf.

7. Helfer/innenaufgabe
Die helfenden Kinder sollen nun mit dem gelernten Helfer/innengriff und dem bisher gelernten Verhalten („Schultersperre") das turnende Kind aus einem kleinen Anlauf und Absprung heraus unterstützen. Neu hinzu kommt, daß sie mit dem in der Luft befindlichen Kind, schnelle, kleine Schritte machend, *rückwärts* (ohne Frontveränderung!) *zurückgehen* sollen. Das innere Bein geht beim Rückwärtsgehen zuerst zurück.

8. Helfer/innenaufgabe
Variation am Sprungbrett:
Die helfenden Kinder stehen auf einer Längsmatte mit davorgestelltem Sprungbrett. Ein drittes Kind läuft mit mäßigem Tempo an und macht mit tiefgehaltenen Armen einen abgeprellten Strecksprung. Die helfenden Kinder stehen hinter dem Sprungbrett Schulter an Schulter, gehen dem turnenden Kind mit den Händen entgegen, fassen im Stützgriff zu und tragen das in der Luft befindliche Kind einen Meter rückwärts zur Landung auf der Matte. Erst mit der Landung zum ruhigen Stand wird der Stützgriff gelöst.
Intentionen: Anwendung des gesamten helfenden Handlungskomplexes in einer dynamischen, aber noch ungefährlichen Übungssituation und Bewußtmachung des Festhaltens bis zum Stand des „turnenden Kindes".

Zweiter Abschnitt: Einführung am Sprunggerät in einer überschaubaren und ungefährlichen Situation

Aufgaben am Längskasten

9. Helfer/innenaufgabe
Vor einen Längskasten wird ein Brett gestellt. Die helfenden Kinder stehen seitlich, das Kastenbein (!) vorgestellt, zu Beginn des Längskastens. Das turnende Kind steht auf dem Sprungbrett und stützt die Hände auf den Kasten. Die helfenden Kinder umfassen (noch leicht, um die einleitenden Bewegungen nicht zu stören) mit Stützgriff den jeweiligen Oberarm. Es federt zweimal, um beim dritten Mal, je nach Können, aufzuknien oder aufzuhocken. Die helfenden Hände tragen das turnende Kind auf den Kasten. Der/die Turnende richtet sich auf und geht an das Ende des Längskastens und springt mit gutem Landeverhalten als Vorbereitung auf die zweite Flugphase auf eine Matte runter.
Tip: Zwei weitere Kinder können bei diesem Strecksprung als Abgang vom Längskasten Landungssicherung am Rücken und Bauch geben (Unterrichtsintensivierung).
Intention: Bewußtmachung der fertigkeitsspezifischen Bewegungsunterstützung und -lenkung am Gerät in einer verlangsamten Situation.

10. Helfer/innenaufgabe
Das turnende Kind soll nun aus dem Anlauf vom Brett abprellen und auf den Längskasten knien bzw. hocken. Die helfenden Kinder stehen wieder zu Beginn des Längskastens im Querstand seitlings, das Kastenbein (!) vorgestellt, strecken dem auf sie zulaufenden Kind die Hände in Stützgriffhaltung entgegen und „schnappen" mit Stützaufnahme den Oberarm und tragen das turnende

Abb. 66 a-c

Kind auf den Kasten **(Abb. 66)**. Durch den Längskasten ist bei einem Versagen von den helfenden Kindern das nach vorne fallende, aufhockende Kind noch abgesichert, da der Längskasten mit seinem gepolsterten Kastendeckel noch eine Auffangfläche bietet.

Intention: Bewußtmachung des fertigkeitsspezifischen Handlungskomplexes der ersten Sprungphase in einer noch abgesicherten Situation.

11. Helfer/innenaufgabe

Nach dem Aufhocken/-knien stützt das turnende Kind ein- bis zweimal nacheinander vor und hockt mit den Beinen nach, bis es das Kastenende erreicht hat. Zwei weitere Helfer/innen (oder dieselben Kinder, die nun schnell hinter den Längskasten gelaufen sind) stehen Schulter an Schulter, inneres Bein vorgestellt, und umfassen den jeweiligen Oberarm von dem hockenden Kind, das nun vom Kasten als „Päckchen" abhockt. Die helfenden Kinder tragen es dabei vom Kasten.

Intention: Kennenlernen der Helfer/innenaufgabe in der zweiten Flugphase (bei gleichen Helferinnen (s.o.) in Kombination mit den Helfer/innenaufgaben der ersten Flug- und Stützphase, wenn auch zeitlich getrennt).

Aufgaben am seitgestellten Kasten: Auf- und Abhocken

12. Helfer/innenaufgabe

Die Kinder stehen hinter dem Kasten, die Hände zum Stützgriffansatz vorgehalten, und nehmen Blickkontakt zu dem turnenden Kind, das in einer Anlaufentfernung wartend steht, auf. Es läuft an und springt zum Aufhocken ab. Die helfenden Kinder versuchen, schnell den jeweiligen Oberarm zu „schnappen". Mit Aufrichten und Niedersprung geben sie Landungssicherung am Rücken und am Bauch („Sandwich").

Intention: Schnelles Zugreifen im Stützgriff erlernen mit Über-den-Kasten-Greifen der Arme.

13. Helfer/innenaufgabe

Die Kinder stehen hinter dem Kasten *Schulter an Schulter,* die Hände zum Stützgriffansatz vorgehalten, und nehmen Blickkontakt zu dem turnenden Kind auf. Aus dem Anlauf-Absprung springt es zum Aufhocken ab. Die helfenden Kinder greifen schnell den jeweiligen Oberarm im Stützgriff und halten den Arm weiter fest. Aus dem Hockstand hockt das turnende Kind mit kleinem unterstützenden

Absprung „als Päckchen" ab **(Abb. 67a).** Die Helfenden tragen das „Päckchen" nach hinten gehend vom Kasten herunter. Sie halten die Arme solange fest, bis das turnende Kind wieder die Beine zur Landung gegen den Boden gestreckt hat und gelandet ist **(Abb. 67b).**

Intentionen: Bewußtes Aufsuchen des Standortes zur Schultersperre als „Durchfallsperre", Erfahren der tragenden Funktion in der zweiten Flugphase und des Festhaltens bis zur Landung.

Abb. 67 a

Abb. 67 b

14. Helfer/innenaufgabe

Die Kinder stehen hinter dem Kasten Schulter an Schulter, die Hände zum Stützgriffansatz vorgehalten, und nehmen Blickkontakt zu dem turnenden Kind auf. Die turnenden Kinder hocken aus dem Anlauf zügig auf und wieder ab. Die helfenden Kinder greifen schnell im Stützgriff zu und lenken die Kinder über den Kasten. Mit der Landung *richten sie den Oberkörper auf* und halten den Arm weiter solange fest, bis das turnende Kind wieder ruhig gelandet ist.

Intentionen: Anwenden in einer beschleunigten Situation, Kennenlernen des Aufrichtens in der zweiten Flugphase und des Festhaltens bis zur sicheren Landung **(Abb. 67b).**

15. Helfer/innenaufgabe

Die Kinder wiederholen das Auf- und Abhocken aus dem Anlauf. Je nach Können der Kinder kann auf eine Bewegungsbegleitung nach dem Prinzip „soviel wie nötig – so wenig wie möglich" übergegangen werden. Bei leistungsstarken Kindern kann der/die Lehrende bestimmen, daß nur noch bei ihnen gesichert wird (Hände sind in Stützgriffhaltung in Oberarmnähe gehalten oder Landungssicherung am Rücken und Bauch).

Intention: Erwerben der Handlungsfähigkeit der Bewegungsbegleitung und des Sicherns.

Helfen, Bewegungsbegleitung und Sichern bei der Sprunghocke über den Kasten

16. Helfer/innenaufgabe

Aus dem Anlauf turnt das Kind nun eine *Sprunghocke.* Die helfenden Kinder stehen wieder mit Schultersperre hinter dem Kasten, nehmen Blickkontakt auf, strecken die helfenden Arme mit Stützgriffhaltung entgegen, greift mit Absprung schnell an die Oberarme, heben den/die Hockende über den Kasten, richten ihn/sie auf und gehen dabei (mit dem inneren Bein zuerst) zurück. Der/die Übende wird bis zum Schluß festgehalten (vgl. Abb. 95a-d).

Intention: Anwenden des gesamten bewegungsunterstützenden Handlungskomplexes des Helfens bei der Sprunghocke.

17. Helfer/innenaufgabe

Die Kinder wiederholen die Sprunghocke und die helfenden Kinder versuchen, bei den sprungsicheren mit „Fingerspitzengefühl" nur noch an den Punkten nach dem Prinzip „soviel wie nötig – so wenig wie möglich" zu helfen, wo sich die Bewegung als fehlerhaft zu entwickeln scheint (z.B. beim fehlenden Aufrichten in der zweiten Flugphase). Dann bilden sie eine Gasse und wiederholen bei sonst gleicher Aufgabenstellung die Tätigkeiten.

Intention: Anwenden der Bewegungsbegleitung bei der Sprunghocke bei geöffneter Helfer/innengasse als Übergang zum Sichern.

18. Helfer/innenaufgabe

Die Kinder wiederholen die Sprunghocke und die helfenden Kinder versuchen, bei den „leistungsstarken Springern/innen" nur noch zu sichern. Dazu bilden sie wieder, einen halben Meter im Querstand seitlings stehend, eine Gasse. Nach dem Stütz strecken sie dem springenden Kind die Arme entgegen. Die Landung sichern sie mit der kastennahen Hand hinter den Rücken gehend („hochholend", falls ein Zurückfallen droht) und mit der kastenfernen Hand vor den Bauch gehend (nicht in die Hüfte, führt zum Zusammenklappen!), um ein Nachvornefallen abzufangen.

Abb. 68

Zunehmend werden die sichernden Hände nur noch bereitgehalten, um in Problemsituationen mit dem Griff am Rücken und Bauch („Sandwich") die Bewegung aufzufangen. Schließlich sichert nur ein/e Helfer/in **(Abb. 68)**.

Intention: Anwenden der Bewegungssicherung bei der Sprunghocke.

Hinweise zur Anwendung der aufgeführten Helfer/innenaufgaben

— Nahezu alle aufgeführten methodischen Schritte zum Erlernen des Helfer/innengriffes „Stützgriff" können auf die Fertigkeiten Aufbücken bzw. Sprungbücke („Hocke mit gestreckten Beinen") und Aufgrätschen bzw. Sprunggrätsche übertragen werden.

— Die oben beschriebenen *18 Helfer/innenaufgaben* werden in *verschiedenen Übungsstunden* gestellt. Dabei sollte immer ein abgeschlossener Komplex (z. Springen am Längskasten oder Auf- und Abhocken vom seitgestellten Kasten oder die Sprunghocke über den Kasten) angeboten werden.

— In weiteren Stunden kann mit ausgewählten Helfer/innenaufgaben ähnlich die Sprunggrätsche (auch über den Bock, vgl. Abb. 97a) und dann die Sprungbücke (vgl. Abb. 97b) erarbeitet werden.

ANWENDUNG IN DER GERÄTEBAHN „RECK – BODEN – SPRUNG"

Mit dem Anwenden des bisher Erlernten in Übungsverbindungen werden die Helfer/innengriffe und -verhalten überlernt, trainiert, gefestigt und situativ verfügbar gemacht. Die Kinder müssen ständig die Helfer/innengriffe wechseln und die Standorte verändern. Damit wird eine ausgesprochen hohe Helfer/innenstufe erreicht bzw. nachgewiesen.

In Stichworten beschrieben, wird nachfolgend eine Gerätebahn aufgezeigt, in die die drei erlernten Helfer/innengriffe eingebunden sind. Zudem wird die choreografische Gestaltung des Miteinanderturnens einbezogen. Wenn an mehreren, parallel aufgebauten Stationen nach Musik das Gelernte am Stundenende vorgeführt werden kann, wird es zum Erfolg*erlebnis* für alle Beteiligten (zum Beispiel nach „Take Five" und „Trolly Song" von D. BRUBEK oder „Wheel of Fortune" und „All That She Wants" von ACE OF BASE oder „Macarena" von LOS DEL RIO).

Übungsablauf und Helfer/innentätigkeiten in einer Übungsverbindung (Abb. 69.1-69.14)
Aufschwung: Beide Hände unterstützen am Gesäß **(Abb. 69.1)**.

Umschwung: Beide Hände gehen schnell unter die Reckstange **(Abb. 69.2)** und unterstützen am Gesäß **(Abb. 69.3)**.

Unterschwung aus dem Stand: Die Helfer/innen gehen ca. einen halben Meter von der Stange weg **(Abb. 69.4)** und sichern die Landung durch „Eingabeln" an Bauch und Rücken **(Abb. 69.5)**.

Vorwärtshüpfen bis zur Matte: Die Helfer/innen bewegen sich im Seitgalopp synchron zum hüpfenden Kind mit **(Abb. 69.6)**.

Handstand, Abrollen, Strecksprung: Die Helfer/innen stehen schnell auf der Matte **(Abb. 69.7)** und umfassen mit dem Aufschwingen in den Handstand jeweils einen Oberschenkel **(Abb. 69.8)**, begleiten das Abrollen **(Abb. 69.9)** und sichern an Bauch und Rücken die Landung nach dem Strecksprung **(Abb. 69.10)**, (dies dient vorwiegend den Helfern/innen als Übung!) oder helfen beim Aufrichten mit Griff der nahen Hand unter der Achsel und der fernen Hand unter der turnenden Hand (vgl. Abb. 73b).

Anlauf und Pferdchensprung: Die Helfer/innen turnen synchron mit (oder unterstützen mit einer Hand unter der Achsel und der anderen unter der Hand des springenden Kindes) **(Abb. 69.11)**. Danach macht nur das in der Mitte turnende Kind eine halbe Drehung.

Anlauf Hüpfer Rad: Die helfenden Kinder turnen nun seitlich am Sprunggerät vorbei ein Rad **(Abb. 69.12)** und laufen hinter den Kasten/das Pferd/ den Bock zur Hilfegebung mit Stützgriff, während das mittlere Kind aus dem Anlauf-Anhüpfer ein Rad nach der halben Drehung weggeturnt hat, um Anlauf für den Sprung zu gewinnen.

Abb. 69 1-14

Sprunghocke (-grätsche ,-bücke): Das turnende Kind nimmt Anlauf zu einem Stützsprung und die helfenden Kinder unterstützen bis zur sicheren Landung mit Stützgriff **(Abb. 69.13)**.

„Endpose": Die Dreiergruppe beendet ihre Übungsverbindung in einer freigestalteten, abgestimmten „Endpose" **(Abb. 69.14)**.

4. SICHERN

Sichern bedeutet aufmerksam beobachten, mitdenken und mitbewegen. Über Blickkontakt zum/zur Übenden und mit bereitgehaltenen Händen müssen von den Helfern/innen Signale der Bereitschaft ausgehen. Immer wieder muß der/die Lehrende den Helfern/innen die Verantwortung für die Sicherheit des/der Partners/in bewußt machen. Fehlverhalten sollte deutlich von dem/der Lehrer/in und von den Mitschülern/innen untereinander konstruktiv kritisiert werden. Ungeübte Helfer/-innen weichen bei plötzlich auftretenden Fehlbewegungen häufig dem herankommenden Körper des/der Turnenden reflexartig aus. Sie gehen einen Schritt zurück, anstatt unterstützend, helfend heran- bzw. unter den/die Turnende/n zu treten. Sie sind danach selbst über ihre Reaktion betroffen. Dieses spontane Ausweichen kann abgebaut werden, indem der/die Unterrichtende frühzeitig auf Probleme der abzusichernden Bewegung hinweist und das Sichern bewußt über die Stufen des Helfenkönnens, des Bewegung-Begleiten-Könnens erlernen und es dann speziell einüben läßt.

Spielform

Zur Vorbereitung auf gute Reaktions- und Handlungsfähigkeit im „Falle eines Falles" beim Sichern kann zu Stundenbeginn ein Spiel durchgeführt werden.

Schaufensterpuppen!
Zunächst laufen die Schüler/innen frei in der Halle umher. Auf Zuruf des/der Lehrenden „Schaufensterpuppen!" bleiben sie wie erstarrt stehen (Reaktionsfähigkeit, Gleichgewichtsfähigkeit, Körperspannung).
Als Erweiterung der Aufgabe lassen sich die Kinder nach dem Erstarren als „Schaufensterpuppe" langsam zu Boden gleiten („ ... als ob die Luft rausgelassen wird").
Entspannt und schlapp liegen die Kinder am Boden; der/die Lehrer/in überprüft

dies an einigen Kindern, indem er/sie einen Arm oder ein Bein anhebt, der schlapp wieder herunterfällt.

Variation: Roboter (fallen lassen, da Batterie des Roboters leer ist).

Nach diesem einleitenden Spiel kann nach fünf bis sechs Durchführungen darauf aufbauend und direkt auf das Sichern vorbereitend folgendes kleines „Rettungsspiel" als Erweiterung durchgeführt werden:

Geheimzahl fällt! Rettet sie!

Jede/r Schüler/in merkt sich eine Zahl zwischen eins und zehn und behält diese für sich im Kopf. In einem begrenzten Raum (z.B. innerhalb eines Volleyballteilfeldes) laufen die Kinder kreuz und quer durcheinander. Der/die Lehrer/in ruft eine Zahl. Diejenigen, die diese Zahl für sich ausgewählt haben, erstarren kurz und lassen sich daraufhin ganz langsam – in „Zeitlupe" – auf den Boden absinken. Die anderen Kinder müssen versuchen, diese aufzufangen, ehe sie ganz zu Boden gesunken sind.

Balanciergeräte

Eine erste Einführung in das sichernde Verhalten erlernen die Kinder beim Begleiten eines anderen Kindes über ein Balanciergerät (Rundbalken, Schwebebank, Lüneburger Stegel). Balanciert ein Kind vorwärts, geht ein zweites Kind
– zunächst helfend durch Handreichung,
– dann begleitend, indem die flache Hand („als Tablett") für das notwendige Auflegen der Hand des balancierenden Kindes (= Serviette, die auf dem Tablett schwebt") **(Abb. 70)**,
– dann halten nur noch die Zeigefingerspitzen beider Kinder Kontakt und
– schließlich nur noch *sichernd,* das heißt beobachtend und abwartend synchron mit. Die Arme können als Zeichen der Bereitschaft dem balancierenden Kind entgegengehalten werden.

Bei Niedersprüngen wird, wie an den Sprunggeräten, die Landung durch Halten der Hände hinter dem Rücken und vor dem Bauch abgesichert **(Abb. 71)**.

Abb. 70   *Abb. 71*

Andere Geräte

Wie in vorhergehenden Kapiteln beschrieben, ist Sichern ein abwartendes, be-
obachtendes Verhalten während eines gesamten Bewegungsablaufes, um not-
falls mit einem Helfer/innengriff eingreifen zu können. In den ersten sichernden
Situationen muß den Kindern vor allem gesagt werden, *was* als möglicher Pro-
blempunkt bei einer entsprechenden Fertigkeit eintreffen kann. Es muß daraufhin von den Kindern verbalisiert werden, was sie in solch einem Fall *zu tun ge-
denken.* Der/die Übungsleiter/in bzw. der/die Lehrende muß die rettenden
Handlungen im Fall des Mißlingens den Kindern vorformulieren.
Sicherndes Verhalten kann als „Nicht-Ernst-Situation" am Boden und an den anderen Geräten gut geschult werden, wenn bei Landungen nach einem Streck-
oder Niedersprung das landende Kind mit der dem turnenden Kind nahen
Hand hinter dem Rücken und der fernen Hand am Bauch „umschirmt" wird.

„Big-Macs-Catchen" oder „Frikadellen mit Brötchen schnappen"

Zunächst umfassen sie noch richtig den Körper. Sie können spielerisch das Bild
eines Sandwiches oder eines „Hamburgers" erzählt bekommen, indem die
noch helfenden Hände die Brötchenhälften sind und das fliegende und landende Kind die „Fleischeinlage/die Frikadelle" ist, die gefangen werden muß.
„ ...wem entgleitet die Frikadelle?" (vgl. Abb. 3).
Zunehmend berühren die auffangenden Kinder immer weniger und dann nicht
mehr den Körper des/der Turnenden.

Beispiele für Landungssicherung am Boden
- Zwei Federungen (Schlußsprünge) am Ort und einen Strecksprung zur sicheren Landung in die Ruheposition,
- Anlauf und ein- oder beidbeiniger Absprung zum Strecksprung,
- Rolle vorwärts mit sofortigem Strecksprung,
- Rolle rückwärts mit anschließendem Strecksprung,
- Radwende, Zwischenfederung und Strecksprung zum Stand.

Beispiele für Landungssicherung am Reck
- Unterschwung,
- Rückschwung in den flüchtigen freien Stütz und Niedersprung,
- Abzug vorwärts in den Hang und Niedersprung,
- Schwingen im Hang,
- Sprung in den Streckhang an das Hochreck oder an den oberen Holm eines Stufenbarrens.

Sprunggeräte
- Niedersprünge bzw. Strecksprünge vom Kasten,
- Landung nach dem Abhocken vom Längskasten,
- Landung nach verschiedenen Stützsprüngen.

II Helfer/innengriffe und -verhalten

In diesem Abschnitt werden die Helfer/innengriffe und das Helfer/innenverhalten aller wesentlichen Fertigkeiten – geordnet nach Gerätgruppen – beschrieben. Dabei wird unterschieden zwischen dem Helfen, das die Kinder selbst ausüben können und dem, was nur der/die Lehrer/in machen sollte.

Zu den Begriffen „nahe" und „ferne" Helfer/innenhand
Bei der Erklärung von Helfer/innengriffen wird zur besseren Übertragbarkeit in die Praxis zum einen von der *fernen* und zum anderen von der *nahen* Hand gesprochen. Es wird dabei von einem Stand ausgegangen, wo die Körper*seite* des/der Helfer/in zum Gerät oder zu dem/der Turnenden weist. Damit ist eine helfende Hand dem/der Übenden bzw. dem Gerät *nah,* die andere helfende Hand fern (vgl. Abb. 73, 77, 111). Nachfolgend werden sie als die *körpernahe* bzw. *gerätnahe* Hand und als die *körperferne* bzw. *gerätferne* Hand bezeichnet.

Bildhafte Erklärungen der Helfer/innengriffe
So wie die bildliche Sprache beim Bewegungslernen hilfreich ist („Klein machen wie ein Päckchen", „Rollen wie ein Ball") soll diese Hilfe auch beim Helfen eingesetzt werden. Es ist überraschend, wie Kinder sich damit Helfer/innenhandlungen merken können.
Beispiele: Hebt oder unterstützt eine *nahe* Hand mit der Handinnenfläche den/die Turner/in, kann als Merkhilfe die Formulierung für den gestischen Ausdruck der Hand „Bitte sehr, turn'!" oder „Voilá" gegeben werden. Beim Erklären des Helfer/innengriffes kann der/die Lehrende damit zum Beispiel beim Aufschwingen in den Handstand verdeutlichend sagen: Streckt die dem/der Turner/in *nahen* Hände ihm/ihr entgegen und macht dabei eine Handbewegung, als ob ihr sagen wollt. „Bitte sehr ...". Die Handinnenfläche kann jetzt an den Oberschenkel zum Anheben gehen (vgl. Abb. 77).

Mit dieser ersten *körpernahen* Handbewegung werden *nahezu alle* tragenden Helfer/innengriffe eingeleitet: Fertigkeiten wie Aufschwung, Umschwung, Aufschwingen in den Handstand, Handstützüberschläge vorwärts und rückwärts, Salti vorwärts und rückwärts sowie die Rolle vorwärts auf dem Schwebebalken sind Beispiele hierfür.
Weitere Beispiele für bildliche Basaltexte wie „Krokodilgriff" („ ... und das Krokodil schnappt zu!") für Drehgriff oder „Anker auswerfen" für das Einhängen der Hand in die Schulter als Landungssicherung nach Überschlägen werden nachfolgend im Text erläutert.

Foto: J. Jacobs/M. Mahkorn

Schwierigkeitsgrad

Es werden Fertigkeiten mit sehr unterschiedlichem Niveau aufgelistet, da im Vereinsturnen in den Pflichtübungen Fertigkeiten geturnt und geübt werden, die in der Schule erst in höheren Klassenstufen (oder oft gar nicht) angeboten werden.

Für den Schwierigkeitsgrad der Fertigkeiten werden anschließend – unter Berücksichtigung der Hilfegebung – Sternchen vergeben.

Die Stufen werden wie folgt definiert:

★ Für Anfänger/innen: einfach zu turnen, keine oder einfache Hilfegebung.

★★ Für Kinder mit ersten Erfahrungen: anspruchsvollere Fertigkeit und Hilfegebung.

★★★ Für fortgeschrittene Turner/innen und Helfer/innen.

★★★★ Für leistungsstarke Turner/innen und Helfer/innen.

1. BODENTURNEN

Strecksprung★

— *Aus der Hocke:* Zwei Helfer/innen stehen Schulter an Schulter vor dem/der Turnenden, die innere Hand geht unterstützend unter die Achsel, die äußere Hand umfaßt das Handgelenk. **(Abb. 72)**.

Abb. 72

— *Aus dem Stand:* Zwei Helfer/innen stehen Schulter an Schulter vor dem/der Springenden, die innere Hand geht unter die Achsel, die äußere umfaßt den Oberarm mit dem Stützgriff. Der/die Springende federt zweimal am Ort, beim dritten Sprung tragen ihn/sie die Helfer/innen in die Höhe.

— *Aus und in der Fortbewegung:* Zwei Helfer/innen stehen neben dem/der Turnenden, fassen mit der *inneren, nahen* Hand unter die Achsel, die *äußere, ferne* Hand wird dem/der Partner/in zum Aufstützen hingehalten. Die Helfer/innen laufen mit dem/der Turnenden **(Abb. 73a)** und heben ihn/sie beim Absprung in die Höhe **(Abb. 73b)**.

Pferdchensprung (Abb. 73c) Scher- (Abb. 73d)★, Lauf- und Schrittsprung (Abb. 73e)★★

Für diese Sprünge gelten die gleichen Helfer/innengriffe wie für den Strecksprung.

Rolle vorwärts★

Bei der eigentlichen Rolle vorwärts sollten *sich die Kinder nicht helfen*, da sie zum Beispiel am Po schiebend beim Zurückrollen den Körper auf die Halswir-

Abb. 73 a-e

belsäule schieben. Dies ist gesundheitlich nicht verträglich. Bei Kindern, denen das Überkopfrollen nicht gelingt, kann der/die *Lehrer/in,* indem er/sie von vorne mit *beiden* Händen die Hüfte umfaßt und so das Gesäß über den Kopf hebt, die Rollbewegung einleiten **(Abb. 74).**

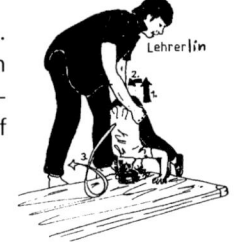

Abb. 74

Hilfeleistung der Kinder bei der vorbereitenden Übung zur Einleitung der Rollbewegung:
Um die Stützphase, das Hineintragen in die Rollbewegung und das Strecken der Beine zu verdeutlichen, können zwei Helfer/innen die Füße im Hockstütz des/ der Übenden halten. Sie stehen dazu Schulter an Schulter hinter dem/der im Hockstütz befindlichen Übenden und heben ihn/sie mit der inneren Hand durch Umfassen der Fußfesseln in den freien Hockstütz (gut gehockt bleiben!). Durch Strecken der Beine und Beugen der Arme rollt der/die Übende zur Rolle vorwärts **(Abb. 75)**.

Abb. 75

Rolle rückwärts★★

Aus den gleichen Gründen wie bei der Rolle vorwärts ist eine *Hilfegebung der Kinder untereinander grundsätzlich nicht angebracht.*
Bei leistungsschwachen Kindern, denen das Überkopfrollen nicht gelingt, kann der/die *Lehrer/in,* indem er/sie beim Zurückrollen von hinten *mit beiden Händen die Hüfte umfaßt* und *das Gesäß über den Kopf hebt,* die Rollbewegung einleiten **(Abb. 76)**.

Abb. 76

Hinweis: Wird die Rolle rückwärts auf einem zweiteiligen Kasten geübt, können zwei Kinder, seitlich am Kasten stehend, mit *beiden* Händen unter den Bauch des/der Turnenden gehend, das Gesäß (den Körperschwerpunkt) über die Stützstelle bzw. über den Kopf heben. Die Streckung der Arme wird damit ermöglicht. Der/die Turnende muß bei der Rollbewegung immer eine enge Hocke einnehmen.

Kopfstand★★

Ein turnendes Kind geht in den Hockstütz und setzt als Drei-Punkte-Dreieck Kopf und Hände auf. Ein bis zwei Kinder stellen sich auf gleicher Höhe seitlich daneben und umfassen die noch angehockten Beine, indem sie die Oberschenkel umfassen. Dazu müssen sie die Hände entgegendrehen (wie beim Drehgriff vorwärts/„Krokodilgriff", vgl. Abb. 110). Mit dem Strecken der Beine halten sie das turnende Kind mit Stützgriff in der Senkrechten.

Aufschwingen in den Handstand★★

Zwei helfende Kinder stehen rechtwinklig vor und seitlings zu dem/der Übenden. Die *nahe* Hand zeigt mit der Handinnenfläche nach oben (Gestik: „Bitte sehr, turn'!") und geht dem jeweiligen Oberschenkel des turnenden Kindes entgegen **(Abb. 77)**, um hebend das schwungvolle Aufschwingen von Beginn an zu unterstützen. Die *ferne* Helfer/innenhand umfaßt schnellstmöglich den Oberschenkel in der Senkrechten von hinten und sichert so vor einem Überfallen ab. Im weiteren Übungsverlauf wird das aktive Helfen zur Gleichgewichtshilfe mit „Fingerspitzengefühl".

Abb. 77

Handstand abrollen★★

Zwei Helfer/innen umfassen, wie beim Aufschwingen zum Handstand beschrieben, die Oberschenkel **(Abb. 78a)**. Mit dem Ansatz zum Abrollen führen die Helfer/innen den Handstand über die Senkrechte hinaus („Anfallen") und tragen den/die Turnenden langsam in die Rollbewegung hinein **(Abb. 78b)**. Dabei verhindern sie sowohl ein Überfallen mit gestreckter Hüfte als auch ein Zusammenklappen mit zu stark gebeugter Hüfte, indem sie das turnende Kind haltend in die leichte Hüftbeugung lenken.

Abb. 78a   *Abb. 78b*

Abb. 79   *a*   *b*

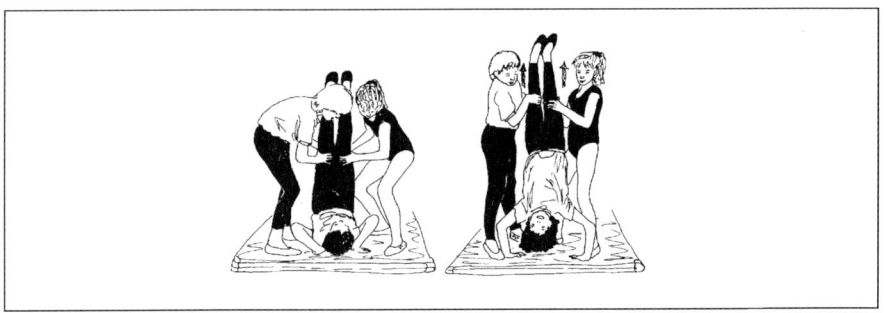

Abb. 80   *a*   *b*

Abb. 81   *a*   *b*   *c*

Erweiterung der Hilfeleistung

Die Helfer/innen helfen nach dem Abrollen beim Aufrichten in den Stand bzw. beim anschließenden Strecksprung **(Abb.79b)**, indem sie sich in Bewegungsrichtung mitbewegen, die nahe Hand unter die Achseln stemmend den Turnenden hochstützen und sich mit der fernen Hand für das turnende Kind zum Aufstützen anbieten **(Abb. 79b)**. Dieser Helfer/innengriff sollte zunächst aus dem Hocksitz eingeübt werden.

Rolle rückwärts in den Handstand★★

Beim Zurückrollen des/der Turnenden werden von zwei Helfer/innen zum frühestmöglichen Zeitpunkt die Oberschenkel umfaßt **(Abb. 80a)**. Die Helfer/innen stehen dazu schon zu Beginn auf Schulterhöhe **(Abb. 80a)** des/der Turnenden und ziehen ihn/sie in die Senkrechte **(Abb. 80/b)**.
Hinweis: Der Helfer/innengriff ist gut beim Zurückrollen in die Kerze einübbar. Die Helfer/innen müssen bei der Streckung zur Kerze schnell die Oberschenkel umfassen.

Rad★★

Kinder sollten beim Rad *keine* Hilfegebung geben, da die Verletzungsgefahr für die Helfer/innen groß ist (zum Beispiel könnten die Füße dem helfenden Kind in das Gesicht schlagen). Eine fachmethodische Hinführung (ausgehend vom Scherhandstand) mit Orientierungshilfen (Bodenmarkierungen, Seilchen, Gummischnur) ist ausreichend für das Erlernen dieser Fertigkeit.

Radwende★★

Wird die Radwende am Boden geturnt, ist wie beim Rad *keine* Hilfegebung der Kinder untereinander sinnvoll, da auch hier eine Verletzungsgefahr für die Helfer/innen gegeben ist (s.o.).
Hinweis: Wird im Rahmen der vorbereitenden Übungen die Radwende *von einer Erhöhung,* zum Beispiel Bank, zweiteiligem Kastensteg und ähnlichen Gerätearrangements geturnt, umfassen zunächst zwei Helfer/innen von hinten die Hüfte, lenken die Bewegung in die Senkrechte **(Abb. 81a)**, halten in der Handstandphase das Gleichgewicht **(Abb. 81b)** und drehen schließlich den Körper um die Längsachse zur Wende bzw. zur Landung **(Abb. 81c)**. Bei schwereren Kindern hilft der/die Lehrer/in zunächst als eine/r von zwei Helfern/innen mit. Mit Beschleunigung der Radwendebewegung hilft nur noch ein Kind mit *beiden* Händen an der Hüfte **(Abb. 82a/b)**.

Abb. 82   *a*   *b*

Abb. 83   *a*   *b*

Abb. 84   *a*   *b*   *c*

Radwende bei Fortgeschrittenen: Wird die Radwende dynamisch geturnt, können ein bis zwei Helfer/innen bei der Landung mit der *nahen* Hand unter den Körperschwerpunkt (Gesäß) gehen, um den Körper für einen anschließenden Strecksprung zu tragen und mit der *körperfernen* Helfer/innenhand stemmen sie sich gegen den Rücken (Schultergürtel = lange Hebel des Kraftansatzes), um eine Rückwärtsrotation des Körpers abzustoppen.

Handstützüberschlag vorwärts
einschließlich Bogengang vorwärts und Schrittüberschlag ★ ★ ★

Grundsätzlicher Helfer/innengriff
Die Helfer/innen bilden eine Gasse vor dem turnenden Kind. Wird der Überschlag langsam geturnt, knien die helfenden Kinder (**Abb. 83**), mit zunehmendem Können und aus dem Anlauf geturnt, wird stehend der Überschlag unterstützt und gelenkt.

– Die *körpernahe* Hand zeigt mit der Handinnenfläche nach oben (Handgestik: „Bitte sehr, turn'!") und geht dem turnenden Kind entgegen. Dann geht sie *zwischen Oberarm und Hals* („O-HA!") *an die Schulter* (**Abb. 83**), um den/die Turnende zunächst vom Boden zu heben und danach den Oberkörper aufzurichten (**Abb. 84**). Mit der Landung kann sie weiter vorrutschen, um sich an der Schulter „einzuhaken" (= „Anker auswerfen") (**Abb. 84**). Damit wird ein Nachvornefallen des Körpers verhindert. Dies kann der Fall sein, wenn der Überschlag von Gerätehilfen geturnt wird.

– Die *körperferne* Hand geht *unter den Körperschwerpunkt* (= Gesäß) (**Abb. 83**) und hebt den Körpermittelpunkt im Bewegungsansatz, um ihn dann mit dem Aufrichten des Oberkörpers wieder abzusenken. Damit wird gleichzeitig ein unterstützter Punkt als Widerlager für das Aufrichten des Oberkörpers zur Landung geboten (**Abb. 84a**).

Wird der Überschlag mit einem Nachvornefallen geturnt (z.B. von Erhöhungen), *wechselt diese „Gesäßhand" an den Oberarm* und umfaßt ihn von vorne. Mit diesem Umklammern nun beider Hände wird der Oberkörper *optimal aufrecht gehalten.* Da diese Helfer/innenhandlungen komplex sind, sind sie nur von Fortgeschrittenen und Übungsleiter/innen bzw. Lehrkräften umsetzbar (**Abb. 84c**).

Hinweis: Eine Unterstützung im Lendenwirbelbereich mit der fernen Hand ist abzulehnen, da

– der unerwünschten Hyperlordosierung (dem Hohlkreuz) Vorschub geleistet wird,

– die häufigen Kraftstöße der Helfer/innenhände in das Hohlkreuz nicht gesundheitsverträglich sind,

– der Stützpunkt damit oberhalb des Körperschwerpunktes liegt und weder
optimal ein Tragen ermöglicht noch damit ein Widerlager für das Aufrichten
des Oberkörpers mit der anderen Hand gebildet werden kann.

Zeitlupen-Überschlag

Wird der Überschlag aus dem Aufschwingen in den Handstand
langsam geturnt, umfassen die Helfer/innen mit dem *körperfernen Arm das Gesäß,* um das turnende, gut gespannte Kind über
die Handstandhöhe in den Stand zu tragen **(Abb. 85)**.

Bewegungsbegleitung/Bewegungssicherung

Wird der Überschlag nahezu alleine geturnt, drückt die körpernahe Hand nur noch zum Aufrichten des Oberkörpers unter den
Schultern zum Aufrichten den Oberkörper hoch.

Abb. 85

Handstützüberschlag rückwärts:
Flick-Flack und Menichelli, Bogengang rückwärts und Sitzbogengang★★★★

Grundsätzlicher Helfer/innengriff

Die Helfer/innen bilden eine Gasse vor dem turnenden Kind. Wird der Überschlag
rückwärts aus dem Stand geturnt, knien zunächst die Helfer/innen **(Abb. 86a)**.
Beide Hände gehen an den *Körperschwerpunkt* (das Gesäß) **(Abb. 86 a/b)**, die
Finger zeigen dabei zum Gegenüber. Die *nahe* Hand geht dabei mehr an den
Oberschenkel, hebt den Körper und unterstützt die Rotation. Die *ferne* Hand
geht etwas über das Gesäß und trägt den Körper in der Flugphase. Es ist günstig, mit dieser *fernen* Hand von oben in den Hosenbund zu greifen, und das
turnende Kind in die „Sitzposition" zu ziehen **(Abb. 86b)**. Befindet sich der/die
Turnende im Flug, kann dann auf der „Faust" getragen werden.

Abb. 86

Abb. 87

Mit zunehmendem Können und aus der Radwende geturnt, wird stehend der Flick-Flack oder Menichelli unterstützt und gelenkt (vgl. Abb. 87).

Hinweis: Eine Unterstützung während des Flick-Flacks *am Schultergürtel ist abzulehnen,* da dadurch zum einen nur noch mit einer, der *nahen* Hand der/die Turnende getragen werden kann (was für jugendliche Turner/innen nicht machbar ist) und zudem der Umsetzung des Technikmerkmals, den Oberkörper schnell in die Senkrechte zum Handstand zu bringen, entgegengearbeitet wird.

„Zeitlupen-Flick-Flack"★★

a) Hilfegebung beim Senken rückwärts in den Handstand vom hohen Gerät:
Das turnende Kind sitzt auf einem „bauchhohen" Gerät (Kasten, Pferd, Bock, Mattenwagen ...). Die helfenden Kinder stehen, eine Gasse bildend, hinter dem turnenden Kind und legen den *körpernahen* Arm auf die Hüfte des sitzenden Kindes, um den Körperschwerpunkt im Bewegungsansatz auf das Sitzgerät zu drücken **(Abb. 88)**. Die *körperferne* Hand geht zwischen Oberarm und Hals („O-HA!") **(Abb. 88)** auf die Schulter, um mit dem Absenken rückwärts den Oberkörper hinunterzutragen und mit Stützaufnahme den Körper hochzuhalten. Haben die Hände aufgesetzt, gehen die Helfer/innenhände an den jeweiligen Oberschenkel, um in den Handstand zu führen.

Hinweis: Erfahrene Helfer/innen und Lehrkräfte können mit Absenken auch „von vorne" (statt vom Schultergürtel, wie oben beschrieben) zwischen Hals und Oberarm auf die Schulter fassen. Vor allem bei stützschwachen Kindern kann das Stützen durch das Hochhalten des gesamten Körpers über dieses „Einklinken" in die Schulter erleichtert werden.

Abb. 88 a+b

b) Hilfegebung beim Senken rückwärts in den Handstand mit Partner/innenhilfe:
Nachfolgende Hilfegebung ist nicht für den dynamischen Flick-Flack geeignet (Verletzungsgefahr im Kopfbereich für die Helfenden durch zurückschwingende Arme).

Das turnende Kind stellt sich gut gespannt vor die Helfer/innengasse. Die Helfenden fassen sich an den Händen. Die *nahen,* gefaßten Hände gehen dem Oberschenkel entgegen und hebeln daran (am Körperschwerpunkt vorbei) den/die Übende vom Boden. Die *körperfernen,* durchgefaßten Hände gehen an die Schulterblätter (nicht in das Hohlkreuz!) **(Abb. 89a)** und tragen den Oberkörper, bis die Arme gestreckt zum Aufstützen rückwärts den Boden berühren **(Abb. 89b/c)**. Mit Absenken dieser *fernen* Hände müssen zeitgleich die *nahen* Hände an den Oberschenkeln den turnenden Körper anheben, um ihn in den Handstand zu stellen. Im Handstand umfassen dann *beide* Hände den Oberschenkel **(Abb. 89d)**.

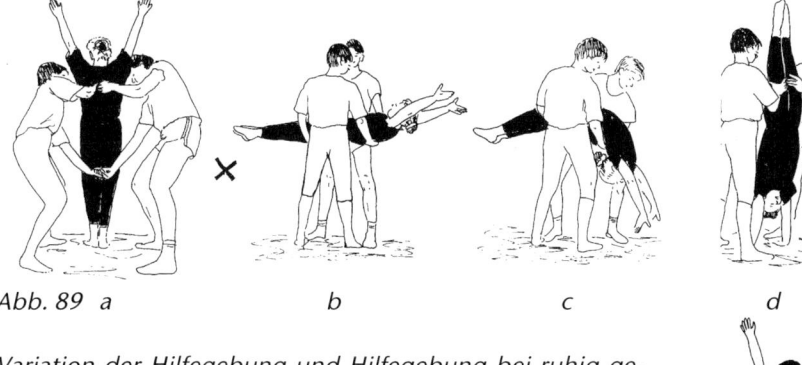

Abb. 89 a   b   c   d

Variation der Hilfegebung und Hilfegebung bei ruhig geturntem Flick-Flack und Menichelli: Die *entfernten* Arme können – vor allem auch bei etwas zügigerem Turnen – den Oberkörper auch umfassen. Die *nahen* Hände gehen unter das Gesäß **(Abb. 90)**.
Hinweis: Die Arme der/des Übenden müssen jedoch beim Absprung dicht am Kopf vorbeigehen, um die hierbei sehr dicht stehenden Helfer/innen nicht zu verletzen!

Abb. 90

Freies Rad★★★★
Erwachsenenhilfegebung: Der/die Helfer/in steht auf der Stemmbeinseite und geht mit der *nahen* Hand in die Hüftbeuge der nahen (Stemmbein-) Hüfte, um den Körperschwerpunkt anzuheben **(Abb. 91b)**. Die *ferne* Helfer/innenhand geht, mit dem Arm über den Rücken des/der Turners/in, an die andere Hüftseite **(Abb. 91b)**, um die Körperlängsachsendrehung zu unterstützen und nach Rotation den Körper unter dem Körperschwerpunkt für die Landung hochzuhalten **(Abb. 91c)**.

Abb. 91

Abb. 92

Abb. 93

Variation: Ältere Kinder können sich (vor allem, wenn von einer kleinen Er-höhung geturnt wird) gegenseitig unterstützen, indem sie mit *beiden* Händen **(Abb. 91a)** oder mit dem Unterarm der *nahen* Hand mit Einnehmen des vorbe-reitenden Stemmschrittes in die Hüftbeuge gehen.

Freier Überschlag★★★★

Vorbereitende Übung: Drei Kinder stellen sich mit *Handfassung* nebeneinander. Nach zwei bis drei gemeinsamen, vorbereitenden Schritten oder einem Auftakt-hüpfer des/der Turnenden gehen die Helfer/innen mit einer Vierteldrehung der Bewegung voraus. Der/die Turner/in senkt den Oberkörper zum Überschlag und die Helfer/innen gehen mit den *„äußeren"*, noch *freien Händen, tragend* unter die Schulter (zwischen Oberarm und Hals, Handinnenfläche zeigt nach oben, Daumen zeigt zum Kopf des/der Übenden).

Hinweis: Schulter nicht zu hoch heben (s. u.)!

Hilfegebung mit kniender Hilfe: Ältere Kinder können sich gegenseitig helfen, indem sie kniend mit *beiden* Händen den Schultergürtel beim Überschlag fixie-ren. Die zu einer „Schale" gehaltenen Helfer/innenhände werden zum „Hinein-legen" der Turner/innenschulter in Oberschenkelhöhe angeboten, sie können auch die ausgebreiteten Arme (Seithalte) am Oberarm umfassen. Vorzugsweise sollte von einer kleinen Erhöhung geturnt werden.

Hinweis: Der Schultergürtel darf *nicht zu hoch gehalten* werden, da dann beim Überschlagen der Körperschwerpunkt nur schwer über die Senkrechte gebracht werden kann!

Abbau der Hilfegebung: Wie beim freien Rad (s.o) steht ein/e erfahrene/r Hel-fer/in auf der *Stemmbeinseite* und hebt mit der *nahen* Helfer/innenhand den Körperschwerpunkt im Bewegungsansatz. Die *ferne* Hand geht, die Rotation unterstützend, an den Rücken **(vgl. Abb. 91b)**.

Variation: Ein/e erfahrene/r Helfer/in steht auf der *Schwungbeinseite* und unter-stützt energisch mit der *nahen* Hand unter dem Oberschenkel des Schwungbei-nes die Aufwärts- und Rotationsbewegung.

Begleitende Hilfe: Ein/e erfahrene/r Helfer/in unterstützt bei der Landung mit der *fer-nen* Hand mit langem Krafthebel unter/hinter dem Rücken das Aufrichten in den Stand.

Salto vorwärts★★★ bis★★★★

Da der Salto vorwärts mit Geräthilfen eingeführt wird und die Hilfegebungen primär in den vorbereitenden Schritten von Bedeutung sind, können die hin-führenden Helfer/innengriffe dort nachgeschlagen werden. Mit dem Absprung vom Brett ergeben sich die Helfer/innengriffe am Bauch mit der *nahen* Hand und mit der *fernen* Hand die Rotationshilfe am Rücken **(Abb. 92a)**.

Abbau der Hilfegebung: Die *nahe* (!) Hand dreht sich antizipatorisch mit Einleitung der Saltobewegung mit der Handinnenfläche („Voilá!") auf den Rücken des/der nun über Kopf befindlichen Turner/in und unterstützt die Breitenachsenrotation sowie das danach folgende Aufrichten des Oberkörpers. Mit der Landung geht die *ferne* Hand an den Bauch, um ein Nachvornefallen zu verhindern („Sandwich") **(Abb. 92b)**.

Salto rückwärts★★★★ (Überdrehen rückwärts★★: Drehgriff rückwärts)

Der Salto rückwärts wird über das Überdrehen rückwärts erlernt (vgl. hierzu auch die Übungen am Minitrampolin, S. 179 ff.).

Helfer/innengriff beim Salto rückwärts★★★★

Zwei Helfende stehen hinter dem/der Übenden, strecken den *nahen* Arm ihm/ ihr entgegen und gehen, die Handfläche zum turnenden Körper drehend (Handgestik „Bitte sehr, turn'!"), unter den Po in Oberschenkelnähe. Damit kann das turnende Kind *gehoben* werden und die Rotation eingeleitet werden. Die zweite, *entfernte* Hand *unterstützt* durch Druck unter dem Gesäß in Rückennähe **(Abb. 93a)**. Wird der Salto rückwärts aus dem Stand (zum Beispiel von einer kleinen Erhöhung) geturnt, ist es günstig, mit dieser *fernen* Hand von oben in den Hosenbund zu greifen, und das turnende Kind vom Standort wegzutragen (-ziehen) **(Abb. 93b)**. Befindet sich der/die Turnende über Kopf, kann dann auf der „Faust" getragen werden.

Variation der Absicherung der Landung: Erfahrene Helfer/innen können kurz vor der Landung als Landungssicherung durch Wechseln der Hände mit der *gerätfernen* Hand hinter den Rücken und der *gerätnahen* Hand vor dem Bauch („Sandwich") sichern, um die Landung abzusichern. Dies ist später dann auch die „reine" Landungssicherung ohne vorherigen Eingriff in den Bewegungsablauf, wie nachfolgend beschrieben.

Sicherheitsstellung beim Salto rückwärts ★★★★

Kann der/die Übende die Saltobewegung rückwärts mit der Hilfegebung am Gesäß sicher springen, kann nur noch die Landung gesichert werden. Zwei helfende Kinder stehen sich ca. einen halben Meter entfernt gegenüber. Sie warten die Saltodrehung ab und gehen bei der Öffnung zur Landung mit der *gerätnahen* Hand an den Bauch, um das turnende Kind vor einem Nachvornefallen zu schützen. Mit der *gerätfernen* Hand gehen sie hinter den Rücken, um ein Zurückfallen zu verhindern.

2. SPRUNGGERÄTE FÜR STÜTZSPRÜNGE

(Blockkasten, Sprungkasten, Bock, Pferd)

Aufknien★, Aufhocken★, Sprunghocke★★
Helfer/innengriff: Stützgriff am Oberarm (**Abb. 94**)
Stehen die Helfer/innen frontal zum turnenden Kind, gehen die inneren Hände unter die Achseln und die äußeren Hände von außen umfassen am jeweiligen Oberarm.

Abb. 94

Helfer/innenverhalten: Zwei Helfer/innen stehen *Schulter an Schulter* (Schultersperre) in Schrittstellung hinter dem Kasten, *das innere Bein vorgestellt* (**Abb.
95a**). Mit dem Aufstützen des/der Turnenden gehen die Hände der Helfer/in-
nen den Armen des turnenden Kindes *entgegen und umfassen* den jeweiligen
Oberarm (**Abb. 95b**, vgl. Abb. 67a/b). Die innere Hand befindet sich dabei unter der Achsel. Die Helfer/innen verhindern zunächst ein Überfallen (vgl. Abb.
101) oder ein Zurückfallen bei dem/der Turnenden. Im weiteren Bewegungsver-
lauf tragen die Helfer/innen den/die Turnende/n vom/über den Kasten (**Abb.
95c**), *richten* den Oberkörper *auf* und *sichern die Landung* (**Abb. 95d**). Dazu
müssen sie ein bis zwei Schritte, mit dem inneren Bein beginnend, im Übungsverlauf *zurückgehen.*

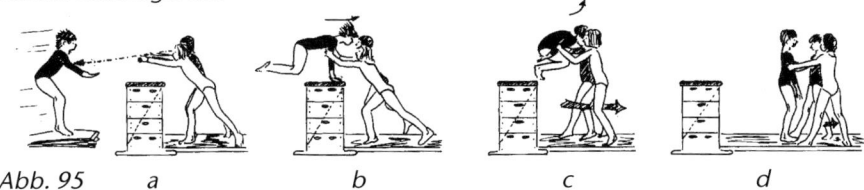

Abb. 95   a   b   c   d

Sichern:
– Wird der Übungsablauf zunehmend beherrscht, stehen die Helfer/innen
  „geöffnet", d.h. rechtwinklig zum Kasten und fassen mit dem Stützgriff den
  Oberarm bis zur sicheren Landung.
– *Landungssicherung:*
  Die letzte Stufe ist die Absicherung des/der Turnenden bei der Landung. Sie
  erfolgt an Bauch und Rücken, erst mit zwei, letztlich nur noch mit einer Sicherheitsstellung. Dabei wird sowohl das Zurückfallen an den Kasten als
  auch das Überkippen nach vorne verhindert.
Nachdem zunächst zwei Kinder gesichert haben, steht bei sicheren Springer/in-
nen nur noch ein sicherndes Kind an der Seite (**Abb. 96**).

Foto: I. Gerling

Abb. 96

(Zur Sprunghocke vergleiche auch die methodische Einführung von Helfer/innengriffen Seite 141-148)

Aufgrätschen★, Sprunggrätsche★★ und Sprungbücke★★★

Bei der Sprunggrätsche **(Abb. 97a)** und der Sprungbücke **(Abb. 97b)** wird wie bei der Hocke mit zwei helfenden Kindern im Stützgriff und zu Übungsbeginn mit oben beschriebener „Schultersperre" unterstützt und gelenkt.

Hinweis: Wird die *Grätsche über einen Bock, der immer höher gestellt* wird, geturnt, so stellt sich bei Erreichen der Kopfhöhe der Kinder der/die Lehrende frontal hinter den Bock, um mit *beiden* Händen an den Oberarmen den Oberkörper vor der Landung aufzurichten **(Abb. 97c)**. Währenddessen kann mit „Kinderhilfegebung" **(Abb. 97a)** an normalen Bock-/Kastenhöhen parallel weitergeturnt werden.

Abb. 97

Hockwende (Drehhocke) auf und über den Kasten★

Kinder geben hierbei keine Hilfe, da die zwei unterschiedlichen Tätigkeiten der Hände und die damit verbundenen hilfegebenden Funktionen zu komplex sind,

zudem mit einer Hand am Körperschwerpunkt nicht ausreichend Kraft zur Dreh-Schubhilfe aufgebracht werden kann.

Bei leistungsschwachen Kindern stellt sich *der/die Unterrichtende* vor den Kasten seitlich ans Brett, stützt mit der *nahen* Hand den Oberarm des/der Turnenden (Widerlager für die Helfer/innentätigkeit der zweiten Hand) und gibt am Gesäß/Oberschenkel eine Dreh-Schubhilfe **(Abb. 98)**.

Abb. 98

Fechtersprünge★

Kinder geben aus Gründen, wie sie bei der Hockwende beschrieben wurden, keine Hilfe untereinander.

In Ausnahmefällen – bei wiederholt mißglückten Versuchen – kann *der/die Lehrende* zum Beispiel bei der Laufkehre, der (einbeinig abgesprungenen) Fechterkehre oder der (einbeinig abgesprungenen) Fechterhockwende wie bei der oben beschriebenen Hilfegebung bei der Hockwende verfahren.

Nacken-/Kopfstütz-/Gewinkelter Sprungüberschlag★★★

Der Nackenüberschlag, der Kopfüberschlag als auch der gewinkelte Überschlag über den seitgestellten Kasten können bei sprungschwachen und ängstlichen Kindern zwischen Brett und Kasten beim Absprung unterstützt werden, indem durch Umfassen der Oberschenkel der Körperschwerpunkt (Po) über den Kopf gehoben wird.
In der (Nacken-/Kopf-/Hand-) Stützphase können zwei verschiedene Helfer/innengriffe, der Drehgriff vorwärts und der Dreh-Tragegriff, eingesetzt werden.

a) Der Drehgriff vorwärts

Kleinere Kinder können den *Drehgriff vorwärts* am Oberarm ansetzen. Damit greifen die Kinder von Beginn an mit *beiden* Händen fest zu und halten diesen Griff bis zum Bewegungsende. Die Bewegung kann zwar nicht optimal unter-

Abb. 99

stützt und gelenkt werden, aber mit diesem Griff am Oberarm kann der Oberkörper aufgerichtet und damit vorgebeugt beim Landen in der Senkrechten gehalten werden **(Abb. 99)**.

Da der Begriff „Drehgriff vorwärts" für Kinder zu abstrakt ist, um damit eine Grifftechnik zu verbinden, hat sich eine bildliche Vorgabe bewährt: der „Krokodilgriff" (vgl. hierzu die Erläuterungen unter „Salto vorwärts" am Minitrampolin, S. 180 f.).

Optische Kontrolle zur Richtigkeit des Griffansatzes
Die Daumen der Helfer/innenhände zeigen beim Umfassen im Drehgriff vorwärts nach unten (vgl. Abb. 110d). Drehen die Helfer/innen mit diesem Griffansatz ihre Hände, den Oberarm festhaltend, wieder zu sich zurück, wird die Helfer/innenfunktion deutlich: Der/die Übende senkt den Oberkörper vorwärts ab, macht einen „Diener".

Wichtige Hinweise
Die helfenden Kinder müssen
- *sehr dicht stehen,* fast unter dem turnenden Kind,
- das turnende Kind *in Kopfhöhe drehen* und schließlich
- die Arme mit Landung *in ihrer Kopfhöhe halten* (und *nicht,* was immer gemacht wird, weil die Helfer/innen mit an das Landen denken, die Arme nach unten drücken!).

Erarbeiten des Griffes in überschaubaren, verlangsamten und ungefährlichen Situationen
Die Kinder sollten diesen Griff zunächst
- bei dem/der stehenden Partner/in **(Abb. 110a-d)**, mit spielerischen Testübungen festigen,
- dann beim Turnen einer Rolle vorwärts durch die flüchtige Kipplage *auf* dem drei- bis vierteiligen Kasten,
- dann beim Aufrollen aus dem Anlauf auf diesen Kasten erproben und festigen **(Abb. 100)**, bei sprungschwachen Kindern stehen zwei weitere Helfer/innenkinder am Sprungbrett, die, den Oberschenkel umfassend, das Gesäß über den Kopf heben und schieben,
- dann Rollen in die Kipplage auf einem Längskasten zum Überschlagen vom Kasten und Strecken zum Stand,
- dann erfolgt schließlich der Nackenüberschlag über den seitgestellten Kasten (vgl. Abb. 99).

Abb. 100

Variation: Kopfüberschlag und gewinkelter Handstützsprung-Überschlag.

b) Erweiterter Drehgriff: Dreh-Tragegriff
Die *älteren Helfer/innen* bilden eine Gasse vor dem turnenden Kind.
- Die *körpernahe* Hand zeigt mit der Handinnenfläche nach oben (Handgestik:

„Bitte sehr, turn'!") und geht dem turnenden Kind entgegen. Dann geht sie *zwischen Oberarm und Hals* („O-HA!") *an die Schulter,* um den/die Turnende zunächst vom Boden zu heben und danach den Oberkörper aufzurichten. Mit der Landung kann sie weiter vorrutschen, um sich an der Schulter „einzuhaken" (= „Anker auswerfen"). Damit wird ein Nachvornefallen des Körpers verhindert.

Abb. 101

– Die *körperferne* Hand *geht unter den Körperschwerpunkt* (Gesäß!) und hebt den Körpermittelpunkt im Bewegungsansatz, um ihn dann mit Aufrichten des Oberkörpers wieder abzu senken. Damit wird gleichzeitig ein unterstützter Punkt als Widerlager für das Aufrichten des Oberkörpers zur Landung geboten **(Abb. 101)**.

Da die Überschläge von den Sprunggeräten in der Regel mit einem Nachvornefallen geturnt werden, *wechselt diese „Gesäßhand" an den Oberarm* und umfaßt ihn von vorne. Mit diesem Umklammern nun *beider* Hände wird der Oberkörper *optimal aufrecht gehalten.* Da diese Helfer/innenhandlungen komplex sind, sind sie nur von Fortgeschrittenen und Übungsleiter/innen bzw. Lehrkräften umsetzbar.

Hinweis: Eine Unterstützung im Lendenwirbelbereich mit der fernen Hand ist abzulehnen, da

– der unerwünschten Hyperlordosierung (dem Hohlkreuz) Vorschub geleistet wird,

– die häufigen Kraftstöße der Helfer/innenhände in das Hohlkreuz nicht gesundheitsverträglich sind,

– der Stützpunkt damit oberhalb des Körperschwerpunktes liegt und weder ein Tragen optimal ermöglicht noch daß damit ein Widerlager für das Aufrichten des Oberkörpers mit der anderen Hand gebildet werden kann.

Gestreckter Handstütz-Sprungüberschlag★★★

– Zwei Helfer/innen stehen zwischen Sprunggerät und Brett in Bretthöhe (... und nicht am Pferd!). Die zum/r Springer/in *nahe* Hand geht mit der Handinnenfläche nach oben weisend (Handgestik: „Bitte sehr, turn'!", „Voilà!") dem anlaufenden Kind entgegen. Mit Aufsprung auf das Brett geht diese Hand unter den Oberschenkel, um rotationsunterstützend (als beschleunigende Kraft am Körperschwerpunkt vorbeiwirkend) die Aufwärtsphase der Beine zu unterstützen. Die *körperferne* Hand geht an den Bauch, um den Körper zum Pferd zu lenken **(Abb. 102a)**. Mit diesen beiden auseinanderliegenden „Druckpunkten" der unterstützenden Helfer/innenhände wird zudem eine Hüftstreckung unterstützt.

- Zwei weitere Helfer/innen stehen hinter dem Pferd. Die *gerätnahe* Hand dreht sich mit der Handinnenfläche nach oben (Handgestik: „Bitte sehr, turn'!", „Voilá!"), um dem Schultergürtel des/der Turnenden entgegenzugehen. Zwischen Oberarm und Hals („O-HA") geht diese Hand an die Schulter, um den Stütz zu unterstützen, während die *gerätferne* Hand unter dem Körperschwerpunkt (am Gesäß!) den turnenden Körper trägt **(Abb. 102b)** *(Tip:* Dies kann gut mit Aufschwingen in den Handstand eingeübt werden). Mit dem Hochdrücken und Aufrichten des Oberkörpers durch die *erste* Helfer/innenhand senken sich die Helfer/innenhände am Gesäß **(Abb. 103)**. Bei der Landung gehen die „Schulterhände" einhakend weiter nach vorne („Anker auswerfen") bzw. gehen die „Gesäßhände" schnell von vorne an die Oberarme **(Abb. 104)**. Mit diesem Umklammern der Oberarme kann der Schultergürtel (und damit der Kopf) aufrecht gehalten werden. Dies ist eine optimale Hilfe, um ein Nachvorneklappen (oder „-schießen") zu verhindern. Ein Umfassen der Hüfte bewirkt ein Zusammenklappen des Körpers durch den Armwiderstand der Helfer/innen und wird deshalb *nicht* empfohlen.

Abb. 102 a b *Abb. 104*

Abb. 103 a b c d

Abbau der Hilfegebung

- Je nach Könnensstand wird zunächst *eine* Hilfegebung zwischen Brett und Sprunggerät abgebaut, später die zweite.
- Die Hilfegebung hilft zunehmend nur noch mit oben beschriebenem Griff „soviel wie nötig, so wenig wie möglich", vor allem bei der Landung.
- Schließlich wird nur noch, einen Meter von Sprunggerät entfernt stehend, am Rücken mit der *körpernahen* Hand ein Aufrichten unterstützt und am Bauch mit der *fernen* Hand ein Nachvornefallen verhindert.
- Wird der Sprung beherrscht, sichern ein bis zwei Helfer/innen nur noch mit ausgebreiteten Armen.

Foto: I. Gerling

3. MINITRAMPOLIN

Standsprünge★

Zwei Kinder stehen rechts und links neben dem Minitrampolin auf Blockkästen und reichen dem/der Turnenden je eine Hand als Gleichgewichtshilfe **(Abb. 105)**.

Abb. 105

Sprünge auf und über den Kasten★★

Zwei Helfer/innen stehen sich auf dem Kasten gegenüber, reichen die *ferne* Hand jeweils dem/der Turnenden zum Aufstützen, die *nahe* Hand hebt den/die Übende/n unter der Achsel **(Abb. 106)** über die Höhe/gegebenenfalls in die Weite (z.B. über einen zweiteiligen, quergestellten Kasten).

Landungssicherung★

Beim Strecksprung, Hocksprung und Bücksprung stehen die Helfer/innen auf dem Weichboden, den *nahen* Fuß auf den Rahmen den Trampolins gestellt. Mit der *nahen* Hand holen sie am Rücken die/den Turnende/n vom Trampolin weg, verhindern bei der Landung am Rücken auch das Zurückfallen zum Tuch. Die *ferne* Hand sichert am Bauch ein Nachvornefallen ab **(Abb. 107)**. Mit zunehmender Sicherheit der Springer/in stehen die Helfer/innen ca. einen Meter vom Gerät entfernt und sichern nur noch die Landung an Bauch und Rücken („Sandwich").

Abb. 106

Abb. 107

Ausnahme: Landungssicherung beim Strecksprung gegrätscht.

Um Verletzungen durch die seitwärts, bzw. vorhoch-seitgespreizten Beine beim Grätsch(-winkel-)sprung zu vermeiden, stehen die Helfer/innen seitlich am Minitrampolin und sichern lediglich ein Zurückfallen zum Gerät bei der Landung am Rücken ab **(Abb. 108)**. Ein/e weitere/r (dritte/r) Helfer/in kann zusätzlich am Ende des Weichbodens ein Nachvornefallen absichern, indem er/sie am Bauch das turnende Kind – seitlich stehend – abfängt.

Abb. 108

Minitrampolin als Absprunghilfe bei Stützsprüngen★★

Wird das Minitrampolin als Absprunghilfe für Stützsprünge über den Kasten, den Bock oder das Pferd eingesetzt, so gelten die Helfer/innengriffe, wie bei den *Sprunggeräten* beschrieben.

Salto vorwärts★★★

Es soll an dieser Stelle ausdrücklich davor gewarnt werden, Kindern ohne methodisch sorgfältige Hinführung den Salto vorwärts, was fast immer als „Rolle-vorwärts-ohne-Hände" haarscharf am Rahmen des Minitrampolins von den Kindern vorgeführt wird, turnen zu lassen. Kinder äußern sehr oft, dies zu können bzw. es schon bei dem/der vorhergehenden Übungsleiter/in bzw. Lehrer/in gemacht zu haben. In keinem Fall darf sich der/die Unterrichtende auf diese Aussagen einlassen bzw. verlassen.

Einstiegsübung: Überdrehen vorwärts gehockt und Drehgriff vorwärts★★ bis★★★

Zum Begriff: Überdrehen vorwärts gehockt

Die Vorstufe zum Salto vorwärts ist das Überdrehen vorwärts gehockt (auch ohne Trampolin). Das „Überdrehen vorwärts" beinhaltet bei der Breitenachsenrotation immer, daß der Körper durch den Hang (zum Beispiel am Reck, oder an den Ringen) oder Stütz (s.o.) oder auch durch die Partner/innenunterstützung am Oberarm „in der Luft" *gehalten* wird. Die „Saltobewegung" ist dagegen ein *freies* Drehen des Körpers in der Luft. Beim Überdrehen vorwärts wird der *Drehgriff vorwärts* angewandt.

Beschreibung des Helfer/innengriffes Drehgriff vorwärts

Zwei Helfer/innen stehen mit einem Fuß auf dem Rahmen, seitlich vor einem/r Übenden, die/der im Tuch steht. Das springende Kind muß die Arme für den Griffansatz der helfenden Kinder in der Schräg-Tief-Rückhalte halten. Die Helfer/innen gehen mit ihrer zum/r Übenden *nahen* Hand, die Innenfläche dabei auswärts drehend (Handgestik „Voilá!"), von vorne unter den Oberarm **(Abb. 109a)**. Damit wird der/die Übende im Bewegungsansatz vom Boden (bzw. aus dem Tuch) *gehoben* und die *Rotation* durch Drücken des Oberarmes über hinten oben nach vorne eingeleitet. Die von dem turnenden Kind *ferne* Hand wird nach innen gedreht und umfaßt von oben die Rückseite des Oberarmes **(Abb. 109b)**. Im Verlauf der Drehbewegung *trägt* die zweite Helfer/innenhand das turnende Kind und sichert bei der Landung vor einem Zurückfallen **(Abb. 109c)**.

Abb. 109

Einführung des Griffansatzes bei Kindern: der „Krokodilgriff"

Die Kinder sollten *von Beginn an* mit *beiden* Händen den Oberarm umfassen. Da der Begriff „Drehgriff vorwärts" zu abstrakt ist, um damit eine Grifftechnik zu verbinden, hat sich eine bildliche Vorgabe bewährt: der „Krokodilgriff". Es wird für das Kinderturnen folgende Einführung und verbale Hilfe empfohlen: Die helfenden Kinder stehen sich – seitlich vor dem turnenden Kind stehend – gegenüber. Sie klatschen in die Hände und erhalten damit eine „Handgasse", wobei die Daumen nach oben zeigen **(Abb. 110a)**. Beide Daumen sollen daraufhin erst zum turnenden Kind **(Abb. 110b)**, dann weiter in Richtung Boden gedreht werden **(Abb. 110c)**. Die Finger der „Handgasse" öffnen sich zum Umfassen des Oberarmes als „Krokodil, das zuschnappt" **(Abb. 110d)**.
Verbale Begleitung: „Klatschen (a) – Daumen zum/r Übenden (b) – weiter runter drehen.(c) ... und das Krokodil schnappt zu! (d)." Die Kinder bezeichnen danach diesen Helfer/innengriff untereinander gerne als „Krokodilgriff" und ist als solcher noch Wochen danach abrufbar.

Erarbeiten des Griffes in überschaubaren, verlangsamten und ungefährlichen Situationen:

Die Kinder sollten diesen Griff zunächst
– bei dem/der stehenden Partner/in (vgl. Abb. 110a-d), mit spielerischen Testübungen festigen,
– dann beim Turnen einer Rolle vorwärts auf dem drei- bis vierteiligen Kasten anwenden.

Abb. 110a-d

Der Drehgriff vorwärts ermöglicht es den helfenden Kindern, von Beginn bis zum Ende des Bewegungsablaufes die turnenden Kinder zu unterstützen und bis zum sicheren Stand die dynamische Bewegung des „Saltos" (hier noch Überdrehen vorwärts) begleitend zu kontrollieren (vgl. hierzu auch die Beschreibungen bei den Überschlägen über die Sprunggeräte, S. 174 ff.).

Dies wird bei den nachfolgenden Salto-Helfer/innengriffen nur bedingt der Fall sein. Deshalb sollten nachstehende Helfer/innengriffe nur von den Übungsleiter/innen bzw. Lehrern/innen oder von älteren und erfahrenen Kindern angewendet werden. Als zweite Bedingung für die nachfolgenden Salto-Helfer/innengriffe sollte das turnende Kind durch ausreichende Vorübungen auf die Saltobewegung über das Überdrehen vorwärts in der Grobform motorisch (und psychisch) vorbereitet sein.

Hinweis für die Erarbeitung aus dem Minitrampolin
Am Minitrampolin wird der Drehgriffansatz zunächst durch *Strecksprünge mit nach hinten gehaltenen Armen eingeübt*. Dies sollte *vor* jeder nächstschwierige-

ren Aufgabenstellung, d.h., wenn das Überdrehen vorwärts mit Drehgriffhilfe aus
— dem mehrmaligen Federn im Tuch,
— dem Einspringen von einem drei- bis vierteiligen Kasten oder
— dem Anlauf
nochmals wiederholt geturnt werden!

Helfer/innengriff beim Salto vorwärts ★★★

Zwei helfende Kinder stehen vor dem übenden Kind, strecken den *nahen* Arm ihm entgegen und gehen, die Handfläche zum Körper drehend, unter den Bauch („Voilà!"). Damit kann das turnende Kind gehoben werden und die Rotation eingeleitet werden. Die zweite, *entfernte* Hand wartet den Ansatz zur Rotation ab und unterstützt diese Vorwärtsrotation als längerer Hebel vom Rotationspunkt (Körperschwerpunkt) durch Druck am Rücken. Mit gekreuzten Helfer/innenarmen, nun als anatomisch gegebene Klammer, wird das landende Kind nach dem Salto im Stand gesichert **(Abb. 111)**.

Variation der Absicherung der Landung: Erfahrene Helfer/innen können kurz vor der Landung als Landungssicherung durch Wechseln der Hände mit der *gerätnahen* Hand hinter dem Rücken und der *gerätfernen* Hand vor dem Bauch („Sandwich") die Landung absichern.

Abb. 111

Dies ist später dann auch die „reine" Landungssicherung ohne vorherigen Eingriff in den Bewegungsablauf, wie nachfolgend beschrieben.
Hinweis: Es wird empfohlen, daß der Salto auf einem doppelt gelegten Weichboden geturnt wird. Damit ist die Landefläche für die turnenden Kinder nicht nur über der Rahmenhöhe des Minitrampolins, sondern die Helfenden stehen ebenfalls erhöht und können besser lenkend eingreifen.

Sicherheitsstellung beim Salto vorwärts ★★★

Zwei helfende Kinder stehen sich ca. einen halben Meter vom Minitrampolin entfernt auf einer erhöhten Mattenfläche gegenüber. Sie warten die Saltodrehung ab und gehen mit der Öffnung zur Landung mit der *gerätnahen* Hand an den Rücken, um das turnende Kind vor einem Zurückfallen auf das Minitrampolin zu schützen. Mit der *gerätfernen* Hand gehen sie vor den Bauch, um ein Nachvornefallen zu verhindern **(Abb. 112)**.

Hinweis: Liegt in der Länge nur eine Weichbodenmatte statt zwei, dann sollten bei den Kindern noch *zwei weitere* „Nothilfen" am Mattenende stehen, um ein eventuell nach vorne „schießendes" Kind nach der Saltolandung, das nicht ausreichend von den vorderen zwei Helfer/innen gehalten werden konnte, abzusichern. Um einem Stürzen von der Matte vorzubeugen, gehen sie als Abstopphilfe mit der vom turnenden Kind *entfernten* Hand an den Bauch.

Abb. 112

Salto rückwärts★★★★

Alle methodischen Überlegungen hinsichtlich einer Hinführung zur Fertigkeit als auch der Helfer/innengriffe entsprechen prinzipiell denen des Salto vorwärts.

Einstiegsübung: Überdrehen rückwärts gehockt
mit dem Helfer/innengriff Drehgriff rückwärts★★ bis★★★★
Beschreibung des Helfer/innengriffes Drehgriff rückwärts:

Beim Überdrehen rückwärts wird der *Drehgriff rückwärts* angewendet (zur Einführung des Drehgriffes siehe oben unter „Nackenüberschlag" und „Salto vorwärts", wobei die Vorgehensweise vom Drehgriff vorwärts auf den Drehgriff rückwärts übertragbar ist).

Zwei Helfer/innen stehen seitlich neben einem/r Übenden, der/die die Arme in der Tief-Schräg-Vorhalte hält. Beim Springen vom Minitrampolin befinden sich die Helfer/innen, mit einem Fuß auf dem Rahmen des Minitrampolins stehend, hinter dem/der Übenden.

Die Helfer/innen gehen mit ihrer zum/r Übenden *nahen* Hand, die Innenfläche dabei auswärts drehend, unter den Oberarm. **(Abb. 113a)**. Damit wird der/die Übende im Bewegungsansatz vom Boden/Tuch *gehoben* und die *Rotation* durch Drücken des Oberarmes nach oben hinten *eingeleitet* **(Abb. 113b)**. Die von dem turnenden Kind *ferne* Hand wird mit der Handinnenfläche nach innen unten gedreht und

Abb. 113

umfaßt von oben die Oberseite des Oberarmes, der Daumen greift fast in die Achseln **(Abb. 113a)**. Im Verlauf der Drehbewegung *trägt* diese zweite Helfer/innenhand das turnende Kind in der Abwärtsphase der Bewegung und sichert durch festes Umfassen mit der anderen Hand bei der Landung ein Zurückfallen.

Einführung des Griffansatzes bei Kindern

Die Kinder sollten von Beginn an mit *beiden* Händen den Oberarm umfassen. Es hat sich – wie beim Drehgriff vorwärts (s.o.) – folgende verbale Hilfe bewährt: Die helfenden Kinder stellen sich, seitlich hinter dem turnenden Kind stehend, gegenüber auf. Sie klatschen in die Hände und erhalten damit eine „Handgasse", wobei die Daumen nach oben zeigen. Beide Daumen sollen daraufhin erst zum turnenden Kind, dann weiter in Richtung Boden gedreht werden. Die Finger der Handgasse öffnen sich zum Umfassen des Oberarmes (... als „Krokodil, das zuschnappt", vgl. Abb. 110a-d, jedoch auf Rückwärtsbewegung zu übertragen). *Verbale Begleitung für Kinder:* „Klatschen – Daumen zum/r Übenden – weiter runter drehen ... und das Krokodil schnappt zu."

Optische Kontrolle zur Richtigkeit des Griffansatzes

Die Daumen der Helfer/innenhände zeigen beim Umfassen im Drehgriff rückwärts nach unten. Drehen die Helfer/innen mit diesem Griffansatz ihre Hände, den Oberarm festhaltend, wieder zu sich zurück, wird die Helfer/innenfunktion deutlich, der/die Übende muß die Arme nach oben hinten heben.

Erarbeiten des Griffes in überschaubaren, verlangsamten und ungefährlichen Situationen

Die Kinder sollten diesen Griff zunächst
- bei dem/der stehenden Partner/in,
- dann beim Turnen einer Rolle rückwärts auf dem drei- bis vierteiligen Kasten mit Landung hinter dem Kasten und
- schließlich turnen die Kinder, die Wand hochlaufend, ein Überdrehen rückwärts gehockt in der Luft. Als spielerische Variation kann der Wurfsalto rückwärts (von einer festen, kleinen Erhöhung auf einen Weichboden geturnt) ausprobiert werden. Ein/e dritte/r Helfer/in bietet mit gefalteten Händen unter einem angehobenen Fuß als „Wurfhilfe" eine erhöhte Abdruckfläche.

Wichtige Hinweise:
Die helfenden Kinder müssen
- *sehr dicht stehen,* fast unter dem turnenden Kind,
- das turnende Kind *in Kopfhöhe drehen* und schließlich

– die Arme mit Landung *in ihrer Kopfhöhe halten* (und *nicht,* was immer gemacht wird, weil die Helfer/innen mit an das Landen denken, die Arme, und
damit den Oberkörper, nach unten drücken!).

Hinweis für die Erarbeitung aus dem Minitrampolin
Am Minitrampolin wird der Drehgriffansatz zunächst durch *Strecksprünge mit
nach vorne gehaltenen Armen eingeübt.* Dies sollte bei der nächstschwierigeren
Aufgabenstellung, d.h., wenn nach dem Überdrehen rückwärts aus dem mehrmaligen Federn im Tuch aus dem Einspringen mit Abdruck vom höheren, vorge-
stellten vier- bis fünfteiligen Kasten geturnt wird, wiederholt werden!

Der Drehgriff rückwärts ermöglicht es den Kindern, von Beginn bis zum Ende
des Bewegungsablaufes die turnenden Kinder bewegungsunterstützend und
bis zum sicheren Stand begleitend, die dynamische Bewegung des „Saltos"
(hier noch Überdrehen rückwärts) zu kontrollieren.
    Dies wird bei den nachfolgenden Salto-Helfer/innengriffen nur bedingt der
Fall sein. Deshalb sollten nachstehende Helfer/innengriffe nur von den Übungs-
leiter/innen bzw. Lehrer/innen oder von älteren und erfahrenen Kindern angewendet werden. Als zweite Bedingung für die nachfolgenden Salto-Helfer/in-
nengriffe sollte das turnende Kind durch ausreichende Vorübungen die Saltobewegung (Überdrehen rückwärts) in der Grobform turnen können.

Helfer/innengriff beim Salto rückwärts★★★
Zwei helfende Kinder stehen vor dem/der Übenden, strecken den *nahen* Arm
zum übenden Kind und gehen, die Handfläche zum Körper drehend (Handgestik „Voilá!"), unter den Po in Oberschenkelnähe. Damit kann das turnende Kind
gehoben werden und die Rotation eingeleitet werden. Es ist günstig, mit der *fernen* Hand zunächst von oben in den Hosenbund zu greifen, und das turnende
Kind vom Tuch wegzutragen (-ziehen). Befindet sich der/die Turnende über
Kopf, kann dann auf der „Faust" getragen werden (**Abb.114**). Später, wenn der
Salto rückwärts schon aus dem Absprung mit Handabdruck vom Kasten geturnt
werden kann, soll die zweite, *entfernte* Hand, den Ansatz zur Rotation abwartend, nur noch durch Druck unter dem Gesäß in Rückennähe unterstützen (**Abb.
115**).
Variation für den Helfer/innengriffansatz der fernen Hand:
– Die *ferne* Hand greift in einen um die Taille gelegten „Saltogürtel"/Fahrrad-
schlauch o.ä. Ohne den Griff zu verändern, wird so bis zur Landung der/die
Saltospringer/in gehalten.

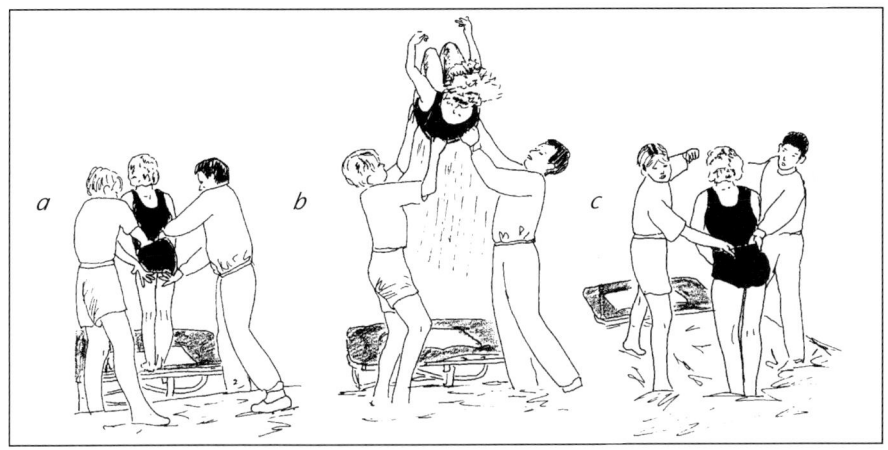

Abb. 114

– Aus dem Bereich des Springens auf dem Großtrampolin kommt die Hilfegebung mit der *fernen* Hand an die Schulter (von hinten zwischen Hals und Oberarm), um nach der Absprungbewegung einen höheren, damit nahezu fixierten Drehpunkt zu geben. Dies ist jedoch nur mit älteren, erfahrenen Helfer/innen durchzuführen.

Variation der Absicherung der Landung: Erfahrene Helfer/innen können kurz vor der Landung als Landungssicherung durch Wechseln der Hände mit der *gerätfernen* Hand hinter den Rücken und der *gerätnahen* Hand vor den Bauch („Sandwich") greifen, um die Landung abzusichern. Dies ist später dann auch die „reine" Landungssicherung ohne vorherigen Eingriff in den Bewegungsablauf, wie nachfolgend beschrieben.

Abb. 115

Sicherheitsstellung beim Salto rückwärts ★★★

Kann der/die Übende die Saltobewegung rückwärts mit der Hilfegebung am Gesäß sicher springen, wird nur noch die Landung gesichert. Zwei helfende Kinder stehen sich ca. einen halben Meter vom Minitrampolin entfernt gegenüber. Sie warten die Saltodrehung ab und gehen bei der Öffnung zur Landung mit der *gerätnahen* Hand an den Bauch, um das turnende Kind vor einem Zurückfallen auf das Minitrampolin zu schützen. Mit der *gerätfernen* Hand gehen sie hinter den Rücken, um ein Zurückfallen zu verhindern.

Foto: I. Gerling

4. HANG- UND STÜTZGERÄTE (EINSCHL. TAUE/STANGEN)

(Stütz- und Hochreck, Stufen- und Parallelbarren, Ringe, Trapez, Taue)

Hängen und Schwingen★
Zwei Kinder umfassen das Handgelenk des/der Hängenden **(Abb. 116)**.
Variation am reichhohen Stufenbarren: Die *ferne* Hand umfaßt das Handgelenk, die *nahe* Hand gibt an der Schulter Schwungverstärkung.

Abb. 116

Klimmzug an Hanggeräten★
Werden als Fitneßübungen Klimmzüge geturnt, so umfassen ein bis zwei Kinder den jeweiligen Oberschenkel des turnenden Kindes. Fast mühelos können Klimmzüge (mit verschiedenen Griffarten und Beinhaltungen) mehrfach wiederholt und erlebt werden **(Abb. 117)**.

Klettern an den Tauen★★
Ein/e Turnende/r springt in den Beugehang und umfaßt mit Innenfuß und Fußrist bei angehockten Beinen das Tau (Kletterschluß). Ein/e Helfer/in umfaßt genau unterhalb der Füße mit *beiden* Händen das Tau. Der/die Turnende greift höher und kann sich nun auf dem entstandenen Widerstand der Helfer/innenhände durch Strecken der Beine aufwärts schieben. **(Abb. 118)**. Die Arme können dabei leicht zum Beugehang angezogen werden.

Abb. 117

Stütz★
Im Stütz selbst ist am Reck und am Barren keine Hilfegebung nötig, wenn auch immer wieder in den Turnhallen der Stützgriff dabei zu beobachten ist. Das Stützen ist eine Übung zur Schulung der Stützkraft. Bei einem Mißlingen oder einer frühzeitigen Aufgabe kann dem turnenden Kind nichts passieren. Am Parallelbarren muß hierzu jedoch die Voraussetzung gegeben sein, daß im Stand des turnenden Kindes die Barrenholme sich unter deren Schulterhöhe befinden (gegebenenfalls die Standfläche unter den Holmen erhöhen).

Abb. 118

Um einen „herausgehobenen" Stütz zu erfahren, können ein bis zwei Kinder durch Umfassen der Oberschenkel das stützende Kind hochstützen.

Sprung in den Stütz★

Zwei Kinder stehen auf Absprunghöhe und umfassen den Oberschenkel des turnenden Kindes. Der/die Turnende federt zweimal am Ort und springt dann in den Stütz, die helfenden Kinder heben mit Stützgriff am Oberschenkel den Körperschwerpunkt (da unter diesem befindlich) hoch an die Stützstelle.

Schwingen im Stütz am Parallelbarren★

Die Kinder können sich nur unzureichend am Parallelbarren unterstützen, da die Tätigkeiten der helfenden Hände unterschiedlich sind, zudem die schnelle Abfolge der Technikausführung nicht mitvollzogen werden kann. Die Helfer/innentätigkeit ist damit zu komplex, um wirksam auf diesem Könnensniveau für die Kinder umgesetzt werden zu können.

Wird das Schwingen im Stütz am Parallelbarren geübt, kann der/die Übungsleiter/in bzw. der/die Lehrerin die Bewegung unterstützend lenken, indem er/sie mit einer Hand am Oberarm ein stützendes Widerlager bei der Verlagerung des Schultergürtels geben kann. Mit der anderen Hand wird dabei der aufschwingende Schwerpunkt unterstützt. Wird zum Beispiel der Vorschwung herausgearbeitet, geht die Hand auf Armhöhe hinter den Oberarm. Er/sie umfaßt ihn (Finger befinden sich in der Achsel) und verhindert durch Widerstand beim Vorschwung ein zu weites Zurückverlagern des Schultergürtels und damit ein Einbrechen nach hinten. Die Hand auf der vorschwingenden Körperseite unterstützt die Aufwärtsbewegung unter dem Gesäß (vgl. Kehre, Abb. 119).

Wird der *Rück*schwung schwerpunktmäßig ausgearbeitet, greifen die Hände genau umgekehrt und unterstützend entsprechend umgekehrt (vgl. Wende, Abb. 120).

Kehre am Parallelbarren★★

Ein/e ältere/r Helfer/in steht auf Stützhöhe auf der Landeseite am Barren und greift mit der entfernten, vorderen Hand von vorne (Widerlager für die andere, helfende Hand bildend) an den *nahen* Oberarm und verlagert den Schultergürtel beim Vor-Überschwung stützend und ziehend von der Holmengasse weg. Die *nahe,* hintere Hand geht unter den Körperschwerpunkt an das Gesäß und hebt und lenkt den Körper aus der Holmengasse über den Holm **(Abb. 119).**

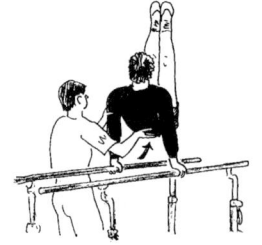

Abb. 119

Wende am Parrallelbarren★★

Entsprechend der Kehre, nur statt unter dem Gesäß unter dem Bauch unterstützend, wird der/die Turnende aus der Holmengasse gelenkt **(Abb. 120)**.

Abb. 120

Kreishockwende am Parallelbarren★★★★

Der/die Übungsleiter/in steht auf Stützhöhe auf der Landeseite (auch Stützseite) am Barren. Wie bei der Kehre geht eine Hand von vorne an den Oberarm, um stützend das Verlagern der Stützarmschulter aus der Holmengasse durch Zug einzuleiten. Gleichzeitig bildet diese Helfer/innenhand durch das Umfassen des Oberarmes ein Widerlager für die Druck-Drehbewegung der zweiten

Abb. 121 a+b

Helfer/innenhand gegen die Gesäßseite (Körperschwerpunkt) der/des angehockten Turnenden. Geht diese Helfer/innenhand mehr unter den Oberschenkel, kann die tiefe Hüftbeuge für das Anhocken unterstützt werden. **(Abb. 121a)**. Geht diese Hand in die Hüftbeuge, kann der Körperschwerpunkt besser gehoben und gelenkt werden **(Abb. 121b)**.

Das turnende Kind wird somit um den Stützarm über beide Holme in Hockposition gedreht.

Abzug aus dem Stütz in den Hang(-stand)★

Zwei Helfer/innen tragen, dicht unter dem Körperschwerpunkt stehend, den/die Turnende am Gesäß abwärts.

Abb. 122

Überdrehen rückwärts★

Leistungsschwache Kinder reichen einem helfenden Kind einen Fuß an. Der/die Helfer/in hebt diesen Fuß zur Reckstange/zum Holm, damit der/die Turnende sich von der Stange/dem Holm zum Weiterrotieren abdrücken kann **(Abb. 122a)**. Einige Kinder lassen sich den Fuß (und damit den Körperschwerpunkt) nur anheben, um mit dem zweiten (freien) Fuß unter die Stange/den Holm zu schwingen und weiter rückwärts zu turnen **(Abb. 122b)**. Bei fehlender Haltekraft der Hände kann zusätzlich Handgelenksicherung gegeben werden (vgl. Abb. 116).

Überdrehen rückwärts an hohen Hanggeräten (Hochreck, Ringe, Trapez)★★

An hohen Ringen, am Trapez und am Hochreck helfen zwei Kinder bzw. der/die Lehrer/in in das Überdrehen zum Hocksturzhang, indem sie vor dem/der Turnenden stehen, die *fernen* Hände hinter den Oberarm/der Schulter „einhaken"**(Abb. 123)** (Fixierung) und mit der *fernen* Hand das Gesäß (Körperschwerpunkt) über den Kopf drücken **(Abb. 124)**. Die „Gesäßhand" geht danach sofort an den Oberarm, wenn zur Landung weitergedreht wird, um mit dem Stützgriff die Landung abzusichern.

Abb. 123

Überdrehen vorwärts★

Im allgemeinen ist keine Hilfeleistung erforderlich. In Ausnahmefällen, in denen der/die Turnende keine Bewegungsvorstellung hat oder Leistungsvoraussetzungen (Kraft) nicht gegeben sind, kann der/die Unterrichtende Schubhilfe unter dem Oberschenkel/ dem Gesäß geben.

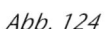

Abb. 124

Überdrehen vorwärts von einer Erhöhung in den (flüchtigen) Sturz-Kipphang an den Ringen★★

Das turnende Kind steht im Hockstand auf der Erhöhung (drei- bis vierteiliger Kasten), die Arme über die Seite nach hinten geführt (wie ein Brustschwimmzug) und hängt in den Schultern. Zwei helfende Kinder stehen sich unter dem übenden Kind gegenüber. Die *kastennahe* Hand leitet am Kopf die Rollbewegung ein, die *kastenferne* Hand schiebt unter den Unterschenkeln der angehockten Beine in die Rollbewegung zum Sturzhang (Kipphang) hinein.

Aufschwung★★

Zwei Helfer/innen stehen rechtwinklig (Querstand) vor der Reckstange und fassen mit *beiden* Händen zum Gesäß **(Abb. 125a)**. Mit dem Absprung zum Aufschwung gehen sie dicht an den/die Turnende/n heran und tragen mit *beiden* Händen am Gesäß den Bauch des/der Turnenden an die Stange **(Abb. 125b)**. *Hinweis:* Beim Aufschwung zum oberen Holm am Stufenbarren stehen die Helfer/innen etwas erhöht auf einem Kastendeckel, um den Körperschwerpunkt des/der Turnenden ausreichend hochdrücken zu können **(Abb. 125c)**.

Abb. 125

Aufschwung am Trapez★

Wird der Aufschwung an einem „beweglichen" Gerät geturnt, darf *nicht alleine am Gesäß* unterstützt werden, da mit Druck und Hub unter dem Körperschwerpunkt der turnende Körper mit dem Gerät nach hinten *ausweicht!* Zwei helfende Kinder können am Trapez stehend mit der jeweiligen *nahen* Hand das Trapez als Widerlager festhalten, während mit der *fernen* Hand der Körperschwerpunkt unter dem Gesäß hoch auf das Trapez getragen wird.

Riesen(felg)aufschwung am Hochreck/hohen Trapez★★★
a) „Kinder-Riesenaufschwung"

(Schultergürtel *bleibt* bei der Aufwärtsphase mit *Verkleinerung* des Arm-Rumpf-Winkels nahezu *unter dem Aufhängepunkt.)*

Zwei helfende Kinder stehen am Umkehrpunkt. Das turnende Kind schaukelt vor im Streckhang. Wie an den Ringen für Überdrehen rückwärts beschrieben (vgl. Abb. 123/124), gehen die helfenden *nahen* Hände von der Seite zwischen Oberarm und Hals („O-HA") in die Schulter und verhindern das Zurückschaukeln bzw. -schwingen durch „Einhaken" und Zurückhalten (fixierende, Widerlager bildende Helfer/innenhand). Die *fernen* Hände gehen unter das Gesäß und mit einem „Klaps" heben sie energisch den Körperschwerpunkt über Kopf auf die Reckstange/das Trapez (beschleunigende Herlfer/innenhand).

Mit dieser Hilfegebung kann auch das Hochturnen zum Einhängen der Knie (Knieliegehang) und der „Salto"-Abgang aus dem Vorschaukeln unterstützt werden. Letzteres sollte jedoch die Lehrkraft mit unterstützen.

b) Riesenfelgaufschwung am Hochreck im Hinblick auf Riesenfelge
(In der Aufwärtsbewegung des Körpers wird mit *Öffnen* des Arm-Rumpfwinkels der Schultergürtel *mit aufwärts* genommen.)

Vier Helfer/innen stehen auf hohen Kästen, die als Kastengasse genau unter dem Hochreck stehen.

Zwei Helfer/innen lenken den Rückschwung aus dem Stütz („Abstemmen" oder „Abwerfen"), mit der *fernen* Hand unter den Oberschenkel (das von Daumen und Zeigefinger gebildete „V" geht unter den Oberschenkel, Handinnenfläche legt sich dann an den Oberschenkel) und mit der *nahen* Hand unter den Bauch gehend, in den Langhang (**Abb.126a**).

Die zwei weiteren Helfer/innen vor der Reckstange haben bereits im Stütz der/des Turnenden mit der *nahen* Hand unter die Stange gehend das Handgelenk zur Handgelenksicherung und als Drehhilfe umfaßt (**Abb. 126a**). In der Aufwärtsphase greifen sie unter die Schulter, um den Körper in die Senkrechte zu „stemmen" (**Abb. 126b**). Neigt der Körper in der Aufwärtsphase eher dazu, zurückzufallen, geht die *ferne* Hand, Widerstand gebend, an den Rücken.

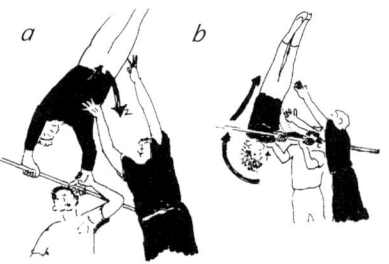

Abb. 126

Mit Überturnen der Reckstange nehmen die ersten beiden Helfer/innen wieder mit der entfernten Helfer/innenhand unter den Oberschenkel fassend den/die Turner/in in Empfang und tragen und lenken ihn/sie mit Hinzunahme der *nahen* Hand (unter dem Bauch stützend) in den Stütz oder Hang (**Abb. 126b**).

Freie Felge in den Stütz/Hang/Handstand an kopfhoher Reckstange/Holm

Zwei Helfer/innen stehen vor der Reckstange, warten den Ansatz in die Umschwungbewegung ab, greifen dann, so früh es geht, mit *beiden* Händen an die Schultern (Hände bilden eine „Schale"), ziehen und drücken dann, die Armstreckung unterstützend, den Körper des/der Turner/in in die Senkrechte über die Stange. Neigt der Körper in der Aufwärtsphase eher dazu, zurückzufallen, geht die *ferne* Hand, Widerstand gebend, an den Rücken.

Wird in den Stütz oder Hang geturnt, nehmen mit Überturnen der Reckstange zwei weitere Helfer/innen hinter der Reckstange mit der entfernten Helfer/innenhand unter den Oberschenkel fassend den/die Turner/in in Empfang und tragen und lenken ihn/sie mit Hinzunahme der nahen Hand (unter dem Bauch stützend) in den Stütz oder Hang (vgl. Abb. 126b).

Soll die freie Felge in den Handstand führen, befinden sich die beiden weiteren Helfer/innen erhöht, mit einem Bein über der Stange stehend, auf vier- bis fünfteiligen Kästen und umfassen in der Aufwärtsphase, so früh es geht, die Beine (optimal wären die Oberschenkel), um in den Handstand zu lenken und heben.

Umschwung vorlings rückwärts (Hüftumschwung rückwärts)★★

Das turnende Kind befindet sich im Stütz, zwei helfende Kinder stehen sich in einer Gasse vor der Reckstange dicht gegenüber. *Beide* Hände gehen an das Gesäß, um den Körperschwerpunkt bei der Umschwungbewegung mit *beiden* Händen an der Stange zu halten. Die entfernte Hand kann etwas auf den Oberschenkel gehen, um die Rotation zu verstärken **(Abb. 127)**.

Abb. 127

Umschwung vorlings vorwärts (Hüftumschwung vorwärts)★★★

Das turnende Kind befindet sich im Stütz. Zwei helfende Kinder stehen sich dicht gegenüber vor der Reckstange und gehen mit dem Handrücken (die Hand macht die Gestik „Voilá!") auf den Rücken des/r Turnenden, um die Rotation nach unten einleitend zu unterstützen. Nach Passieren der Waagerechten geht die zweite Hand an den Körperschwerpunkt (Gesäß), die erste Hand rutscht auch zum Körperschwerpunkt heran. In der Aufwärtsphase stützen nun *beide* Hände den Körperschwerpunkt am Gesäß an die Stange/den Holm. Dabei tauchen sie etwas unter die Stange.

Schwingen im Knieliegehang an einem Holm/einer Reckstange★
Zwei Helfer/innen umfassen jeweils ein Handgelenk des/der Schwingenden.

Sitzaufschwung aus dem Knieliegehang★
Zwei Helfer/innen umfassen den Oberarm, schwingen den/die Hängende/n zweimal rückwärts an und drehen ihn/sie energisch beim dritten Mal rückwärts in den Sitz.

Sitzumschwung★★
Zwei Helfer/innen stehen vor der Stange, greifen mit der *nahen* Hand unter der Stange durch und umfassen das Handgelenk so, daß sie ihren eigenen Handrücken sehen können, der Daumen umklammert dabei das Handgelenk (Handgelenksicherung und Drehhilfe, **Abb. 128a**). So früh wie möglich geht die *ferne* Hand nach der eingeleiteten Drehung an den Oberarm/an die Schulter **(Abb. 128b)** und richtet den Oberkörper des/der Turnenden auf. Dabei müssen die Helfer/innen dicht vor und unter den/die Übende/n gehen **(Abb. 128c)**.

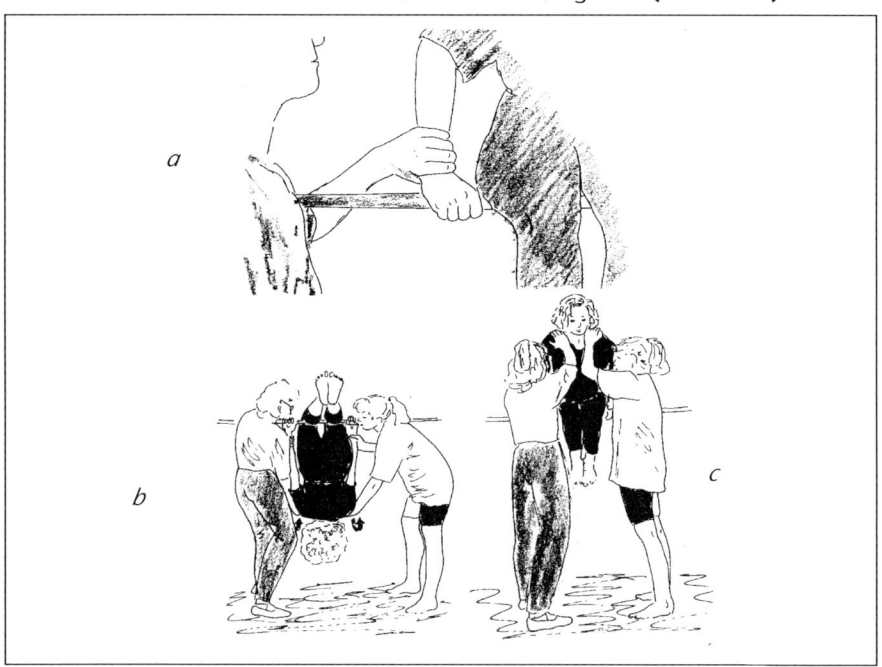

Abb. 128 a-c

Mühlumschwung/ Spreizumschwung★★★

Zwei Helfer/innen stehen hinter der Reckstange und fassen mit der *nahen* Hand unter der Reckstange an das Handgelenk des/der Turnenden **(Abb. 129a/b)**. Die *ferne* Hand richtet in der Aufwärtsbewegung des Mühlumschwunges an der Schulter **(Abb. 129c)** den/die Turnende/n zum Spreizsitz auf **(Abb. 129d)**.

Abb. 129 a-d

Knieaufschwung★★

Ein/e Helfer/in steht vor der Reckstange auf der Schwung-beinseite des sich im einbeinigen Kniehang befindlichen Kindes. Die *ferne* Hand des/der einen Helfers/in drückt bei der Aufwärtsbewegung des Körpers des/der Turnenden das Schwungbein herunter, die zweite Hand des/der Helfers/in drückt am Gesäß den Körperschwerpunkt des/der Turnen-den an die Stange. Ein/e zweite/r Helfer/in hinter der Reck-stange kann mit *beiden* Händen am Gesäß des/der Turnen-den zusätzlich hochhelfen **(Abb. 130)**.

Abb. 130

Kniehang★

Die Hilfeleistung, um in den Kniehang ein- oder beidbeinig zu gelangen, erfolgt wie beim Überdrehen rückwärts (vgl. Abb. 122a/b). Die Absicherung im Kniehang erfolgt durch leichtes Runterdrücken der Unterschenkel zur Sicherung der Kniebeuge (vgl. Abb. 53).

Schwingen im Kniehang★★

Zwei Helfer/innen stehen vor der Reckstange und sichern mit *beiden* Händen – später nur mit der *fernen* Hand – das Einklemmen der Stange durch die Kniebeuge, indem sie dem/der Turnenden am Fußrist die Unterschenkel herunterdrücken (vgl. Abb. 131a).

Kniehangabschwung★★

Zwei Helfer/innen stehen vor der Reckstange und sichern mit der von dem/der Turnenden *fernen* Hand das Einklemmen der Stange durch die Kniebeuge, indem sie die Unterschenkel am Fußrist runterdrücken. Die dem/der Turnenden *nahe* Hand des helfenden Kindes geht unter der Reckstange auf den Bauch des/der Hängenden und hebt damit frühzeitig und *energisch* den Körper in die Waagerechte **(Abb. 131a)**.

Mit Öffnen der Kniebeuge zum Senken der Füße geht die „Fußrist-Hand" schnell an den Rücken, um das Zurückfallen an die Stange zu verhindern. Die Helfer/innen stehen nun bei der Landung mit verkreuzten Armen und halten den/die Übenden bei der Landung wie in einer Klammer **(Abb.131b/c)**.

Helfer/innengriffe beim verlangsamten Tragen aus dem Kniehang in die Waagerechte zum Niedersprung: Zwei Helfer/innen fassen mit dem *nahen* Arm unter den Bauch des/der Hängenden, die *ferne* Hand geht unter die Achsel. Der/die Turnende wird nach vorne oben in die Waagerechte getragen, so daß Druck in den Kniegelenken (verhindert frühzeitiges Abrutschen) entsteht. Mit dem Absenken der Füße geht die Hand vom Bauch aus von hinten an den Oberarm und verhindert damit ein Zurückfallen.

Abb. 131 a-c

Kniehangabschwung am Trapez★★

Die Hilfegebung sieht wie am Reck aus. Am Trapez können die Kinder – wie sie es auch auf dem Spielplatz machen – vereinfacht auch bei größerer Bewegungssicherheit durch Handfassung helfen. Sie stehen vor/unter dem im Kniehang hängenden Kind, ziehen an beiden Händen den/die Hängende bis zum Umkehrpunkt und halten beim Niedersprung somit den Oberkörper hoch **(Abb. 132)**.

Abb. 132

Kniehangabschwung aus dem Knieliegehang mit Griff am oberen Holm★★★

Zwei Helfer/innen vor dem unteren Holm fixieren die Kniebeuge mit der *fernen* Hand und legen die *nahe* Hand auf den Bauch zur späteren Schwungverstärkung. Zwei weitere Helfer/innen stehen in der Holmengasse und umfassen den Oberarm des/der Hängenden. Der/die Turnende löst nun den Griff, die Helfer/innen tragen ihn/sie in die Waagerechte (Hüfte streckt sich). Nach einem kleinen Anheben lassen die Helfer/innen die Oberarme los und das turnende Kind schwingt, mit Absicherung der vorderen beiden Helfer/innen, durch zum Stand.

Hinweis: Als zusätzliche Hilfe, als Orientierungshilfe und zur Intensivierung durch Einbeziehung möglichst vieler Kinder in den Übungsprozeß kann eine weitere Hilfe vor der Landefläche stehen und die Hände zum Zufassen bei der Landung anbieten. Diese Hilfe kann später als Sicherheitsstellung wieder eingesetzt werden.

Sicherheitsstellung bei gekonntem Kniehangabschwung: Ein bis zwei Kinder sichern die Landung an Bauch und Rücken.

Unterschwung aus dem Stand*, am Stufenbarren über den unteren Holm und aus dem Stütz★★

Die Landungssicherung kann von ein bis zwei Kindern an Bauch und Rücken gegeben werden **(Abb. 133)**.

Ältere Helfer/innen oder der/die Unterrichtende können die Bewegung lenken, indem er/sie bereits beim Stand des/der Turnenden mit der *nahen* Hand an die Schulter geht, um damit den Oberkörper im Schlußteil der Bewegung aufzurichten; die *ferne* Hand geht an das Gesäß und trägt im Hauptteil der Bewegung den Körper nach vorn oben. Die „Gesäßhand" geht dann bei der Landung von vorne an den Oberarm, um ein Nachvornefallen zu verhindern **(Abb. 134)**.

Wird der *Unterschwung am Stufenbarren über den unteren Holm* geturnt, stehen die Helfer/innen erhöht (zum Beispiel auf einem Kastendeckel) und unterstützen und lenken wie bei der zuletzt beschriebenen Hilfegebung an der

Schulter und unter dem Körperschwerpunkt. Zwei weitere Helfer/innen können an Bauch und Rücken die Landung absichern („Sandwich").

Auch für den Unterschwung aus dem Stütz gilt die Hilfegebung an Schulter und unterm Gesäß. Die *ferne* Hand stützt den Körper von Beginn an hoch (sehr dicht stehen!) und die *nahe* Hand wartet, bis sie an die Schulter kommt. Mit Absenken des Körperschwerpunktes und dem Widerlager der fernen „Gesäßhand" unter dem Körperschwerpunkt richtet die nahe Schulterhand den Oberkörper auf. Die Landung wird wie beispielsweise bei den gestreckten Überschlägen abgesichert (vgl. Abb. 8 und Abb. 104).

Abb. 133   *Abb. 134*

Sohlenwellunterschwung★★★

Wird der Sohlenwellunterschwung gebückt am niedrigen Holm (Reckstange) erarbeitet, faßt die *nahe* Hand unter der Reckstange von vorn das Handgelenk zur Handgelenksicherung, die *ferne* Hand unterstützt in der Aufschwungphase unter dem Gesäß. Das Handgelenk wird bis zur Landung festgehalten, um den Oberkörper damit aufrecht zu halten.

In einem ersten Schritt kann eine dritte Hilfegebung von hinten die Hüfte umfassen, die/den Turnenden nach hinten oben schwungverstärkend und Arm-Rumpfwinkel streckend anhebt (vorzugsweise sollten Turnende/r und die dritte Hilfe auf einer Erhöhung stehen).

Veränderung der Hilfegebung:

Ist der/die Turnende griffsicher, kann mit der *nahen* Hand von außen auf die Schulter gefaßt werden (fast zwischen Oberarm und Hals), um den Oberkörper lenkend in der Aufschwungphase hochzutragen und aufzurichten, während die andere, *ferne* Hand weiterhin unter dem Körperschwerpunkt (Gesäß) trägt. Diese Hilfegebung wird auch eingesetzt, wenn der Sohlenwellunterschwung vom unteren Holm mit Griffwechsel zum oberen Holm in den Streckhang geturnt wird.

Mit der Landung nach dem Sohlenwellunterschwung vom Stützreck/-holm geht die „Gesäßhand" von vorne an den Oberarm, um mit dem anderen Arm durch Umklammerung ein Nachvornefallen zu verhindern (vgl. Abb. 134).

Wird der Sohlenwellunterschwung vom oberen Holm geturnt, können ein bis zwei Helferinnen am Gesäß und an den Beinen bei der gebückten Variation (Beine sind geschlossen) die Abwärtsbewegung verlangsamen bzw. auffangen. *Landungssicherung:*
Wird der Sohlenwellunterschwung gekonnt, fangen ein bis zwei Helfer/innen nur noch am Rücken und Bauch die Bewegung während der Landung ab.

Überspreizen zum Sitz★
Nach dem Überspreizen eines Beines aus dem Stütz zum Spreizsitz faßt ein/e Helfer/in vor der Stange den Fuß und fixiert damit das vordere Bein des/der Turnenden. Problemlos kann nun das zweite Bein von dem/der Turnenden zum Sitz nachgespreizt werden **(Abb. 135)**.

Abb. 135

Ein- und beidbeiniges Aufstemmen am Stufenbarren★★
Der/die Turner/in befindet sich im Hockhangstand auf dem unteren Holm mit Griff am oberen Holm. Zwei Helfer/innen stehen – gegebenenfalls auf einer kleinen Erhöhung – und fassen mit *beiden* Händen unter den Körperschwerpunkt, wobei die dem unteren Holm *nahe* Hand eher unter dem Oberschenkel stützend, der/die Turner/in in der letzten Phase ein Widerlager gebend, trägt. Mit der Aufstemmbewegung in den Stütz lenken die Helfer/innen den Körperschwerpunkt (die Hüfte) auf direktesten Weg an den Holm. Beim einbeinigen Aufstemmen, wo ein Bein im Ansatz schon am Holm gehalten wird, hält der/die Helfer/in auf dieser Seite mit Bewegungsbeginn am Oberschenkel das senkrechte Bein am Holm **(Abb. 136)**.

Abb. 136

Aufstemmen aus dem Schwebehang★★★
Zwei Helfer/innen stehen auf Beinhöhe, umfassen mit der *fernen* Hand von oben die Fußfesseln, die *nahe* Hand geht jeweils unter den Körperschwerpunkt. Nach zweimaligem Anschwingen wird der/die Turnende, während er/sie mit den Ar-

men eine Aufstemmbewegung macht, mit Hochtragen des Körperschwerpunktes und dem Runterdrücken der Beine (langer Hebel) in den Stütz gestemmt.

Senken rückwärts in den gewinkelten Sturz/ Kipphang am Reck/Stufenbarren/Parallelbarren★★★

Zwei Helfer/innen stehen hinter der Stange bzw. dem/der Turnenden und tragen ihn/sie mit der *nahen* Hand am Gesäß und der *fernen* Hand an der Schulter abwärts in den gewinkelten Sturzhang (Kipphang) **(Abb. 137)**.

Abb. 137

Kippaufschwung rücklings vorwärts ("Wolkenschieber") am Reck/Stufenbarren/ Aufkippen (in den Grätschsitz) und Oberarmkippe am Parallelbarren★★★

Zwei Helfer/innen stehen hinter der Stange bzw. dem/ der Turnenden und tragen ihn/sie mit der *nahen* Hand am Gesäß und der *fernen* Hand an der Schulter abwärts in den gewinkelten Sturzhang (Kipphang). Mit dem Aufschwingen im Sturzhang/Kipphang führt die Hand unter dem Gesäß den Körperschwerpunkt an die Stange (am Parallelbarren auf Handstützhöhe) und die Hand im Schulterbereich drückt energisch mit diesem langen Hebelarm den Oberkörper in die Senkrechte (vgl. Abb. 137). Am Parallelbarren muß dabei am Gesäß gut als Widerlager gestützt werden **(Abb. 138)**.

Abb. 138

Ellgriff-(kipp-)aufschwung★★★

Der/die Turner/in steht rücklings mit Ellgriff (Kammgriff) an der Reckstange/am Barrenholm. Zwei Helfer/innen stehen auf der anderen Stangenseite, fassen mit ihren *nahen* Händen von außen auf die Schultern, um das Vorwärtsrotieren in den Sturzhang einleitend zu unterstützen. Die *ferne* Hand geht gegen den senkrechten Oberschenkel, um die Beine zum Sturzhang in die Waagerechte zu lenken. Nachdem der Sturzhang eingenommen ist, wechseln die Hände zur Hilfegebung mit der *nahen* Hand unter den Körperschwerpunkt (Gesäß) und der *fernen* Hand unter den Schultergürtel. Mit dem Aufschwingen in den Sturzhang führt die Hand unter dem Gesäß den Körperschwerpunkt an die Stange und die Hand im Schulterbereich drückt energisch mit diesem langen Hebelarm den Oberkörper in die Senkrechte. (vgl. Abb. 137)

Auskehren ★★★

Nach dem Senken in den Sturzhang (s.o.) turnt der/die Turner/in in der Aufwärtsphase mit Lösen einer Hand eine Vierteldrehung. Ein/e Helfer/in steht an der (Rücken-)Seite, faßt mit den Händen in der Aufschwungphase *unter die Achseln* und hebt und dreht den/die Turnende/n in die Vierteldrehung.

Sturzhang- oder Fallkippe aus dem Stütz in den Stütz ★★★★

Die Helfer/innen stehen vor der Reckstange/Barrenholm und halten die *nahe* Hand unter den Körperschwerpnkt und die *ferne* gegen die Oberschenkel. Sie tragen und lenken den/die Turnende in den Sturzhang vorlings und unterstützen ihn/sie wie bei der letzten Phase der Kippe („Kippstoß") wieder beim Aufkippen und -stemmen in den Stütz **(Abb. 139)**.

Abb. 139

Liegehangkippe ★★★★

Der/die Turner/in befindet sich im Liegehang auf dem unteren Holm mit Griff am oberen Holm. Zwei Helfer/innen stehen – auf einer kleinen Erhöhung – und fassen mit *beiden Händen unter den Körperschwerpunkt,* wobei die dem unteren Holm *nahe* Hand eher unter dem Oberschenkel stützend, dem/der Turner/in in der letzten Phase eine Widerlager gebend, trägt. Mit Aufstemm- und Kippbewegung in den Stütz lenken die Helfer/innen den Körperschwerpunkt (die Hüfte) auf direktesten Weg an den Holm (vgl. Abb. 139).

Hinweis: Die Helfer/innen gehen mit der *fernen* Hand (die sich unter dem oberen Holm befindet) *nicht* an die Schultern, da in den entscheidenden Phasen, bedingt durch die Höhe, dort keine aufwärtsgebende Unterstützung mehr möglich ist.

Schwebe- und Langhangkippe am Reck/Stufenbarren/Parallelbarren ★★★★

Die Helfer/innen stehen vor der Stange/dem Holm/vor oder unter den Parallelbarrenholmen. Mit Anschweben geht die *körperferne* Hand unter die Beine (je nach Haltekraft der Beine mehr unter die Unterschenkel oder Oberschenkel), in der Aufstemmphase gibt diese Hand ein Widerlager zum „Aufstützen" mit den Beinen für den/die Turner/in unter die Oberschenkel. Die *körpernahe* Hand geht von Beginn an unter den Körperschwerpunkt (Gesäß) und trägt ihn an die Drehachse (Reck/Holm) (vgl. Abb. 139).

Hinweis: Eine dritte Hilfe kann zu Beginn des Lernprozesses bei der Schwebekippe, hinter dem/der Turner/in stehend, an der Hüfte den Körperschwerpunkt nach hinten oben anheben und damit auch den Arm-Rumpfwinkel strecken. Vorzugsweise sollten beide, der/die Turnende und die dritte Hilfegebung, erhöht stehen.

Oberarmstand am Parallelbarren★★

Zwei Helfer/innen stehen auf einer Erhöhung rechts und links auf Stütz- bzw. später auf Schulterhöhe des turnenden Kindes. Mit Heben bzw. in der Aufschwungphase der Beine gehen die „fußnahen" Hände unter den jeweiligen Oberschenkel, um ihn unterstützend zu heben, die zweite Hand verhindert ein Überfallen durch Umfassen des Oberschenkels von hinten. Mit dem eingenommenen Stützgriff (Klammergriff) wird der/die Turnende in der Senkrechten gehalten **(Abb. 140)**. Erfolgt anschließend ein Abrollen, verlangsamt der/die Helferin durch Hineintragen (Zug) die Bewegung am Oberschenkel.

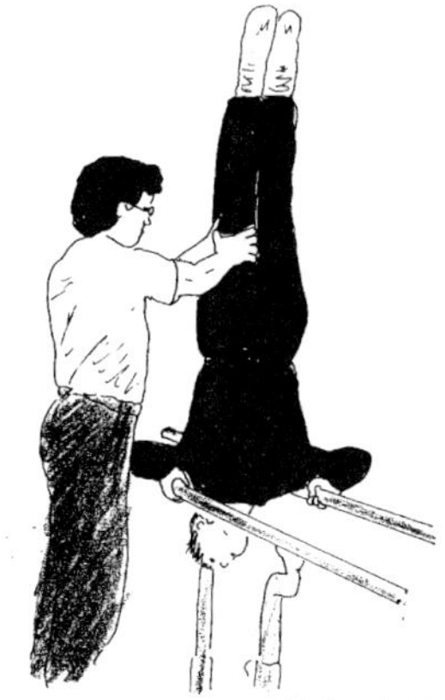

Abb. 140

Rückschwingen in den Handstand am Parallelbarren★★★

Wie beim Oberarmstand stehen die gleichaltrigen Helfer/innen erhöht (z.B. auf zwei- bis dreiteilige Kästen) und heben in der Aufschwungphase unter dem Oberschenkel und schließlich im Stützgriff (Klammergriff) am Oberschenkel (vgl. Abb. 140).

Bei größerer Bewegungssicherheit des/er Turnenden kann ein/e Übungsleiter/in (oder größere Gleichaltrige) mit der helfenden Hand auf der Stützarmseite von vorne den Oberarm umfassen, um ein Vorverlagern des Schultergürtels zu verhindern (Widerlager für zweite Helfer/innenhand). Die andere Hand hebt den Körperschwerpunkt an der Körperunterseite (je nach Gerätehöhe und Größe des/er Turnenden am Bauch, an der Hüfte oder am Oberschenkel). Zum Bewegungsende kann die helfende Hand am Stützarm zur Gleichgewichtssicherung im Handstand ebenfalls an den Rumpf, jedoch von hinten, gehen.

Felgschleudern aus dem Sturz-/Kipphang rückwärts in den Langhang an den Ringen★★★

Zwei erwachsene Helfer/innen stehen am Umkehrpunkt des Rückschaukelns an den Ringen und nehmen mit der entfernten Hand an der Vorderseite des jeweiligen Oberschenkels stützend die Beine entgegen, ziehen lenkend und tragend den Körper damit in die Waagerechte. Die zweite Hand kommt etwas später

(Abb. 141a) mit Öffnung des Hüftwinkels an der Bauchseite unterstützend hinzu. D.h., die „Bauchhand" geht an den Beinen entlang in die Armgasse, den Ansatz zur Streckung abwartend, unter den Bauch. Mit Tragen des Körpers unter dem Bauch und unter den Oberschenkeln wird der Körper *unter den Aufhängepunkt getragen* und der *Schultergürtel* für das Nachvornebringen der Arme *entlastet* **(Abb.141b)**.

Methodisch sollte an *kopfhohen* Ringen solange geübt werden, bis eine *Bewegungssicherheit* gegeben ist. Wird dann an reichhohen Ringen geübt, ist eine Hilfegebung auf Kästen nicht mehr unbedingt erforderlich.

Ein Großteil der Turnlehrer/innen bevorzugt die Unterstützung an den Schultern, da sie schon zu Bewegungsbeginn am Körper sein können. Durch die weite Armhaltung der Helfer/innenhände am Schulter und Beine kann jedoch nicht optimal der Körper hangentlastend getragen werden. Mit dieser Hilfe ist zudem nur eine Unterstützung an hohen Ringen möglich, da bei kopfhohen Ringen weder unter dem Schultergürtel getragen werden kann noch die Ringe an den Helfer/innen vorbeigeführt werden können.

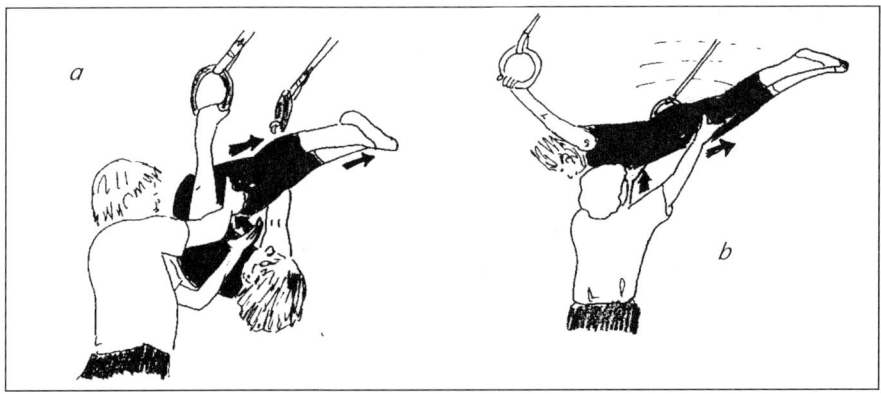

Abb. 141 a+b

Foto: I. Gerling

5. BALANCIERGERÄTE

(Schwebebank, Rundbalken, Lüneburger Stegel, Schwebebalken, Reckstangen auf niedrigster Stufe u.ä.m.)

GYMNASTISCHE ELEMENTE AUF DEM BALKEN ★

Bei gymnastischen Elementen auf schmalen Unterstützungsflächen, wie zum Beispiel beim *Gehen, Hüpfen, Federn, bei Schritt- und Pferdchensprüngen,* bei beidbeinigen *Drehungen* sowie bei gehaltenen Übungselementen wie *Schwebesitz und Standwaage* wird mit ein bis zwei Helfern/innen durch Handfassung eine Gleichgewichtshilfe – beim Gehen über den Balken auch Balancierhilfe genannt – angeboten. Helfen zunächst zwei Kinder, gibt im weiteren Übungsverlauf nur noch ein Kind die Hand. Die Hilfegebung wird zur Bewegungsbegleitung, indem nur noch die Hände des turnenden und des helfenden Kindes, fast nicht berührend, aufeinanderliegend gehalten werden (vgl. Abb. 70). Dann wird nur noch der „Zeigefinger" einander gereicht.   Schließlich sichert ein Kind nur noch mit ausgebreitetem Arm.

Rolle vorwärts★★★

Zwei Helfer/innen stehen vor dem/der Turnenden, gehen mit der *nahen* Hand an den Oberarm. Das „V" zwischen Daumen und Zeigefinger wird an den Oberarm angelegt, die Handinnenfläche zeigt dabei nach oben (die Hand macht eine Handbewegung, als ob gesagt wird: „...bitte sehr" oder „Voilá!"). Die *ferne* Hand rutscht während der Rollbewegung über das Gesäß auf die Oberschenkelunterseite. Der/die Turnende bleibt in der Kipplage liegen und wird von den Helfern/innen mit dem Helfer/innengriff, wie beschrieben, gehalten **(Abb. 142)**. Danach wird der /die Turnende zum Stand aufgeholfen.

Die Rollbewegung muß selbst eingeleitet werden (Lernvoraussetzung ist Rolle vorwärts auf der Linie und breiten Schwebebank/Schwedenbank). Bei sehr ängstlichen Kindern kann der/die Übungsleiter/in zusätzlich von hinten das Gesäß in die Rollbewegung anheben und über Kopf lenken.

Abbau der Hilfegebung: Ein/e Helfer/in steht vor dem/der Turner/in und erwartet mit ausgestreckten Armen den/die Rollende/n (bei ängstlichen Turner/-innen hierzu dicht herangehen). Mit Rollen in die Kipplage umfaßt der/die Helfer/in die Hüften/das Gesäß und lenkt den Körperschwerpunkt über den Balken, korrigiert die Abweichung **(Abb. 143)**. *Voraussetzung:* Der/die Turner/in muß die Rolle langsam turnen (Kopf wird zwischen Füße und Hände gelegt).

Bei einer schnell geturnten Rollbewegung stehen die Helfer/innen nur noch an der Seite, um seine/ihre Hände zum Greifen nach der Rolle anbieten zu können **(Abb. 144)**.

Abb. 142

Abb. 143

Abb. 144

Abb. 145

Freie Rolle★★★

Der/die Turner/in im Hockstand nimmt die Arme in Seithalte. Zwei Helfer/innen stellen sich im Seitstand (mit der Front zum Balken) daneben, gehen nun mit der *balkennahen* Hand unter die Schulter und greifen mit der *fernen* Hand die Hand dem/der Rollenden. Mit diesem, den Schultergürtel stabilisierenden Griff rollt der/die Turner/in vorwärts und wird bis in den Stand aufgeholfen.

Scherhandstand/Handstand ★★★

Zwei Helfer/innen stehen (bei höherem Balken auf einem Kastendeckel erhöht) auf Höhe der Handstützstelle, *heben* mit der *nahen* Hand an der Hüfte den Körperschwerpunkt (Bauch) in die Senkrechte. Mit der *fernen* Helfer/innenhand verhindern sie am Gesäß-/Lendenwirbelbereich ein Überfallen. Durch Umfassen der Hüfte wird der Scherhandstand dann im *Gleichgewicht gehalten,* ohne daß das Scheren der Beine behindert wird. *Beim Absenken* des Schwungbeines zur Landung *halten* die Helfer/innen solange den Körperschwerpunkt über der Stützstelle (über den Händen), bis der erste Fuß das Balanciergerät erreicht hat **(Abb. 145).** Die Helfer/innen sichern danach durch Handreichung bis zum sicheren Stand des/der Turnenden.

Mit Aufschwingen in den Handstand *mit Schließen der Beine in eine Halteposition* kann, abweichend vom Scherhandstand, auch (wie am Boden) jeweils ein Oberschenkel zum Helfen umfaßt werden.

Abbau der Hilfegebung auf einem erhöht geturnten Balken: Die Helfer/innen stehen in Höhe des Handaufsatzes und gehen mit der von dem/der Übenden fernen Hand von vorne an den Oberarm und verhindern ein Nachvorneschieben der Schultern (auch Widerlager für die zweite helfende Hand). Die *nahe* Hand geht unter den Bauch bzw. an die Hüfte und hebt den Körperschwerpunkt über die Hände, hält den Körperschwerpunkt über den Händen, bis das Landebein auf dem Balken ist und gibt letztlich bis zum Aufrichten durch Festhalten Gleichgewichtshilfe.

Rad★★★★

Zwei ältere Helfer/innen stehen Schulter an Schulter (bei einem hohen Balken auf einem zweiteiligen Kasten) in Höhe des Handaufsatzes am Balken. Beide Helfer/-innen *umfassen* von der Rückenseite des/der Turners/in (Hände müssen in Richtung der Helfer/innen aufgesetzt werden) die *Hüfte* (Helfer/innenarme überkreuzen sich dabei). Dabei ist der/die dem/der Turner/in *nahe* Helfer/in mehr für die Aufschwungphase zuständig *(nahe* Hand zum/zur Turner/in hebt in der Hüftbeuge hoch), der/die zweite Helfer/in sichert primär die Landung *(ferne* Hand hält in der Hüftbeuge das Gesäß über dem Balken) (vgl. Abb. 81).

Abbau der Hilfegebung: Nur noch ein/e Helfer/in hebt, lenkt und hält die Hüfte über den Balken.

AUFGÄNGE AUS DEM SEITSTAND

Stütz und Überspreizen mit Drehung zum Reitsitz★
Hierbei ist keine Hilfestellung erforderlich.

Hockwende auf den Balken★★
Bei Kindern, denen das Aufhocken in Form einer Hockwende nicht gelingt, kann der/die *Lehrende,* an der Absprungstelle stehend, eine Dreh-Schubhilfe geben. Die *balkennahe* Helfer/innenhand stützt dabei den Oberarm, die andere Helfer/innenhand unterstützt am Gesäß die Aufwärts- und Drehbewegung (vgl. Hilfegebung am Kasten, **Abb. 98)**.

    Kommt der/ie Turnende alleine auf den Balken, verhindert ein/e Helfer/in auf der dem Absprung gegenüberliegenden Balkenseite ein Überfallen, indem er/sie mit einer Hand am Oberarm, mit der anderen Hand am Gesäß (Körperschwerpunkt) Widerstand gibt.

AUFGÄNGE AUS DEM QUERSTAND

Aufhocken, Aufgrätschen, Überhocken zum Sitz, einbeiniges Überhocken zum Spreizsitz★★
Bei allen stützenden Aufgängen aus dem Seitstand ist der anzuwendende Helfer/-innengriff gleich. Wie bei den Stützsprüngen stehen zwei Helfer/innen Schulter an Schulter und umfassen den Oberarm mit Stützgriff (vgl. Abb. 94). Die Helfer/innen verhindern mit diesem Helfer/innengriff zum einen ein Zurückfallen des/der Turnenden, indem sie dessen Schultergürtel über den Balken ziehen. Zum anderen wirken sie dem Überfallen des/der zu schwungvoll Turnenden entgegen.

    Zusätzliche Hilfe kann bei Kindern, die das Aufhocken nicht schaffen, gegeben werden, indem zwei weitere Helfer/innen sich an die Absprungstelle stellen. Mit Absprung des/der Turnenden umfassen sie jeweils einen Oberschenkel mit *beiden* Händen, heben damit den Körperschwerpunkt (das Gesäß) an und unterstützen das Einnehmen der Hockposition (vgl. Abb. 146 und 147).

Aufhocken aus dem Querstand am Balkenende★★★
Zwei Helfer/innen stehen am Balken und helfen mit dem Stützgriff. Zwei weitere Helfer/innen umfassen beim Absprung (dies zunächst aus dem Standabsprung, aus dem Abfedern einüben!) die Oberschenkel des/der Turnenden, he-

ben das Gesäß damit hoch und führen den/die Turnende gleichzeitig in die Hocke zur tiefen Hüftbeuge **(Abb. 146)**.

Mit zunehmender Bewegungssicherheit stützen nur noch zwei Helfer/innen mit der von dem/der Turnenden *fernen* Hand von vorne am Oberarm, die dem/der Turnende/n nahe Hand geht unter das Gesäß/den Oberschenkel. Mit diesem Helfer tragen und ziehen die Helfer/innen den/die Turnende/n in die Hocke auf den Balken **(Abb. 147)**.

Abb. 146   *Abb. 147*

Aufhocken aus dem Querstand *ohne* Stütz der Hände ★★★★

Zwei Helfer/innen stellen sich neben den/die Turnende/n, stützen ihre/seine innere Hand von hinten unter die Achseln/Oberarme des/der Turnenden und geben die äußere Hand unter die Hand des/der Turnenden, damit sich diese/r darauf zusätzlich selbst aufstützen kann. Turnende/r und Helfer/in laufen gemeinsam zum Balken und mit Absprung tragen die Helfer/innen den/die Turnende/n hoch zum Stand auf den Balken **(Abb. 148a)**.

Auflaufen aus dem Querstand ★★★★

Die Hilfegebung ist die gleiche wie oben beim Auflaufen aus dem Querstand beschrieben **(vgl. Abb. 148b)**.

AUFGÄNGE AUS DEM SCHRÄGSTAND

Auflaufen mit Stütz einer Hand aus dem Schrägstand ★★

Ein/e Helfer/in stellt sich neben dem/die schräg vor dem Balken stehende Übende/n, faßt mit der *nahen* Hand unter der Achsel, mit der *fernen* greift er/sie unter die freie Hand des/der Turnenden. Der/die Helfer/in läuft nun mit dem/der Turnenden zum Balken und trägt ihn/sie beim Absprung auf den Balken, sichert dann mit gleichem Helfer/innengriff die Landung auf dem Balken (Gleichgewichtshilfe, **Abb. 149**).

Stützloses Auflaufen aus dem Schrägstand ★★★

Mit zunehmender Bewegungssicherheit kann bei gleicher Hilfeleistung das Auflaufen aus dem Schrägstand auch ohne Abstützen mit einer Hand geturnt werden.

Abb. 148 a+b

Abb. 149

Abb. 150

ABGÄNGE

Niedersprünge★

Ein bis zwei Helfer/innen können bei Bedarf Landungssicherung mit jeweils einer Hand an Bauch und Rücken geben (vgl. Abb. 96).

Radwende★★

— *Bewegungslenkung von niedrigen Geräten:*

Ein bis zwei Helfer/innen umfassen die Hüfte und lenken die Radwende durch den flüchtigen Seithandstand über die Höhe, verhindern ein Überfallen und drehen an der Hüfte zur Wende und Landung (vgl. Radwende als Vorübung für das Bodenturnen, vgl. Abb. 82 a/b).

— *Bewegungshilfe von hohen Geräten:*

Ein/e Helfer/in steht auf der Stemmbeinseite (dort, wohin die Hände gesetzt werden). Mit der *nahen* Hand zum/zur Turnenden geht er/sie in die „Armgasse" des/der stützenden Turners/in und umfaßt von innen den *nahen,* zweitaufgestützten Arm, verlagert stützend den Schultergürtel in Bewegungsrichtung über die Stützstelle vom Balken weg. Die *ferne* Hand geht etwas später von unten an die Hüfte und trägt den Körper in und durch die Senkrechte. Bei Bedarf kann mit dieser Hand auch ein Überfallen durch Zurückdrücken des Körperschwerpunktes an der Hüfte verhindert werden. Die Hände bleiben bis zur sicheren Landung am Körper **(Abb. 150).**

— *Landungssicherung nach der Radwende:*

Mit zunehmender Bewegungssicherheit des/der Turnenden steht nur noch ein/e Helfer/in auf der Stemmbeinseite und sichert bei der Landung an Bauch und Rücken.

Handstütz-Überschlag ★★★

Die Helfer/innen stehen im Seitstand seitlings gegenüberstehend am Balkenende. Bei der Überschlagbewegung gehen die *balkennahen* Hände zwischen Hals und Oberarm in die Schulter (die Hand macht eine Vorbewegung, als ob gesagt wird „Bitte sehr, voilá!"). Die zweite Hand geht unter den Körperschwerpunkt und trägt unter dem Gesäß. Diese unterstützte Stelle wird zum Widerlager für das Aufrichten des Oberkörpers (bei gleichzeitigem Absenken des Körperschwerpunktes) (vgl. Abb. 8).

Landungsabsicherung:

— Mit der Landung faßt die jeweilige Schulterhand weiter vor, um sich „einzuhaken" (scherzhaft „Anker auswerfen" genannt) und ein Nachvornefallen zu verhindern.

– Noch sicherer ist das Umfassen des Oberarmes mit der *fernen,* vorher am Gesäß unterstützenden Hand, die mit Landung von vorne an den Oberarm geht (vgl. Abb. 8, 104).
– Wird der Überschlag beherrscht, kann nur noch an Rücken und Bauch auffangend („Sandwich") die Fertigkeit abgesichert werden. Hierzu steht die Sicherheitsstellung einen halben Meter vom Balkenende entfernt.

Hinweis: Bei sehr ängstlichen Turner/innen können beim Aufschwingen zusätzlich rechts und links (auf einem Kastendeckel stehend) zwei weitere Helfer/innen stehen, um das Aufschwingen in den Handstand am Schwungbein und/oder Rumpf (Hüftbeuge) zu unterstützen. Oft hilft allein das Stehen dort schon als psychische Hilfe.

Salto vorwärts ★★★★
Siehe Beschreibungen und Erläuterungen am Boden und Minitrampolin (vgl. Abb. 92 a/b, 111). Es wird nur eine Hilfe durch den/die Übungsleiter/in gegeben.

Salto rückwärts ★★★★
Siehe Beschreibungen und Erläuterungen am Minitrampolin (vgl. Abb. 114, 115). Es wird nur eine Hilfe durch den/die Übungsleiter/in gegeben.

Freie Radwende ★★★★
Der/die Übungsleiter/in steht auf der Schwungbeinseite (!) am hohen Balkenende und greift mit der geöffneten Handfläche mit dem „V" zwischen Daumen und Zeigefinger in die Hüftbeuge des Stemmbeines (!). Mit Turnen der Radwende geht die zweite Hand gegen die Hüfte der Schwungbeinseite und lenkt den Körperschwerpunkt über die Senkrechte. Mit der Landung „liegt" der/die Turner/in über den nun *körpernahen* Helfer/innenarm.

Landungssicherung nach der Radwende:
Mit zunehmender Bewegungssicherheit des/der Turnenden steht nur noch ein/e Helfer/in auf der Stemmbeinseite und sichert bei der Landung an Bauch und Rücken.

Freier Überschlag als Abgang vom Balken ★★★★
Der/die Turner/in senkt sich in der Schrittstellung mit ausgebreiteten Armen ab. Zwei jugendliche Helfer/innen greifen mit den Händen den jeweiligen Oberarm und stützen diese als Drehachse in Kniehöhe (nicht höher!) der/die Turner/in. Der/die Turner/in überschlägt und die Helfer/innen halten bis zur Landung die Oberarme fest.

Landungssicherung nach dem freien Überschlag:
Mit zunehmender Bewegungssicherheit des/der Turnenden stehen ein bis zwei Helfer/innen auf und sichern bei der Landung an Bauch und Rücken.

Anhang

Helfen und Sichern im Gerätturnunter-richt an den Schulen

Da die Richtlinien von Nordrhein-Westfalen mit mehreren Bänden am umfangreichsten formuliert sind, werden diese exemplarisch als kurriculare Vorgaben aufgezeigt.

1. HELFEN UND SICHERN IM RAHMEN DER PÄDAGOGI-SCHEN GRUNDLEGUNG

Die Richtlinien für den Schulsport im Lande NRW formulieren neun Aufgaben als Grundlage. Die fünfte Aufgabe beinhaltet den Aspekt der Selbständigkeit im und gegenüber dem Sport mit der Selbstorganisation sportlicher Situationen der Schüler. Die Schüler sollen befähigt werden,
- Rahmenbedingungen *mit oder selbst zu gestalten,*
- *gegenseitige* Hilfe, Beratung und Korrektur zu leisten,
- *selbständig und eigenverantwortlich* zu handeln.
Mit dieser Aufgabenstellung wird jeder Sportlehrer in die Pflicht genommen, gleichrangig zur Fertigkeitsvermittlung *zum Helfen und Sichern* der Schüler *untereinander* hinzuführen. Über das Helfen und Sichern arbeitet die Klasse in *Kleingruppen.* Dadurch ergeben sich unzählige Situationen des Unterstützens, des Beratens, des Korrigierens sowie des Lösens von Problemen. Diese Form der steten kreativen Kommunikation leistet einen wesentlichen Beitrag zur Entwicklung der Selbständigkeit, der Selbsttätigkeit und der Eigenverantwortlichkeit.
Durch die Bayrische Verfassung haben die Schulen den Auftrag, „nicht nur Wissen und Können, sondern auch Herz und Charakter zu bilden". Helfen ist Miteinander und Füreinander durch Hilfe geben und Hilfe annehmen können.

2. SORGFALTS- UND AUFSICHTSPFLICHT DES LEHRERS

Die Sorgfalts- und Aufsichtspflicht verlangt vom Lehrer die Vermeidung von Unfällen bei gleichzeitiger Orientierung an pädagogischen Aufgabenstellungen. Die Erziehung der Schüler zu selbständigem Handeln darf die Sicherheit im Schulsport nicht gefährden.
Sorgfalts- und Aufsichtspflicht verlangt vom Lehrer u.a.
- „... das Sicherheitsbewußtsein der Schüler durch *sinnvolle Anleitung* und *Gewöhnung* an ein geordnetes umsichtiges und eigenverantwortliches Verhalten im Unterricht zuwecken (sowie) ... spezielle Sicherheitsvorkehrungen im Einzelfall zu treffen." (Richtlinien, Bd.I, S. 45)
Damit wird *nicht* von dem/der Lehrer/in verlangt, jede Hilfe- und Sicherheitsleistung selbst vorzunehmen. Im Gegenteil, durch die Richtlinien wird die Einbeziehung der Schüler zur Hilfeleistung betont. Die geschieht auf der Grundlage der fachlichen Anleitung des/der Lehrers/in, setzt damit seine/ihre Fachkenntnisse voraus.
    „In einzelnen Fällen, zum Beispiel bei ängstlichen Schülern oder bei Übungen mit besonderen Gefahrenmomenten, ist in der Regel unerläßlich, daß der Lehrer selbst den Ablauf der

Übungen überwacht und die notwendige Hilfeleistung oder Bewegungssicherung über-
nimmt."(Richtlinien, Bd.I. S. 45)

3. HELFEN UND SICHERN IM GERÄTTURNEN

Die Richtlinien und Lehrpläne für den Sport in den Schulen im Lande NRW stellen für den
Sportbereich GERÄTTURNEN die Bedeutung der Einbeziehung der Hilfleistung in den Turnunterricht deutlich heraus.

> „Für einen **bewegungsintensiven** Turnunterricht und zur Sicherung eines
> **schnellen** Lernerfolges bei gleichzeitiger
> **Ausschließung von Unfallrisiken** sowie auch zur
> Förderung der **Selbsttätigkeit der Schüler** ist
> **QUALIFIZIERTE HILFESTELLUNG** der **Schüler**
> eine notwendige Voraussetzung."

„Im Verlauf der Einheiten soll aus *einfachen Helferhandlungen* eine *bewegungs- und situati-
onsgerechte* Hilfestellung entwickelt werden, so daß schwierigere und risikoreichere Bewe-
gungsformen erst bei *entsprechender sozialer Reife und technischem Helferkönnen* der Schüler
erlernt werden ..." (Richtl. NRW.,Bd.II.,S.54)

4. HELFEN UND SICHERN IN DER PRIMARSTUFE

In den *Richtlinien von NRW* werden hinsichtlich der *Primarstufe* für die einzelnen Klassenstufen
gezielte Empfehlungen gegeben, die sogar den Kenntniserwerb formulieren.
   Die ersten beiden Schuljahre beinhalten im Turnen zunächst das „spielerische Erfassen der
einzelnen Turngeräte in ihre Eigenart und das Entdecken von Handlungsmöglichkeiten". Dies geschieht vorwiegend über turnspezifische Grundbewegungsformen (Klettern, Balancieren, Springen ...), die keine Partner/innenhilfe zum Bewältigen gestellter Aufgaben benötigen. In dieser
Stufe werden jedoch vorbereitende Übungen für spätere Helfer/innenhandlungen eingebracht.

Die *Lehrpläne von Baden-Württemberg* sehen für diese Klassenstufe Aufgaben vor, die *Erfah-
rungen mit Partner/in und Gruppe* beinhalten:
* Bewegungsaufgaben sollen mit Partner/in und in der Gruppe gelöst werden.
* Als Vorbereitung auf spätere Hilfeleistung lernen die Schüler Handreichungen und Bereitstehen
  beim Balancieren, Überklettern und Herabspringen von Geräten.
* Gemeinsamer Geräteauf- und abbau (Matten, Schwebebänke, Blockkästen) fördert das Be-
  wußtsein des Miteinanders und gegenseitigen Helfens.
Ab der 3. Klasse lernen die Schüler gezielt verschiedene Grundfertigkeiten , die Helfer/innenhand-
lungen voraussetzen. Am Boden wird das Aufschwingen in den Handstand, am Reck der Aufschwung und am Bock die Grätsche in der 3-er-Gruppe erarbeitet (vgl. entsprechend auch die
nachfolgende Übersicht von NRW).

Entwicklung der Hilfeleistung in der Primarstufe
(Richtlinien und Lehrpläne NRW, Bd. II, 1980)

KLASSE	Helfer/innenhandlungen/-griffe (einschl.Kenntniserwerb)
1	*Helfer/innenverhalten:* Schaffen von Voraussetzungen (Vgl. Kap. B I 1, S. 75-128) Helfer/innengriffe: – Balancierhilfe (Abb. 18) – Griffsicherung beim Reck: Schwingen im Hockhang (Abb. 116) – Sichern des Kniehanges: Unterschenkel runterdrücken (Abb. 53)
2	*Helfer/innenhandlung:* Standortwahl: Übende/r darf beim Helfen nicht behindert werden. *Helfer/innengriffe:* – Griffsicherung beim Reck: Überdrehen rückwärts gehockt (Abb. 116, 122) – Schubhilfe beim Aufschwung (mit beiden Händen am Gesäß) (Abb. 125 a/b) – Stützgriff beim Aufknien am Kasten (Abb. 94) – Landungssicherung beim Unterschwung an Bauch und Rücken (Abb. 133)
3	*Allgemein:* – Bedeutung des Helfens und Sicherns soll für das turnerische Gelingen herausgestellt werden. – Hilfegebung soll in Kleingruppen erarbeitet werden. *Helfer/innenverhalten:* – Bewußtmachung des Entgegengehens, Zugreifens, Mitgehens und Mitbewegens beim Helfen (vgl. S. 136-141) – Mitgehende Hilfe (z.B. beim Balancieren) – Selbständige/r Helfer/innenwechsel – Helfer/innenplatz darf erst dann verlassen werden, wenn neue Helfer/ in(nen) bereitstehen. *Helfer/innengriffe:* – Stützgriff am Oberschenkel: Beide Hände umfassen den Oberschenkel beim Handstand (Abb. 58/59) – Schub-Drehhilfe beim Knieaufschwung (Abb. 130). – Stützgriff am Oberarm beim Aufhocken auf den Kasten und der Grätsche über den Bock (Abb. 63, 95, 97) – Landungssicherung beim Unterschwung am Bauch und Rücken (Abb. 133)
4	*Allgemein:* Helfer/innentätigkeiten aus der 3. Klassenstufe werden wiederholt und gefestigt. *Helfer/innenverhalten:* – Erkennen des Abbaus der Hilfestellungen zur Sicherheitsstellung – Gruppenarbeit soll zum zeitweisen lehrerunabhängigen Turnen führen *Helfer/innengriffe:* – Stützgriff beim Handstand abrollen (Abb. 78 a/b) – Schub-Drehhilfe mit beiden Händen am Gesäß beim Aufschwung am Stufenbarren (Abb. 125 c) – Tragegriff an Schulter und Gesäß beim Unterschwung über den unteren Holm am Stufenbarren (Abb. 134) – Stützgriff am Oberarm beim einbeinigen Aufhocken am Schwebebalken – Stützgriff beim Auf- und Abhocken und bei der Grätsche an den Sprunggeräten (Abb. 95/97)

Für die *Sekundarstufe I und II* wird nur allgemein auf Erweiterungen der Helfer/innenfähigkeiten verwiesen. Grundsätzlich richtet sich der Neuerwerb von Helfergriffen und -handlungen nach den Fertigkeiten. In der Sekundarstufe I liegt der Handlungsschwerpunkt im Erlernen von Einzelfertigkeiten, während in Sekundarstufe II das Variieren und Gestalten des Gelernten im Vordergrund steht.

BILDLEGENDE ZU SEITE 17

Abb. I: *Handgelenksicherung bei der „Mühle seitwärts mit einem Arm"*

Abb. II: *Handgelenksicherung beim „Abschwung rückwärts aus dem Sitz in den Rücklingshang"*

Abb. III: *Handgelenksicherung beim „Anfang zur Riesenfelge rückwärts"*

Abb. IV: *Stützgriff beim „Hochschwung nach hinten"*

Abb.: V: *Sicherung der Kniebeuge und Schwungverstärkung am Bauch beim „Kniehang an beiden Knieen"*

Abb. VI: *Dreh-Schubhilfe beim „Mühlaufschwung vorwärts; das Bein zwischen den Armen"*

Abb. VII: *Stützgriff an den Oberarmen „...zur Grätsche vorwärts"*

Abb. VIII: *Sicherheitsstellung bei der „Wage an einem Knie mit Anstemmen des anderen Fußes unter dem Reck"*

Abb. IX: *Sicherheitsstellung beim „Hintersprung mit Hocken in den Reitsitz"*

Abb. I – IX: „Hilfe" von EISELEN, 1848

Literatur- und Musikhinweise

1. Kooperative Spiele und Wettbewerbe (Kap. B I 1.1)

Boltshauser, L./   „Wettbewerbs- und Stafettenformen an, auf und mit Geräten". In: Bucher,
Häberling-Spöhel, U.:   W. (Hrsg.:) 1008 Spiel- und Übungsformen im Gerätturnen.
     Verlag Hofmann, Schorndorf 1992, S. 199 - 213.

Deutscher Turner-Bund   „Fit im Team" und „Fit wie ein Turnschuh". DTB-Handbuch 5,
(DTB) (Hrsg.):   Fördergesellschaft des DTB, Frankfurt 1995.

Döbler, H./Döbler, E.:   Kleine Spiele. Volk und Wissen, VEB Berlin 1961, 1978.

Förster, S.:   „Geschickt im Team. Partner-Spielsituation". In. DTB (Hrsg.):
     Ü-Magazin für Übungsleiterinnen und Übungsleiter,
     Heft 4. Verlag Meyer & Meyer, Aachen 1996, S. 27 f.

Huberich, P./   Spiele für die Gruppe.
Huberich, U.:   Verlag Quelle & Meyer, Heidelberg/Wiesbaden 1988.

Martin, D. (Red.):   Handbuch – Vielseitige sportartübergreifende Grundausbildung.
     Hess. Inst. f. Bildungspl. u. Schulentw. (HIBS). Wiesbaden 1994,
     S. 205 - 227.

Mitterbauer, G./   300 Bewegungsspiele. Steiger Verlag, Innsbruck 1985.
Schmid, G.:

Schmid, G.:   Abenteuer Spielstunden. Steiger Verlag, Innsbruck 1991.

2. Akrobatik und Zirkuskünste (Kap. B I 1.3, 2. und B II)

Bardel, B.:   „Akrobatik mit Kindern". In: Bardel, B.: Circus – Bewegungskünste mit
     Kindern. edition aragon, Moers 1992, S. 14 - 23.

Blume, M.:   Akrobatik. Training – Technik – Inzenierung.
     Meyer & Meyer Verlag, Aachen 1992.

Blume, M.:   Akrobatik mit Kindern und Jugendlichen in Schule und Verein.
     Meyer & Meyer Verlag Aachen 1994.

Butte, A.:   „Akrobatischer Bilderbogen – Eine mögliche methodische Reihe".
     In: Turnen und Sport, (1993), Hefte 9 - 12:
     „Grundsätzliche Überlegungen", 9/93;
     „Der Schnupperkurs in der Kleingruppe", 10/93, S. 13;
     „Einführung in die Partnerakrobatik", 11/93, S. 15 - 19;
     „Akrobatische Vorführung", 12/93, S. 10-11.

Fodero, J.M./Furblur, E.E.:   Creating Gymnastic Pyramids and Balances; A Safe and Fun Approach!
     Leisure Press, Human Kinetics Publishers, Inc.,
     Champaign, Illinios , USA 1989 (ISBN 0-88011-308-1).

Gaal, J.:   Bewegungskünste – Zirkuskünste. Jonglage, Einradfahren, Akrobatik
                     für Schule, Verein und Freizeit, Schorndorf 1994.

Grabowiecki, U.v.: „Akrobatik". In: Ballreich, R./Grabowiecki: U. von : Zirkus-Spielen. Ein
                     Handbuch für Artistik, Akrobatik, Jonglieren, Äquilibristik, Improvisieren
                     und Clownspielen. Hirzel Verlag, Stuttgart 1992, S. 36 - 110.

Huismann,B./   Akrobatik – Vom Anfänger zum Könner.
Huismann, G.:   Rowohlt-Verlag, Reinbek 1988.

3. Helfen und Sichern

Müller, H.   Helfen und Sichern im Gerätturnen.
                     Limpert Verlag, Frankfurt 1967 (nicht mehr erhältlich).

Becker, W./Bockhorst, R./ „Zum Helfen und Sichern im Gerätturnen". Hilfen und Helfen.
Haberstroh, Kl.:   Helfergriffe für das Turnen in der Schule. Gemeindeunfallversiche-
                     rungsverband (GUVV) Westfalen Lippe, Münster 1995.

Buchmann, G.:   „Zum Helfen und Sichern im Gerätturnen".
                     In: Turnen (Organ des DTV) 1980, Heft 6: S. 6 - 7; Heft 8: S. 6 - 7.

Gerling, I. E.:   „Zusammen turnen – einander helfen. Helfen und Sichern im Gerät-
                     turnen." In: Der Übungsleiter – Arbeitshilfen für Übungsleiter im Dt.
                     Sportbund. Teil I: 7/1987, S. 26 f; Teil II: 8/1987, S.32; Teil III: 9/1987,
                     S.36; Teil IV: 10/1987, S.40; Teil V: 11/1987, S.44.

Gerling, I. E.:   „Helfen und Sichern im Gerätturnen". In: Tross, R. (Red.): Gerätturnen
                     in Schule, Hochschule und Verein, Heidelberg 1988, S. 74 - 90.

Gerling, I. E.:   „Zusammen turnen – einander helfen". In: DTB (Hrsg.): Ü-Magazin für
                     Übungsleiterinnen und Übungsleiter.
                     Meyer & Meyer Verlag, Aachen 1992, Heft 2, S. 17 - 20.

Herrmann, Kl.:   Methodik des Helfens und Sicherns im Gerätturnen.
                     Schriftenreihe zur Praxis der Leibeserziehung und des Sports, Bd. 122,
                     Hofmann Verlag, Schorndorf 1978; 1981.

Leirich, J.:   „Richtiges Sichern und Helfen". In: Körpererziehung 36 (1986) Heft 1,
                     S. 24 - 29.

Rößler, A.:   „Sicherheitserziehung und Unfallverhütung im Sportunterricht der
                     Grundschule – Gerätturnen".(Video mit Begleitbroschüre)/Akademie
                     für Lehrerfortbildung Dillingen/Inst. f. Schulpäd. u. Grundschuldid.
                     der Universität München/Bayrisches Staatsministerium für Unterricht
                     und Kultus (Hrsg.)/Bayrischen Gemeindeunfallversicherungsverband
                     und Staatliche Ausführungsbehörde für Unfallversicherung,
                     München 1986.

Schmidt, G.:   „Sichern und Helfen im Boden- und Gerätturnen".
                     In: Sport PRAXIS 1985, Heft 4, S. 17 - 20; Heft 5, S. 18 - 19.

Schmidt, G.:	„Sichern und Helfen". In: Praxisbeilagen Leibesübung – Leibeserziehung, 40 (1986) und 41 (1987).

4. Übergreifende Gerätturnbücher

Bruckmann, M./ Dieckert, J./Herrmann, Kl.:	Gerätturnen für alle – Freies Turnen an Geräten. Pohl-Verlag, Celle 1991.
Bruckmann, M.:	Wir turnen miteinander – Ideen, Anregungen und Beispiele für Partner- und Gruppenturnen an und mit Geräten. Schwäbischer Turnerbund (Hrsg.), Stuttgart 1990.
Bucher, W. (Hrsg.):	1008 Spiel- und Übungsformen im Gerätturnen (6. Aufl. mit Lehrbeilage „Schüler helfen Schüler"). Verlag Hofmann, Schorndorf 1983, 1992.
Fiebrandt, K. /Heiny, H./ Spies, P.:	Rollen und Überschläge. SIP-Bd. 4, Limpert-Verlag, Frankfurt 1975 (nicht mehr erhältlich).
Fiebrandt, K. /Richter, H.:	Umschwünge. Praxis Sport, Bd. 5/6. Verlag Bartels & Wernitz, Berlin 1982 (nicht mehr erhältlich).
Gusek, E./Medler M./ Räupke,R./Robinson, B./ Schuster, A.:	Kinderturnen – Grundschule und Turnverein. Sportbuchverlag C. Medler, Neumünster 1991.
Häusler, W. (Hrsg.):	Turnen. Sport und Spiel – Lehren und Lernen in Schule, Verein und Freizeit, Bd. 3, Kallmeyersche Verlagsbuchhandlung, Seelze-Velber 1993.
Martin, K./Bantz, H.	Vielseitigkeitsschulung für Kinder an Geräten vom Kindes- bis zum Jugendalter. Schriftenreihe zur Praxis der Leibeserziehung und des Sports, Bd. 199. Verlag Hofmann, Schorndorf 1992.
Landesinst. f. Schule u. Weiterbildung/Gesetzl. Schülerunfallvers. NRW (Hrsg.):	Mehr Sicherheit im Schulsport. Teil III: Ergänzungshandreichungen Sportbereich Turnen. Soester Verlagskontor, 1991

5. Exemplarische Musikhinweise für das Miteinander-Bewegen (Kap. B I 1.1/1.2)

Für kleinere Kinder:

Die Fun-Kids	„Polonäse Blankenese". Auf: Kinder Fasching – Lieder zum Toben und Tanzen. EUROPA 490 364-215
Jöcker, D./Kleikamp, L.:	„Herzlich willkommen!", „Sag' uns Deinen Namen", „Der Gerit und die Antje", „Sich bewegen und sich regen", „Die Schule ist aus". Alle Lieder auf: „Mile male, mule, ich gehe in die Schule" (Ab 6 Jahre). Musikkassette 019-1; CD 019-4; Liedspielbuch 019-2. Menschenkinderverlag, Münster 1991.

Jöcker, D./Kleikamp, L.:   „Mein nagelneuer Roboter", „Drei Schritte rückwärts", „Die Eisenbahn, die Eisenbahn", „Alle Kinder dieser Erde". Alle Lieder auf: „Und
weiter geht's im Sauseschritt" (Vorschulkinder). Musikkassette 007-1;
CD 007-4, Liedspielbuch 007-2 (neue erw. Aufl.1994).
Menschenkinderverlag, Münster 1994.

Jöcker, D./Biermann, I.:   „Guten Tag", „Wackelpudding". Auf: „O, du schöne Spielezeit"
(Vor- und Grundschulkinder). Musikkassette 028-1; CD 0028-4,
Liedspielbuch 028-2, Menschenkinderverlag, Münster.

Für größere Kinder:

Brubek, D.:   „Take Five" und „Trolly Song". Auf: Dave Brubeck's Greatest Hits,
PCT 00928.

Batt, M.:   „Caravan". CBS 4670302.

Kenny G.:   „The Collection". Arista 260671

Last, J.   „Morgens um sieben ist die Welt noch in Ordnung".
Auf: Das Beste aus 150 Goldenen. polydor 3511083.

Rondo Veneziano   „Fantasia Veneziana" und „Festa Mediterranes".
Auf: Fantasia Veneziana". Ariola CD 257 866 - 225.

Simon and Garfunkel   „59th. Bridge-song". Auf: The Simon and Garfunkel Collection",
CBS CD 24005.

Sting: „Ten Summer's Tales". AM Records 540075-2.

Vollenweider, A.:   „Garden of My Childhood".
Auf „Dancing with the Lion". CBS 463331-2.

Hinweis: Aktuelle „Disco"-Musik (Hip-hop, funky, techno...) eignen sich durch die Einfachheit
und Gleichmäßigkeit sehr gut für das Bewegen und Turnen nach Musik. Die Kinder fühlen sich
von dieser aktuellen Musik sehr angesprochen und motiviert. Deshalb sollte auch solche Musik
in den Unterricht mit einbezogen werden.

Ohne Tonträger:

Gerling, I. E.:   „Singen, Tanzen und Darstellen im Kinderturnen".
In: Der Übungsleiter 1989, Heft 2, S. 8.

Gerling, I. E.:   „Kinderturnlied für das Kinderturnen".
In: Der Übungsleiter 1991, Heft 12, S.45

Zur DTB-Schriftenreihe „Wo Sport Spaß macht"

Seit Anfang 1996 gibt der Deutsche Turner-Bund im Meyer & Meyer Sportverlag die Schriftenreihe „Wo Sport Spaß macht" heraus. Das Motto ist gleichzeitig Programm, denn allen Büchern dieser Reihe ist gemeinsam, daß sie aktuelle Trends und bewährte Angebote unter neuesten wissenschaftlichen Erkenntnissen flott „'rüberbringen" sollen.

Mindestens sechs neue Titel sollen jährlich in der Schriftenreihe erscheinen. Kompetent und praxisnah sollen die aktuellen Trends und Entwicklungen im Sport für die Vereinspraxis aufbereitet werden. Die Themenpalette reicht dabei vom bewährten Kinderturnen über alle Formen von Gymnastik und Aerobic sowie Fitneß- und Gesundheitssport für jede Altersstufe bis hin zum Sport mit „50 Plus".

Mit der Schriftenreihe „Wo Sport Spaß macht" bietet der DTB als Verband für Turnen und Gymnastik einen weiteren Baustein seiner Dienstleistungen für die Übungsleiterinnen und Übungsleiter in den Vereinen. Die Schriftenreihe stellt eine sinnvolle Ergänzung des bundesweit flächendeckenden Aus- und Fortbildungssystems im DTB und seinen Landesturnverbänden dar.

Weitere Informationen zum aktuellen Programm der Aus- und Fortbildung sind zu erfragen beim zuständigen Landesturnverband sowie zentral in der DTB-Geschäftsstelle, Otto-Fleck-Schneise 8 in 60528 Frankfurt/Main (Tel.: 069/ 6 78 01-0).